CB076318

Utilize este código QR para se cadastrar de forma mais rápida:

Ou, se preferir, entre em:

www.moderna.com.br/ac/livroportal

e siga as instruções para ter acesso aos conteúdos exclusivos do

Portal e Livro Digital

CÓDIGO DE ACESSO:

A 00178 ARPPORT5E 6 99204

Faça apenas um cadastro. Ele será válido para:

MODERNA Richmond SANTILLANA ESPAÑOL

12111762 ARARIBA PLUS POR 7 ED5

Da semente ao livro,
sustentabilidade por todo o caminho

Plantar florestas

A madeira que serve de matéria-prima para nosso papel vem de plantio renovável, ou seja, não é fruto de desmatamento. Essa prática gera milhares de empregos para agricultores e ajuda a recuperar áreas ambientais degradadas.

Fabricar papel e imprimir livros

Toda a cadeia produtiva do papel, desde a produção de celulose até a encadernação do livro, é certificada, cumprindo padrões internacionais de processamento sustentável e boas práticas ambientais.

Criar conteúdos

Os profissionais envolvidos na elaboração de nossas soluções educacionais buscam uma educação para a vida pautada por curadoria editorial, diversidade de olhares e responsabilidade socioambiental.

Taciro Comunicação, Alexandre Santana e Estúdio Pingado

Construir projetos de vida

Oferecer uma solução educacional Moderna é um ato de comprometimento com o futuro das novas gerações, possibilitando uma relação de parceria entre escolas e famílias na missão de educar!

ARARIBÁ PLUS
Português
7

Organizadora: Editora Moderna
Obra coletiva concebida, desenvolvida
e produzida pela Editora Moderna.

Editora Executiva:
Mônica Franco Jacintho

5ª edição

MODERNA

Elaboração de originais

Mônica Franco Jacintho
Bacharel em Comunicação Social pela Escola de Comunicações e Artes da Universidade de São Paulo. Especialização em Língua Portuguesa pela Pontifícia Universidade Católica de São Paulo. Editora.

Debora Silvestre Missias Alves
Bacharel e licenciada em Letras pela Universidade de São Paulo. Editora.

Pedro Paulo da Silva
Bacharel e licenciado em Letras pela Universidade de São Paulo. Mestre em Filosofia (Estudos Culturais) pela Universidade de São Paulo. Editor.

Thelma de Carvalho Guimarães
Bacharel em Letras pela Universidade de São Paulo. Mestre em Linguística Aplicada pela Universidade Federal do Rio de Janeiro. Editora.

Jordana Lima de Moura Thadei
Mestre em Linguística Aplicada e Estudos da Linguagem pela Pontifícia Universidade Católica de São Paulo. Professora.

Glaucia Amaral de Lana
Bacharel em Letras pela Universidade Estadual Paulista Júlio de Mesquita Filho. Editora.

Ariete Alves de Andrade
Licenciada em Letras pela Pontifícia Universidade Católica de Campinas. Professora.

Alexandre Marques Silva
Bacharel e licenciado em Letras pela Universidade de São Paulo. Mestre em Letras pela Universidade de São Paulo. Professor.

Edsel Rodrigues Teles
Licenciado em Letras pela Universidade Estadual de Campinas. Revisor técnico.

Daniela Cristina Calviño Pinheiro
Bacharel em Letras pela Universidade de São Paulo. Editora.

José Gabriel Arroio
Bacharel e licenciado em Letras pela Faculdade de Filosofia, Ciências e Letras Nossa Senhora Medianeira. Editor.

Átila Augusto Morand
Bacharel e licenciado em Letras pela Pontifícia Universidade Católica de São Paulo. Editor.

Luiz Carlos Gonçalves de Oliveira
Bacharel e licenciado em Letras e Pedagogia pela Universidade de São Paulo. Mestre em Educação pela Universidade de São Paulo. Professor e editor.

Yuri Bileski
Bacharel em Letras pela Universidade de São Paulo. Editor.

Adriana Saporito
Licenciada em Letras pela Faculdade Ibero-Americana de Letras e Ciências Humanas. Professora e editora.

Maria Helena Ramos Lopes
Bacharel e licenciada em Letras pela Universidade de São Paulo. Editora.

Andréia Tenorio dos Santos
Bacharel e licenciada em Letras pela Universidade de São Paulo. Mestre em Educação pela Universidade de São Paulo. Editora.

A imagem da capa destaca, por meio de uma cena de trabalho em um estúdio de som, a importância da linguagem oral.

MODERNA

Coordenação editorial: Debora Silvestre Missias Alves
Edição de texto: Debora Silvestre Missias Alves, Maria Cecília Kinker Caliendo, Ademir Garcia Telles, Pedro Paulo da Silva, Solange Scattolini, Nanci Ricci, Luiz Oliveira, José Gabriel Arroio
Leitura técnica: Jordana Lima de Moura Thadei e Luiz Carlos Gonçalves de Oliveira
Assistência editorial: Áurea Faria, Carol Felix
Preparação de texto: Anabel Ly Maduar
Gerência de *design* e produção gráfica: Sandra Botelho de Carvalho Homma
Coordenação produção: Everson de Paula, Patrícia Costa
Suporte administrativo editorial: Maria de Lourdes Rodrigues (coord.)
Coordenação de *design* e projetos visuais: Marta Cerqueira Leite
Projeto gráfico e capa: Daniel Messias, Otávio dos Santos
Pesquisa iconográfica para capa: Daniel Messias, Otávio dos Santos, Bruno Tonel
Foto: Prince Of Love/Shutterstock
Coordenação de arte: Carolina de Oliveira
Edição de arte: Ed Goularth
Editoração eletrônica: Teclas Editorial
Edição de infografia: Luiz Iria, Priscilla Boffo, Giselle Hirata
Coordenação de revisão: Maristela S. Carrasco
Revisão: Beatriz Rocha, Cárita Negromonte, Know How, Leandra Trindade, Márcia Leme, Simone Garcia, Thiago Dias, Vânia Bruno, Viviane Oshima
Coordenação de pesquisa iconográfica: Luciano Baneza Gabarron
Pesquisa iconográfica: Cristina Mota, Márcia Sato, Maria Marques
Coordenação de *bureau*: Rubens M. Rodrigues
Tratamento de imagens: Fernando Bertolo, Joel Aparecido, Luiz Carlos Costa, Marina M. Buzzinaro
Pré-impressão: Alexandre Petreca, Everton L. de Oliveira, Marcio H. Kamoto, Vitória Souza
Coordenação de produção industrial: Wendell Monteiro
Impressão e acabamento: Bercrom Gráfica e Editora
Lote: 290165

Dados Internacionais de Catalogação na Publicação (CIP)
(Câmara Brasileira do Livro, SP, Brasil)

Araribá plus : português / organizadora Editora Moderna ; obra coletiva concebida, desenvolvida e produzida pela Editora Moderna ; editora executiva Mônica Franco Jacintho — 5. ed. — São Paulo : Editora Moderna, 2018. — (Araribá Plus)

Obra em 4 v. para alunos do 6º ao 9º ano.
Bibliografia.

1. Português (Ensino fundamental) I. Jacintho, Mônica Franco. II. Série.

18-13915 CDD-372.6

Índices para catálogo sistemático:
1. Português : Ensino fundamental 372.6

ISBN 978-85-16-11176-2 (LA)
ISBN 978-85-16-11177-9 (LP)

EDITORA MODERNA LTDA.
Rua Padre Adelino, 758 – Belenzinho
São Paulo – SP – Brasil – CEP 03303-904
Vendas e Atendimento: Tel. (0_ _11) 2602-5510
Fax (0_ _11) 2790-1501
www.moderna.com.br
2020
Impresso no Brasil

1 3 5 7 9 10 8 6 4 2

APRESENTAÇÃO

Muitos alunos questionam: "Por que preciso frequentar as aulas da disciplina Língua Portuguesa se já sei falar Português?".

Esta quinta edição foi elaborada para ajudá-lo a compreender em quais situações o Português que você já sabe e usa é adequado e em que contextos precisa utilizar outros recursos da língua para que o seu texto, falado ou escrito, seja compreendido e respeitado. A coleção apresenta esses recursos para que as aulas de Língua Portuguesa sejam significativas para você.

Antes de mais nada, porém, desejamos que você, assim como todos os que participaram da elaboração desta edição, goste de ler este livro. Esperamos que encontre, nos textos que selecionamos, aventuras e reflexões que o levem a sonhar e a transformar o mundo.

ATITUDES PARA A VIDA

11 ATITUDES MUITO ÚTEIS PARA O SEU DIA A DIA!

As Atitudes para a vida *trabalham competências socioemocionais e nos ajudam a resolver situações e desafios em todas as áreas, inclusive no estudo de Português.*

1. Persistir

Se a primeira tentativa para encontrar a resposta não der certo, **não desista**, busque outra estratégia para resolver a questão.

2. Controlar a impulsividade

Pense antes de agir. Reflita sobre os caminhos que pode escolher para resolver uma situação.

3. Escutar os outros com atenção e empatia

Dar atenção e escutar os outros são ações importantes para se relacionar bem com as pessoas.

4. Pensar com flexibilidade

Considere diferentes possibilidades para chegar à solução. Use os recursos disponíveis e dê asas à imaginação!

5. Esforçar-se por exatidão e precisão

Confira os dados do seu trabalho. Informação incorreta ou apresentação desleixada podem prejudicar a sua credibilidade e comprometer todo o seu esforço.

6. Questionar e levantar problemas

Fazer as perguntas certas pode ser determinante para esclarecer suas dúvidas. Esteja alerta: indague, questione e levante problemas que possam ajudá-lo a compreender melhor o que está ao seu redor.

7. Aplicar conhecimentos prévios a novas situações

Use o que você já sabe! O que você já aprendeu pode ajudá-lo a entender o novo e a resolver até os maiores desafios.

8. Pensar e comunicar-se com clareza

Organize suas ideias e comunique-se com clareza. Quanto mais claro você for, mais fácil será estruturar um plano de ação para realizar seus trabalhos.

9. Imaginar, criar e inovar

Desenvolva a criatividade conhecendo outros pontos de vista, imaginando-se em outros papéis, melhorando continuamente suas criações.

10. Assumir riscos com responsabilidade

Explore suas capacidades! Estudar é uma aventura, não tenha medo de ousar. Busque informação sobre os resultados possíveis, e você se sentirá mais seguro para arriscar um palpite.

11. Pensar de maneira interdependente

Trabalhe em grupo, colabore. Juntando ideias e força com seus colegas, vocês podem criar e executar projetos que ninguém poderia fazer sozinho.

No Portal *Araribá Plus* e ao final do seu livro, você poderá saber mais sobre as *Atitudes para a vida*. Veja <www.moderna.com.br/araribaplus> em **Competências socioemocionais**.

ILUSTRAÇÃO: MILTON TRAJANO; INFOGRAFIA: FÁBIO BOSQUÊ E LAVÍNIA FÁVERO

CONHEÇA O SEU LIVRO

ABERTURA DA UNIDADE

No início de cada unidade, você vai conversar com seus colegas a respeito de imagens que apresentam o tema explorado nos textos que vai ler.

LEITURA

Você vai ler textos de diversos gêneros e, ao analisá-los por meio de questões, vai compreender a importância dos elementos que contribuem para a construção dos sentidos do texto. Uma breve exposição teórica e esquemas-resumo vão ajudá-lo na hora de estudar e de se preparar para as provas.

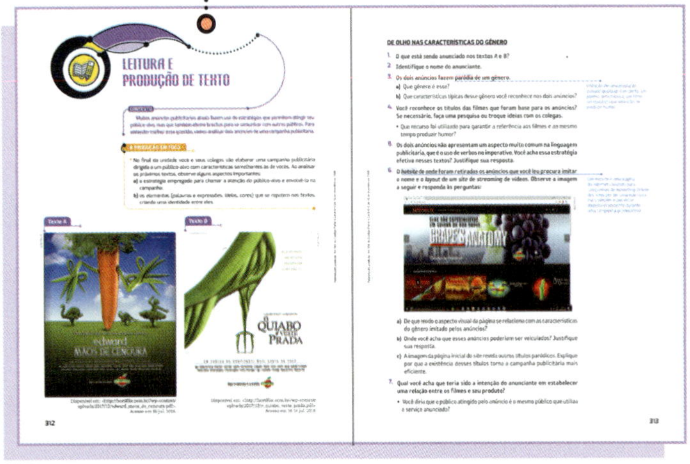

LEITURA E PRODUÇÃO DE TEXTO

As propostas de produção são precedidas por análise de textos e acompanhadas por orientações passo a passo, para que você tenha os recursos necessários na hora de produzir.

ESTUDO DA LÍNGUA: ANÁLISE E REFLEXÃO

ESTRUTURA E FORMAÇÃO DAS PALAVRAS: PALAVRAS PRIMITIVAS, PALAVRAS DERIVADAS, PALAVRAS COMPOSTAS E AFIXOS

ESTRUTURA DAS PALAVRAS

30

ESTUDO DA LÍNGUA

Nesta seção, a partir de trechos dos textos da seção Leitura, você vai aprender conceitos importantes para que possa usar os recursos da Língua Portuguesa com mais segurança.

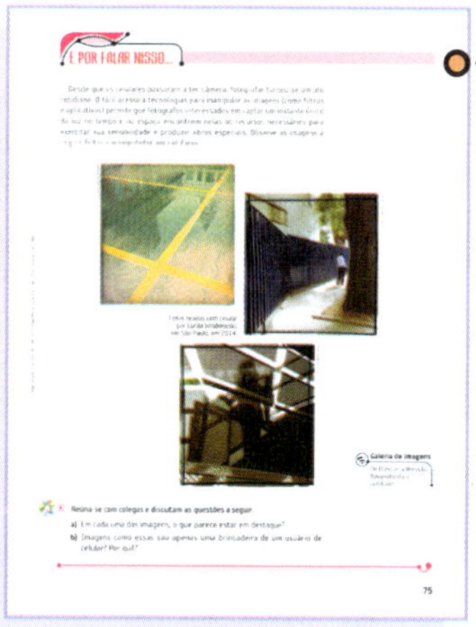
E POR FALAR NISSO...

75

E POR FALAR NISSO...

Ao conversar com seus colegas a respeito das imagens e questões propostas nesta seção, as discussões feitas na seção Leitura serão ampliadas e você conquistará mais recursos para a hora de produzir.

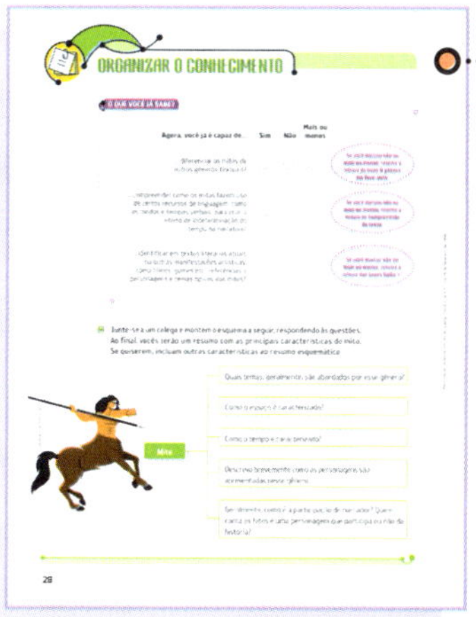
ORGANIZAR O CONHECIMENTO

28

ORGANIZAR O CONHECIMENTO

Os esquemas e tabelas apresentados serão um material útil para estudo.

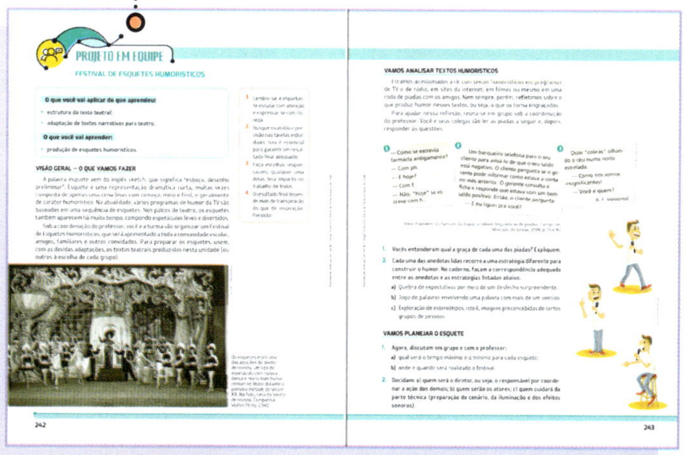
PROJETO EM EQUIPE

FESTIVAL DE ESQUETES HUMORÍSTICOS

VAMOS ANALISAR TEXTOS HUMORÍSTICOS

VAMOS PLANEJAR O ESQUETE

242

243

PROJETO EM EQUIPE

Nesta seção, você vai encontrar propostas de produção de exposições orais, seminários, programas de rádio e vídeos, além de exercitar a apresentação dessas produções.

CONHEÇA SEU LIVRO

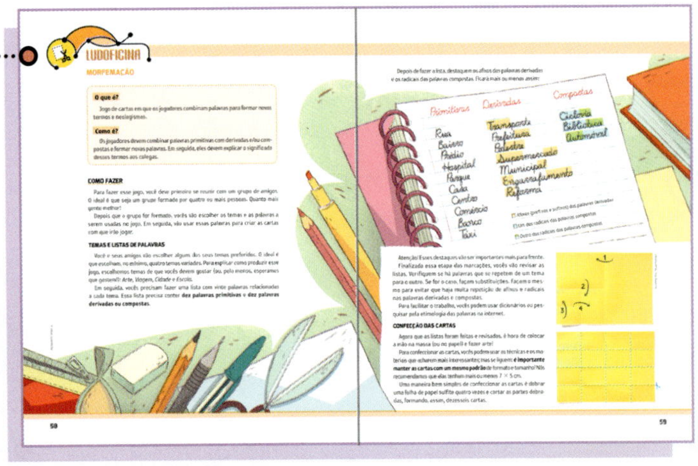

LUDOFICINA

Esse é o momento de utilizar todo seu conhecimento e sua criatividade para confeccionar um jogo e se divertir com seus amigos!

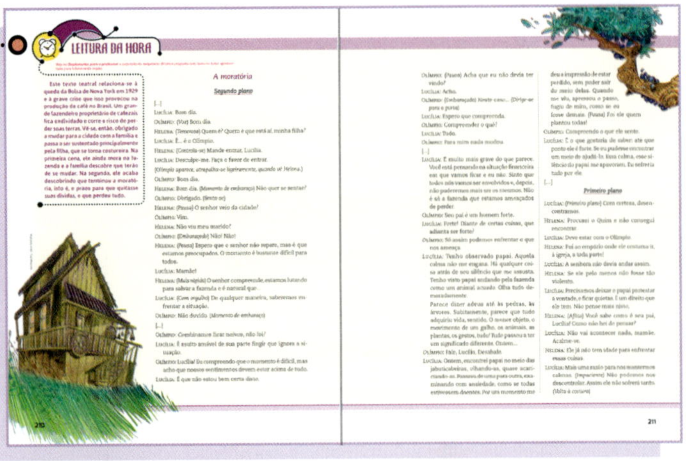

LEITURA DA HORA

Esta seção é para você curtir! Conheça personagens incríveis e descubra quantas aventuras e histórias maravilhosas acontecem no mundo da literatura!

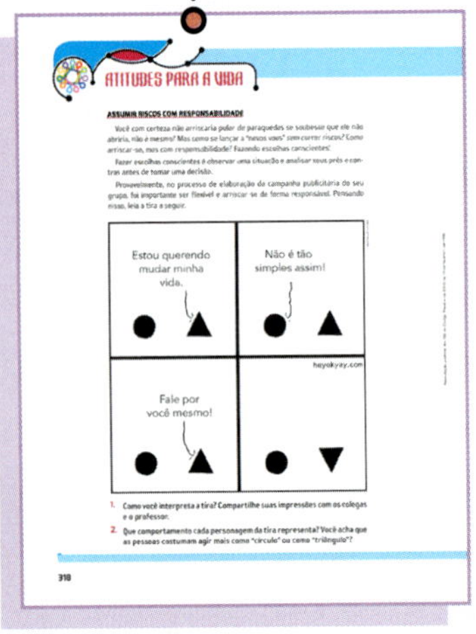

ATITUDES PARA A VIDA

Nessa seção você terá a oportunidade de conversar mais sobre atitudes importantes que podem ajudá-lo a enfrentar situações desafiadoras no dia a dia.

PARA SE PREPARAR PARA A PRÓXIMA UNIDADE

Aqui você encontrará *links* selecionados especialmente para você! Navegue pela internet, acesse o objeto digital e prepare-se para o estudo da próxima unidade.

ÍCONES DA COLEÇÃO

Glossário

Atitudes para a vida

\# Indica conteúdos que podem ser trabalhados de forma interdisciplinar

Indica que existem jogos, vídeos, atividades ou outros recursos no **livro digital** ou no **portal** da coleção.

CONTEÚDO DOS MATERIAIS DIGITAIS

O *Projeto Araribá Plus* apresenta um Portal exclusivo, com ferramentas diferenciadas e motivadoras para o seu estudo. Tudo integrado com o livro para tornar a experiência de aprendizagem mais intensa e significativa.

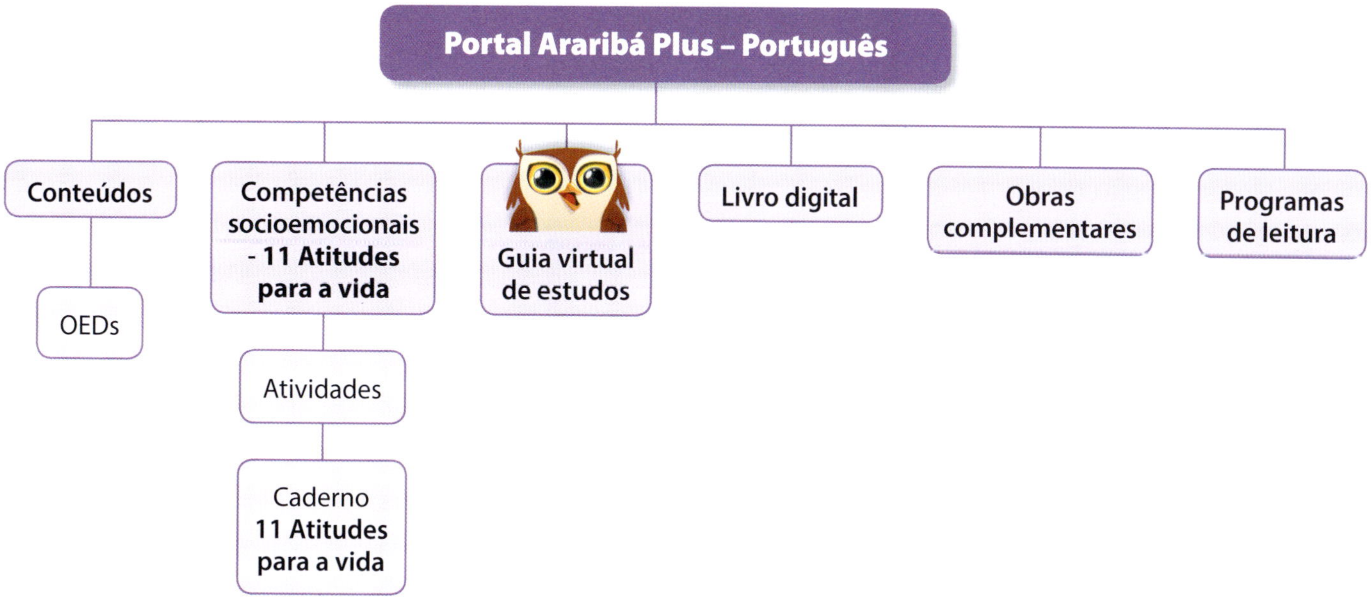

DENYS PRYKHODKOV/ SHUTTERSTOCK

Livro digital com tecnologia *HTML5* para garantir melhor usabilidade e ferramentas que possibilitam buscar termos, destacar trechos e fazer anotações para posterior consulta.

O livro digital é enriquecido com objetos educacionais digitais (OEDs) integrados aos conteúdos.

Você pode acessá-lo de diversas maneiras: no *smartphone*, no *tablet* (Android e iOS), no *desktop* e *on-line* no *site*:

http://mod.lk/livdig

ARARIBÁ PLUS APP

Aplicativo exclusivo para você com recursos educacionais na palma da mão!

Acesso rápido por meio do leitor de código *QR*. http://mod.lk/app

Objetos educacionais digitais diretamente no seu *smartphone* para uso *on-line* e *off-line*.

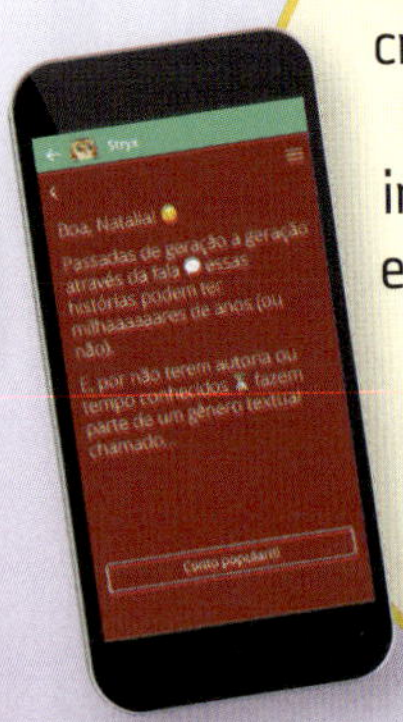

Stryx, um guia virtual criado especialmente para você! Ele ajudará a entender temas importantes e achar videoaulas e outros conteúdos confiáveis e alinhados com o seu livro.

Eu sou o **Stryx** e serei seu guia virtual por trilhas de conhecimento de um jeito muito legal de estudar!

BETO UECHI

LISTA DOS OEDS DO 7º ANO

PÁGINA	TÍTULO DO OBJETO DIGITAL
27	O herói de muitas faces
38	Estrutura das palavras
38	Processo de formação das palavras
63	Ortoépia e prosódia
93	Determinantes do substantivo
121	Advérbio
153	Figuras de linguagem I
171	Tipos de sujeito
190	*SOS*, de Augusto de Campos
191	O teatro grego
191	Transitividade verbal
245	Emprego da vírgula nas orações coordenadas
285	Concordância verbal

http://mod.lk/app

SUMÁRIO

UNIDADE 1 HISTÓRIAS QUE EXPLICAM O MUNDO 16

UNIDADE 2 UM MUNDO EM TRANSFORMAÇÃO 64

3
"O ESPAÇO, A FRONTEIRA FINAL..."

4
ACESSIBILIDADE: DIREITO DE TODOS

SUMÁRIO

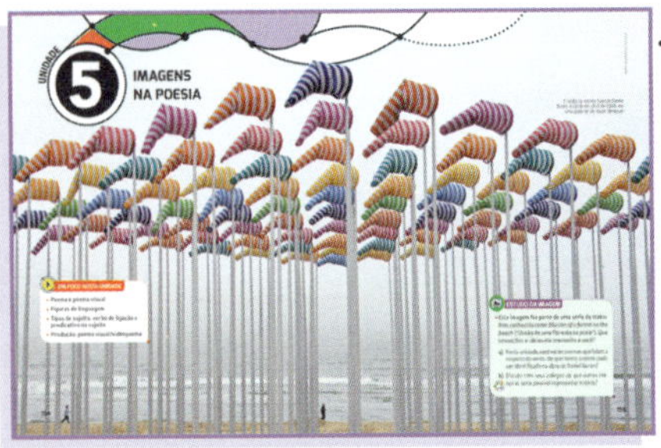

7
ÓDIO NAS REDES

8
SOCIEDADE E CONSUMO

UNIDADE 1

HISTÓRIAS QUE EXPLICAM O MUNDO

ESTUDO DA IMAGEM

- Observe esta pintura e converse com os colegas.

  a) As personagens de mãos dadas, Orfeu e Eurídice, fazem parte de uma das histórias mais famosas da mitologia grega. Você já ouviu falar dessas personagens? Que relação você acha que poderia existir entre elas?

  b) No título da pintura aparece a expressão "mundo subterrâneo". Por que essas personagens estariam em um mundo subterrâneo? O que poderia haver nesse local?

SAIBA +

Segundo muitos estudiosos e escritores, na mitologia grega, Orfeu era filho de Apolo, deus da música, da poesia, das artes, da profecia, e também de Calíope, uma das musas responsáveis por inspirar os artistas. Herdara do pai uma lira, e nada nem ninguém – de deuses e feras selvagens até plantas e pedras – era capaz de resistir aos encantos de sua música.

Eurídice era uma ninfa. Divindades femininas secundárias, as ninfas habitavam mares, rios, campos e florestas e estavam associadas à fertilidade e à fecundidade.

EM FOCO NESTA UNIDADE

- Mito e lenda
- Estrutura e formação de palavras
- A vírgula e seus usos
- Produção: lenda – registro e reconto oral

COROT, Jean-Baptiste Camille. *Orfeu conduzindo Eurídice do mundo subterrâneo.* 1861. Óleo sobre tela, 112,3 cm × 137,1 cm.

LEITURA

CONTEXTO

Segundo a historiadora Maria Regina Cândido, a palavra **mitologia** vem do grego e pode ser compreendida como "o conjunto de narrativas de um passado longínquo". Originalmente, essas histórias eram transmitidas de geração para geração pelos anciãos, e assim mantinham-se vivos os costumes, as lendas e as tradições.

Você vai ler a seguir o mito grego de Orfeu e Eurídice, que conta a história de amor entre o grande cantor, poeta e músico e a bela e encantadora ninfa.

ANTES DE LER

1. Discuta com seus colegas: o que é mito?
2. Leia o título do texto e responda: o que você acha que pode ter acontecido com as personagens dessa história?

Orfeu e Eurídice

O grande músico

Naqueles dias longínquos, em que as **Musas** e as **Graças** tornavam mais agradável a vida dos homens, vivia um grande cantor, poeta e músico, cujo nome era Orfeu.

[...]

Com a **lira** nas mãos, Orfeu ia de aldeia em aldeia, de cidade em cidade, cantando em palácios e choupanas. Nas canções, louvava o amor, o pai da vida, narrava os gloriosos atos dos heróis e exaltava os que morreram por causas nobres.

Embora sua música enchesse de sentimentos indescritíveis o coração de quem a ouvia, ninguém se comovia ou **se comprazia** mais com ela do que o próprio Orfeu. [...]

O amor de Orfeu e Eurídice

Todo o prazer que Orfeu já sentira transformou-se numa felicidade ainda mais maravilhosa quando ele desposou Eurídice.

[...]

Como todos os apaixonados, Orfeu e Eurídice gostavam de andar a sós pelos campos, desfrutando despreocupadamente um da companhia do outro. Costumavam sentar-se numa encosta e, enquanto contemplavam o cenário encantador que **se descortinava** diante de seus olhos, Orfeu tocava sua lira e Eurídice cantava suavemente o grande e infinito amor que lhes trouxera tanta felicidade.

Glossário

Musas: as nove filhas de Zeus e Mnemósine, inspiradoras das ciências e das artes.

Graças: na mitologia grega, as deusas Tália, Aglaia e Eufrosina, que simbolizam a beleza, a abundância e a generosidade.

Lira: instrumento de cordas dedilháveis, comum na Antiguidade.

Se comprazia: se deliciava.

Se descortinava: se revelava.

Lépida: alegre, animada

Lancinante: de intensa dor.

Resoluto: decidido.

CARLOS CAMINHA

Um dia, o jovem casal foi passear no vale do Tempe. A beleza dos arredores era mágica: de um lado assomavam os altos picos do Olimpo; do outro, o monte Ossa; e entre eles corriam as tranquilas águas do rio Peneu, margeado por frondosos plátanos. À sombra de um deles, recostado no grosso tronco, Orfeu tocava a lira, enquanto Eurídice dançava e cantava, **lépida**.

[...]

A morte de Eurídice

[...]

Enquanto saltava e dançava feliz à volta de Orfeu, que tocava sua lira e cantava, Eurídice pisou, sem querer, no ninho de uma grande serpente, que, num bote, afundou as presas em seu pé.

Eurídice deu um grito **lancinante**. Orfeu interrompeu a canção e correu para junto da amada, com o coração enregelado de medo.

A cena era tão terrível que ele se negou a crer em seus olhos: a palidez da morte estampava-se rapidamente no rosto de Eurídice. Ela estendeu os braços para amparar-se no amado, mas o veneno já lhe corria nas veias: antes que Orfeu pudesse tomá-la nos braços, sua querida Eurídice caiu ao chão, morta.

Num único instante, um sonho foi destruído. Eurídice desceu para o mundo subterrâneo, o terrível reino de Hades, e Orfeu ficou sozinho, incapaz de suportar o terrível sofrimento.

[...]

Orfeu desce ao Hades

Nove dias e nove noites transcorreram, e nada amenizava a terrível dor de Orfeu. No décimo dia, surgiu-lhe um pensamento que nenhum mortal ousara ter: desceria ao tenebroso reino das sombras para trazer de volta a amada.

[...]

Armado apenas com sua lira, Orfeu iniciou uma jornada tão amedrontadora que a maioria dos homens sequer imaginaria realizar.

[...]

Qualquer outro mortal teria recuado ao ver a apavorante entrada do Hades, mas Orfeu não: avançou **resoluto** e deixou a brilhante luz do dia para entrar na mais profunda escuridão.

Não tinha dado muitos passos quando alguém lhe segurou a mão com firmeza e uma luz divina surgiu em redor. Voltando a cabeça, viu um belo homem portando um bastão com duas serpentes enroladas. Usava um chapéu com asas e tinha também asas nos calcanhares. Orfeu logo reconheceu Hermes, o deus que, por ordem de Zeus, frequentemente conduzia os mortos ao mundo subterrâneo.

[...]

CARLOS CAMINHA

— Leve-me até Plutão, o rei do Hades — [...] Em sua voz havia tanta firmeza que Hermes ficou em silêncio por um momento, depois o guiou adiante, segurando-o pela mão.

O caminho passava por uma longa caverna e descia sempre. Andaram muito tempo, penetrando cada vez mais fundo nas entranhas da Terra.

CARLOS CAMINHA

Por fim, o absoluto silêncio que reinava no ambiente foi interrompido pelo som suave e ritmado de água escorrendo entre pedras. Orfeu **espreitou** a escuridão à sua frente e viu que se aproximavam da margem de um rio subterrâneo. Era o Estige, o rio sagrado do Hades.

Um barqueiro cruzava a água em sua direção. Era Caronte, que vinha pegar a sombra de Orfeu, segundo pensava, e transportá-la para o reino de Plutão, na margem oposta. Quando viu um homem vivo, ficou tão surpreso que gritou [...].

[...]

Extasiado com os sons da lira de Orfeu, o barqueiro dirigiu a balsa para perto do grande portão do Hades que **assomava** à frente, como sempre guardado por Cérbero. Hermes e Orfeu passaram pelo portão. Quando Cérbero viu o deus entrando com um homem vivo, não pôde acreditar. Um rosnado surdo saiu de suas três gargantas, e a cabeça de dragão da ponta de sua cauda deu um silvo apavorante. Mas não passou disso, pois a tarefa de Cérbero era impedir os mortos de saírem, e não fechar o portão para quem quisesse entrar.

Em pouco tempo, Hermes e Orfeu estavam na presença de Plutão, o deus do mundo subterrâneo. Ele estava sentado num trono alto e imponente, tendo ao lado a encantadora **Perséfone**. À sua esquerda, em outros tronos elevados, sentavam-se os três sábios juízes do Hades: Minos, Radamento e Éaco, cuja tarefa era sentenciar os mortos pelos crimes praticados em vida.

Todos se levantaram surpresos ao ver que Hermes trazia um homem vivo para o mundo subterrâneo. Plutão franziu o rosto de raiva e já estava prestes a **interpelar** Hermes furiosamente, quando a soberba melodia da lira de Orfeu encheu o ar, e a voz do grande cantor iniciou uma canção de beleza **inefável**.

Plutão ficou calado, estático. O deus cujos ouvidos não ouviam mais que os gemidos dos mortos agora estava fascinado pela voz e melodia de Orfeu, o maior músico que o mundo já conhecera.

[...]

Glossário

Espreitou: olhou atentamente.

Assomava: surgia, aparecia.

Perséfone: a deusa das ervas, flores, frutos e perfumes; foi sequestrada e desposada por Plutão, mudando-se para o Hades.

Interpelar: interrogar, questionar.

Inefável: encantadora.

SAIBA +

O mito de Orfeu tem sido fonte de inspiração para diversas manifestações artísticas. No Brasil, Vinicius de Moraes escreveu a peça *Orfeu da Conceição*, que foi adaptada para o cinema pelo francês Marcel Camus no filme *Orfeu negro*, premiado no mundo todo. Em 1999, a peça foi novamente transposta para o cinema, no filme *Orfeu*, dirigido pelo brasileiro Cacá Diegues.

Esse mito também é a base de duas óperas bastante conhecidas, de Monteverdi e de Gluck.

Plutão concede a volta de Eurídice

Orfeu continuava cantando, e sua voz enchia de comoção o peito dos que a ouviam. Seus versos falaram das alegrias da vida sobre a Terra e do amor, o grande dom dos deuses; depois descreveram sua paixão por Eurídice e, finalmente, exprimiram dor pela injusta perda da amada. Conforme sua voz soava mais forte, aumentavam as emoções que ela despertava, espalhando-se pelos cantos mais distantes do escuro Hades.

[...] De repente, a sombra de uma jovem mulher destacou-se das fileiras dos mortos. Era Eurídice, que, reconhecendo a música e a voz de Orfeu, corria ao encontro do amado. Então, uma lei de incontáveis séculos foi **transgredida**: a sombra de Eurídice atirou-se nos braços de Orfeu vivo.

[...]

Agora todos os olhos se fixavam em Plutão, esperando para ver como se manifestaria sua ira **implacável**.

Entretanto, Plutão apenas inclinou a cabeça e ficou em prolongado silêncio. Depois, mirou demoradamente Perséfone, cujos grandes e belos olhos **marejavam-se** de lágrimas.

Finalmente, dirigiu-se a Orfeu:

— Diga que favor você deseja e eu o concederei. Juro pelas águas sagradas do Estige!

— Poderoso senhor do mundo subterrâneo — respondeu Orfeu —, desejo minha amada Eurídice de volta. Seus dias no belo mundo superior foram muito poucos e, quando o amor chegou, ela não teve tempo para saborear suas alegrias. Não posso suportar a ideia de que ela esteja sofrendo nas tenebrosas profundezas do Hades. Não posso viver sem Eurídice, nem ela sem mim.

— Será como você deseja, Orfeu, exatamente como prometi. Mas, em troca, você também fará uma promessa.

— Tudo o que desejar, poderoso senhor — respondeu Orfeu.

— Eurídice pode partir com você agora. Você irá à frente, e ela atrás. Mas não se volte para vê-la antes de chegar à luz do dia. Se o fizer, Eurídice retornará a meu reino no mesmo instante.

As condições impostas por Plutão eram rígidas, mas Orfeu aceitou-as de bom grado, transbordando de alegria ao pensar que, assim que atingissem a luz do Sol novamente, ele teria a amada de volta.

Glossário

Transgredida: desobedecida.

Implacável: impossível de abrandar.

Marejavam-se: ficavam cobertos.

CARLOS CAMINHA

A viagem de volta à superfície

Partiram. Hermes adiante, seguido por Orfeu e, um pouco atrás, Eurídice. Quando chegaram aos portões, Cérbero ergueu as três cabeças, ameaçador. Mas baixou-as assim que Orfeu correu os dedos pelas cordas da lira, enchendo o ar com uma **inebriante** melodia. O terrível guardião do Hades ficou imóvel e silencioso, dominado pela magia dos sons.

Desse modo, o trio passou pelos portões do Hades, cruzaram outra vez o Estige na balsa de Caronte e iniciaram o caminho longo e **íngreme** que atravessava a caverna. O percurso era difícil e fatigante, mas nenhum deles pensava nisso. O pensamento de Orfeu era todo para Eurídice, que estava em algum ponto ali atrás. Mas será que estava mesmo atrás dele? Essa era a terrível dúvida que, aos poucos, ia se enraizando na mente de Orfeu. Pois, no silêncio mortal que reinava, ele podia ouvir seus próprios passos e os de Hermes andando na frente, mas de trás não ouvia nada. Por quê?

E se Eurídice não estivesse lá? E se Cérbero não a tivesse deixado passar pelos portões do Hades? E se Caronte tivesse se recusado a deixá-la subir a bordo de seu barco?

[...]

Dominado por seus temores, Orfeu seguia os passos do deus com o coração sufocado de ansiedade.

Por fim, **vislumbrou-se** ao longe um tímido reflexo da luz do dia. A angústia de Orfeu tornou-se incontrolável. A cada passo, a luz era mais intensa, e as dúvidas de Orfeu, mais insuportáveis.

Glossário

Inebriante: fascinante.

Íngreme: inclinado.

Vislumbrou-se: percebeu-se.

Resplandecia: brilhava intensamente.

Moucos: surdos.

CARLOS CAMINHA

Uma luz brilhante agora inundava a caverna. A jornada estava quase terminando. Adiante **resplandecia** o dia. Só mais alguns instantes, e Orfeu teria sua amada de volta para sempre. Se ela estivesse atrás dele!

Mas... e se não estivesse? Desesperado, Orfeu olhou para trás e viu Eurídice.

Ah, mas por que os deuses são tão duros com os homens?

Na agonia do desespero, Orfeu tentou abraçá-la... tarde demais: ela escapou de seus braços e, flutuando como uma folha seca soprada pelo vento do outono, rodopiando, foi arrastada para o reino das sombras.

Essa segunda perda foi ainda mais devastadora que a primeira. Orfeu precipitou-se atrás de Eurídice, tentando alcançá-la, mas já havia desaparecido. Em pouco tempo ele estava outra vez na margem do Estige, implorando de joelhos que Caronte o levasse para o outro lado. Mas seu esforço foi vão, pois o barqueiro fez ouvidos **moucos** para suas súplicas. Sete dias e sete noites ele permaneceu na margem do Estige, argumentando inutilmente com Caronte. No oitavo dia, retomou o escuro caminho e enfrentou de novo a árdua subida.

Chegando à luz do dia, encontrou a lira que lhe escorregara das mãos nervosas no momento de horror em que estendera os braços para envolver Eurídice. Crueldade inacreditável! A lira estava caída exatamente a dois passos da luz do Sol!

Orfeu curvou-se e apanhou-a do chão. Dilacerado pela dor, bateu a mão contra as cordas da lira, e o som da desgraça ecoou pelas montanhas desertas como uma violenta tempestade. Agora nada podia trazer-lhe consolo. Orfeu perdera sua amada pela segunda vez porque não cumprira as condições impostas pelo implacável Plutão.

O fim de Orfeu

O infeliz músico voltou para a terra natal. Passaram-se meses, anos, e ele sonhava com Eurídice mesmo acordado. Muitas pessoas aconselharam-no a casar-se outra vez, mas em resposta Orfeu apenas pegava sua lira e tocava melodias tão lamentosas que comoviam as próprias pedras onde ecoavam.

Finalmente, durante as festas em honra de Dioniso realizadas na Trácia, chegou a hora de o grande e infeliz cantor encontrar seu fim.

[...]

MENELAOS STEPHANIDES. *Prometeu, os homens e outros mitos.* Trad. Marylene P. Michael. São Paulo: Odysseus, 2004. p. 114-128. (Fragmento).

Texto integral
Orfeu e Eurídice

ANTES DO ESTUDO DO TEXTO

1. Se não tem certeza de ter compreendido bem o texto, leia-o novamente.
2. Ao responder às questões a seguir, procure empregar o que já aprendeu ao ler outros textos e seja preciso em suas respostas.

ESTUDO DO TEXTO

COMPREENSÃO DO TEXTO

1. Você gostou da história de Orfeu e Eurídice? Por que essa história pode ser, ao mesmo tempo, bonita e triste?
2. Como o amor de Orfeu por Eurídice influenciou a maneira como ele se sentia quando tocava a lira?
3. Após a morte de Eurídice, Orfeu decidiu buscar sua amada no mundo subterrâneo.
   a) Por que era perigoso ir até lá?
   b) Por que Hermes aceitou cooperar com Orfeu?
4. Uma das personagens do mundo subterrâneo era Cérbero.
   a) Como era essa personagem? Descreva-a segundo o texto.
   b) Qual foi a reação de Cérbero quando ele viu Orfeu?
   c) Por que ele deixou Orfeu passar se sua tarefa era guardar o portão de entrada para o Hades?
5. Orfeu conseguiu convencer Plutão a deixá-lo levar Eurídice de volta à superfície.
   a) Qual foi a condição imposta por Plutão?
   b) Por que Orfeu não cumpriu essa determinação?
6. O mito apresenta os elementos típicos da narrativa. No caderno, copie o quadro abaixo substituindo as questões pelas respostas.

Personagens	Quem participa da narrativa?
Espaço	Onde se passa a narrativa? São lugares comuns, terrenos, ou lugares sagrados, habitados por seres sobrenaturais?
Tempo	É possível saber exatamente quando ocorrem os fatos narrados?
Narrador	Quem conta os fatos para o leitor: uma personagem que participa da história ou alguém que não participa, mas observa e sabe tudo o que ocorre com as personagens?

CARLOS CAMINHA

7. Descreva os momentos principais da ação no mito de Orfeu, respondendo às questões a seguir.
   a) Qual é a situação inicial?
   b) Qual acontecimento altera a situação inicial?
   c) Qual é o momento de maior tensão na narrativa?
   d) Como se conclui o episódio?

DE OLHO NA CONSTRUÇÃO DOS SENTIDOS

1. Releia esta fala de Orfeu.

> "— Poderoso senhor do mundo subterrâneo — respondeu Orfeu —, desejo minha amada Eurídice de volta. Seus dias no belo mundo superior foram muito poucos e, quando o amor chegou, ela não teve tempo para saborear suas alegrias. Não posso suportar a ideia de que ela esteja sofrendo nas tenebrosas profundezas do Hades. Não posso viver sem Eurídice, nem ela sem mim."

a) A quem Orfeu se dirige nessa fala? Como você descobriu?

b) Nesse parágrafo, fica evidente a presença de dois mundos. Quais são eles?

c) Como são esses dois mundos? Que palavras ou expressões do texto expressam a dualidade entre um mundo e outro?

2. Releia este diálogo entre duas personagens.

> "— Tudo o que desejar, poderoso senhor — respondeu Orfeu.
>
> — <u>Eurídice pode partir com você agora. Você irá à frente, e ela atrás.</u> Mas não se volte para vê-la antes de chegar à luz do dia. Se o fizer, Eurídice retornará a meu reino no mesmo instante.
>
> As condições impostas por Plutão eram rígidas, mas Orfeu aceitou-as de bom grado, transbordando de alegria ao pensar que, assim que atingissem a luz do Sol novamente, ele teria a amada de volta."

a) Quais desses trechos representam a fala do narrador e quais representam as falas das personagens?

b) Como é possível identificar as falas das personagens?

c) Observe a parte sublinhada na segunda fala. Quais são as formas verbais? A qual sujeito cada uma delas se refere?

3. Observe as formas verbais deste trecho.

> "Qualquer outro mortal **teria recuado** ao ver a apavorante entrada do Hades, mas Orfeu não: **avançou** resoluto e deixou a brilhante luz do dia para entrar na mais profunda escuridão."

a) Por que a oposição entre as formas verbais **teria recuado** e **avançou** caracteriza a coragem de Orfeu?

b) Encontre no trecho em destaque duas expressões opostas e explique o que o contraste entre elas indica.

CARLOS CAMINHA

4. As palavras podem ser usadas para enfatizar sensações ou sensibilizar o leitor. O trecho a seguir, por exemplo, transmite muita tensão e dramaticidade. Copie no caderno as palavras e expressões que o tornam mais emocionante.

> "A cena era tão terrível que ele se negou a crer em seus olhos: a palidez da morte estampava-se rapidamente no rosto de Eurídice. Ela estendeu os braços para amparar-se no amado, mas o veneno já lhe corria nas veias: antes que Orfeu pudesse tomá-la nos braços, sua querida Eurídice caiu ao chão, morta."

5. No texto, aparecem adjetivos que dão informações importantes sobre os elementos da narrativa.

a) Transcreva no caderno exemplos de adjetivos que você considere importantes na caracterização das personagens ou de outros elementos do texto.

b) Imagine que alguns desses adjetivos que você citou fossem excluídos do texto. Que efeito isso provocaria?

6. Leia as manchetes a seguir.

> **Mitos e verdades sobre senhas: descubra se você está protegido**

Disponível em: <http://mod.lk/l8zkm>. Acesso em: 6 fev. 2018. (Fragmento).

> **Mito do boxe, Muhammad Ali foi "quase anônimo" em Curitiba nos anos 80**

Disponível em: <http://mod.lk/ojc0k>. Acesso em: 6 fev. 2018. (Fragmento).

a) Qual o significado da palavra *mito* nessas manchetes?

b) A palavra *mito* pode estar relacionada a narrativas como essa que você leu, em que seres fantásticos vivem aventuras em um tempo desconhecido. Que relação pode haver entre os significados que você identificou e esse tipo de narrativa?

O MITO

1. Nos mitos, em geral, há heróis e seres sobrenaturais. O texto que você leu apresenta personagens assim?

2. Qual é o assunto central do mito de Orfeu?

3. A versão do mito lida nesta unidade foi recontada por escrito em grego e depois traduzida para a língua portuguesa.

a) Como uma história tão antiga e da tradição oral teria conseguido chegar aos dias de hoje e circular em livros?

b) Por que pessoas de diferentes línguas e culturas teriam interesse por essa mesma história?

4. Releia o diálogo entre Orfeu e Plutão, que começa com a fala:

> "Finalmente, dirigiu-se a Orfeu:
>
> — Diga que favor você deseja e eu o concederei. Juro pelas águas sagradas do Estige!"

a) A linguagem empregada por essas personagens é formal ou informal? Que aspectos da linguagem o levaram a percebê-la assim?

b) Considerando as personagens e a interação entre elas, o emprego dessa linguagem é apropriado? Por quê?

CARLOS CAMINHA

O GÊNERO EM FOCO: MITO

Os **mitos** foram criados por diferentes civilizações; por isso, existem mitos gregos, romanos, egípcios, brasileiros etc. Alguns povos da Antiguidade acreditavam que os mitos eram sagrados e os ajudavam a entender melhor o mundo, pois explicavam os fenômenos da natureza, os comportamentos, os valores e as escolhas dos seres humanos, o nascimento e a morte. Ainda hoje, é possível extrair ensinamentos e reflexões dos mitos.

Essas narrativas não têm um autor conhecido, em razão de sua origem muito antiga e oral. Foram contadas e recontadas oralmente de geração em geração até que, muito tempo depois de sua criação, fossem registradas por escrito e novamente contadas e recontadas, traduzidas, publicadas em livros.

O **tempo**, na narrativa mitológica, é impreciso e remonta às origens do mundo, muitas vezes antes da existência humana.

No mito, o **espaço** não é um espaço comum, terreno, habitado por seres humanos, mas sim o espaço sagrado, diferente do conhecido na realidade.

O **narrador** do mito é onisciente, ou seja, vê e sabe tudo o que acontece. Ele não é uma das personagens da história. Por isso, a história é narrada em terceira pessoa, e não em primeira.

O herói de muitas faces

Conheça algumas características comuns nas histórias de heróis e heroínas de todo o mundo neste jogo de cartas.

Mito é um gênero narrativo que, em geral, apresenta como personagens heróis e seres sobrenaturais (deuses, semideuses, monstros etc.) que podem ou não estar em contato com seres humanos. Os mitos tratam de assuntos como a guerra, o amor, o nascimento e a morte, entre outros. São histórias por meio das quais se busca explicar a realidade e as origens do mundo. Vários povos e civilizações têm mitos que fazem parte de sua cultura, que foram contados oralmente de uma geração a outra e, eventualmente, foram escritos e publicados.

CHRISTOS GEORGHIOU/SHUTTERSTOCK

SAIBA +

Alguns livros, filmes, desenhos animados e até jogos e música *pop* fazem referências ao universo da mitologia.

Na série de livros *Harry Potter*, por exemplo, o cão Fofo, de três cabeças, faz referência a Cérbero, que você conheceu no mito de Orfeu e Eurídice. Na música *pop*, o imaginário mitológico compõe o visual e os videoclipes de artistas como Kanye West, Rihanna e Lady Gaga.

ARCHIVES DU 7E ART/WARNER BROS PICTURES/GLOW IMAGES

Cão Fofo, personagem do filme *Harry Potter e a Pedra Filosofal*, direção de Chris Columbus. EUA, 2001.

ORGANIZAR O CONHECIMENTO

O QUE VOCÊ JÁ SABE?

Agora, você já é capaz de...	Sim	Não	Mais ou menos	
... diferenciar os mitos de outros gêneros textuais?	☐	☐	☐	Se você marcou **não** ou **mais ou menos**, retome a leitura do boxe **O gênero em foco: mito**.
... compreender como os mitos fazem uso de certos recursos de linguagem, como os modos e tempos verbais, para criar o efeito de indeterminação do tempo na narrativa?	☐	☐	☐	Se você marcou **não** ou **mais ou menos**, retome a leitura de **Compreensão do texto**.
... identificar em textos literários atuais ou outras manifestações artísticas, como filmes, *games* etc., referências a personagens e temas típicos dos mitos?	☐	☐	☐	Se você marcou **não** ou **mais ou menos**, retome a leitura dos boxes **Saiba +**.

Junte-se a um colega e montem o esquema a seguir, respondendo às questões. Ao final, vocês terão um resumo com as principais características do mito. Se quiserem, incluam outras características ao resumo esquemático.

STEINAR/SHUTTERSTOCK

Mito

- Quais temas, geralmente, são abordados por esse gênero?
- Como o espaço é caracterizado?
- Como o tempo é caracterizado?
- Descreva brevemente como as personagens são apresentadas nesse gênero.
- Geralmente, como é a participação do narrador? Quem conta os fatos é uma personagem que participa ou não da história?

E POR FALAR NISSO...

O universo da mitologia estimulou a imaginação do homem através dos tempos, influenciando diversas produções culturais. O mito de Medusa, por exemplo, foi a base tanto de obras famosas das artes plásticas, quanto referência para filmes, música *pop* e mesmo para a moda.

Uma das versões mais conhecidas desse mito aponta que Medusa era uma jovem de belos cabelos, que foi castigada pela deusa Atena por ter se envolvido com o deus Poseidon. Transformada num monstro com serpentes na cabeça, tinha o poder de transformar todos os que olhassem para ela em pedra!

Observe atentamente as imagens a seguir e converse com seus colegas.

Galeria de imagens
Mitos e referências

ARALDO DE LUCA/CORBIS/GETTY IMAGES – PALAZZO DEI CONSERVATORI, ROMA

THE BRIDGEMAN ART LIBRARY/KEYSTONE BRASIL - GALLERIA DEGLI UFFIZI, FLORENÇA

A escultura de Bernini (1630) e a pintura de Caravaggio (1597. Óleo sobre tela e madeira.) são duas das mais famosas representações do mito de Medusa feitas por esses artistas do barroco italiano.

NATTIU/SHUTTERSTOCK

No mundo da moda, o mito de Medusa inspirou o logotipo de uma empresa.

1. **Essas diferentes representações de Medusa circularam em esferas variadas. Que diferenças e semelhanças podemos perceber entre elas?**
2. **Por que essa história da mitologia inspiraria o mundo da moda?**
3. **Você acha que o uso de referências mitológicas poderia estimular as pessoas a aprofundar seus conhecimentos sobre a mitologia grega? Converse com os colegas a respeito.**

ESTUDO DA LÍNGUA: ANÁLISE E REFLEXÃO

COMO VOCÊ PODE ESTUDAR

1. **Estudo da língua** não é uma seção para decorar, mas para questionar e levantar problemas.
2. O trabalho com os conhecimentos linguísticos requer persistência. Leia e releia os textos e exemplos, discuta, converse.

ESTRUTURA E FORMAÇÃO DAS PALAVRAS: PALAVRAS PRIMITIVAS, PALAVRAS DERIVADAS, PALAVRAS COMPOSTAS E AFIXOS

ESTRUTURA DAS PALAVRAS

Releia o trecho do mito "Orfeu e Eurídice", apresentado no início desta unidade.

> "Como todos os **apaixonados**, Orfeu e Eurídice gostavam de andar a sós pelos campos, **desfrutando** despreocupadamente um da companhia do outro. Costumavam sentar-se numa encosta e, enquanto contemplavam o cenário encantador que se descortinava diante de seus olhos, Orfeu tocava sua lira e Eurídice cantava **suavemente** o grande e **infinito** amor que lhes trouxera tanta **felicidade**."

a) Os termos destacados nesse trecho vieram de outros, chamados de *palavras primitivas*. Qual é a palavra primitiva de cada um?

b) As palavras *despreocupadamente* e *descortinava* são formadas por um mesmo elemento que dá noção de negação. Qual é o elemento? Onde ele está localizado nessas palavras?

- Qual é o significado dessas duas palavras, considerando o elemento encontrado e o contexto em que estão inseridas?

VICTORIA KALININA/SHUTTERSTOCK

ESTRUTURA DAS PALAVRAS

As palavras são constituídas por um elemento (radical) que contém seu significado mais importante e, muitas vezes, por outros elementos que modificam esse significado. Estudar a estrutura de uma palavra é conhecer os elementos que a compõem e os significados que eles expressam.

Os elementos que compõem a estrutura das palavras são o **radical**, a **desinência**, a **vogal temática**, o **tema** e os **afixos**.

FAMÍLIA DE PALAVRAS

Há palavras que derivam de uma palavra primitiva. Mesmo que as terminações (afixos e desinências) deem características um pouco diferentes a cada uma, as palavras da mesma família guardam semelhanças no significado e também na forma (com o **radical**, a parte delas que é igual).

O conjunto formado por uma palavra primitiva e pelas derivadas a partir dela constitui uma **família de palavras**.

Estudar a estrutura de uma palavra e saber como essa palavra se forma é conhecer os elementos que a compõem e os significados que eles expressam.

RADICAL

Leia outro trecho de "Orfeu e Eurídice".

> "Naqueles dias longínquos, em que as Musas e as Graças tornavam mais agradável a vida dos homens, vivia um grande cantor, poeta e músico, cujo nome era Orfeu.
>
> [...]
>
> Embora sua música enchesse de sentimentos indescritíveis o coração de quem a ouvia, ninguém se comovia ou se comprazia mais com ela do que o próprio Orfeu. [...]"

Nesse trecho, há duas palavras constituídas do mesmo elemento: *músico* e *música*. Esse elemento tamb-ém aparece em *musical*, *musicalidade*, *musicista*, *musicografia* etc.

Radical é o elemento constante que agrupa palavras em uma mesma família e lhes dá uma mesma base de significado.

Algumas palavras podem ser constituídas unicamente pelo radical, como é o caso de *músico*. Outras podem apresentar dois ou mais radicais. É o caso, por exemplo, das palavras compostas *musicoterapia*, *arco-íris*, *mico-leão-dourado*.

ILUSTRAÇÕES: EROSHKA/SHUTTERSTOCK

DESINÊNCIA

Muitos verbos do texto "Orfeu e Eurídice" estão no pretérito perfeito do indicativo. Veja os exemplos destacados.

EROSHKA/SHUTTERSTOCK

> "Extasiado com os sons da lira de Orfeu, o barqueiro **dirigiu** a balsa para perto do grande portão do Hades que assomava à frente, como sempre guardado por Cérbero. Hermes e Orfeu **passaram** pelo portão. Quando Cérbero viu o deus entrando com um homem vivo, não pôde acreditar. Um rosnado surdo saiu de suas três gargantas, e a cabeça de dragão da ponta de sua cauda deu um silvo apavorante. Mas não passou disso, pois a tarefa de Cérbero era impedir os mortos de saírem, e não fechar o portão para quem quisesse entrar."

No primeiro exemplo, o verbo *dirigir* está na 3ª pessoa do singular do pretérito perfeito do indicativo: *dirigiu*. Já no segundo, o verbo *passar* está na 3ª pessoa do plural: *passaram*.

Nos dois exemplos, é o elemento final da forma verbal — a desinência — que indica a pessoa, o número, o tempo e o modo em que o verbo está conjugado: *dirig**iu*** – *pass**aram***.

Em substantivos, adjetivos, artigos, numerais e pronomes, a desinência indica gênero e número. Observe:

- a balsa tenebros**a** – a desinência **-a** em *tenebros**a*** indica que o adjetivo está no feminino e no singular.
- o**s** barco**s** tenebros**os** – a desinência **-s** no artigo (*o**s***) e no substantivo (*barco**s***) indica que estão no plural; e a desinência **-os** indica que o adjetivo (*tenebros**os***) está no masculino e no plural.

> **Desinência** é o elemento que indica as flexões dos nomes e dos verbos. Ela pode ser:
>
> - **Nominal** – quando indica gênero e número dos substantivos, adjetivos, artigos, numerais e pronomes.
> - **Verbal** – quando indica o número e a pessoa (desinência número-pessoal) e o modo e o tempo (desinência modo-temporal) dos verbos.

VOGAL TEMÁTICA

Observe o infinitivo de alguns verbos empregados no trecho retirado de "Orfeu e Eurídice": *dirigir – passar – ver – poder – sair – dar – impedir – fechar – querer.*

Você já estudou que os verbos pertencem a conjugações diferentes. E o que determina a conjugação à qual pertence um verbo é a vogal que acompanha seu radical no infinitivo (**-a-**, **-e-** ou **-i-**). Essa vogal é chamada **vogal temática**.

Vogal temática é aquela que, unida ao radical do verbo, caracteriza sua conjugação. É possível identificar três vogais temáticas nos verbos:

- **-a-** (1ª conjugação): *pass**a**r*, *d**a**r*, *fech**a**r*.
- **-e-** (2ª conjugação): *v**e**r*, *pod**e**r*, *quer**e**r*.
- **-i-** (3ª conjugação): *dirig**i**r*, *sa**i**r*, *imped**i**r*.

Agora, observe estes substantivos:

barqueiro	tarefa	rosnado	lira

Dos substantivos acima, apenas *barqueiro* apresenta flexão de gênero (*barqueir**o***, *barqueir**a***). Nesse caso, as vogais **-o** e **-a** são desinências marcadoras de gênero. Nos outros casos, as vogais finais não são marcas de flexão de gênero, uma vez que se trata de substantivos que têm uma só forma.

Em alguns substantivos, as vogais **-a**, **-e** e **-o** finais e átonas são **vogais temáticas nominais**, visto que não há possibilidade de flexão de gênero. Exemplos: *crianç**a***, *foguet**e***, *venen**o***.

TEMA

Considere as palavras abaixo.

entrar	**impedir**	**garganta**	**entra**va	**impedir**emos	**garganta**s

Note que o conjunto composto pelo radical e pela vogal temática forma uma base à qual se juntam as desinências — no caso dos verbos, as indicadoras de modo (**-r**), tempo (**-va**), número e pessoa (**-remos**); no caso do substantivo, a desinência indicadora do plural (**-s**).

Tema é o conjunto formado pelo radical mais a vogal temática. A ele se juntam as desinências responsáveis pelas diversas flexões dos verbos e nomes.

AFIXOS

Confira os elementos que entram na formação da palavra *descanse*:

des (cans) (e)

cans → radical

e → desinência verbal (modo subjuntivo ou imperativo)

A palavra *canse* tem o mesmo radical e a mesma desinência de *descanse*, mas seu significado é bem distinto. O elemento responsável por introduzir uma diferença tão grande no sentido é **des-**, anexado antes do radical. Ele marca a negação, o contrário do que a palavra *canse* significa.

Quando a vogal faz parte do radical

Compare estes exemplos:

*band**a*** – *band**inha***

café – *cafe**zinho***

No primeiro caso, a vogal final (**-a**) desaparece quando o substantivo recebe a terminação do diminutivo e, no segundo (**-é**), isso não acontece, porque apenas no primeiro existe uma vogal temática.

Em ***café*** e outros substantivos terminados em vogal tônica (*gambá*, *caqui*, *caju*), essa vogal faz parte do radical; ela não é temática.

VALENTYN VOLKOV/SHUTTERSTOCK

Existem vários elementos (**afixos**) que podem ser anexados ao radical **cans-**, antes ou depois dele, a fim de modificar-lhe o sentido. Observe:

cans → radical | ado → **afixo** (formador de adjetivo)

cans → radical | aço → **afixo** (formador de substantivo)

des → **afixo** (indica contrário) | cans → radical | ar → vogal temática (**-a-**) + desinência verbal (**-r**)

ROBSON ARAÚJO

Afixos são elementos que se unem ao radical (ou ao tema), modificando seu significado e/ou mudando a classe gramatical da palavra.

Os afixos anexados antes do radical são chamados de prefixos.

Aqueles anexados depois do radical (ou do tema) são chamados de sufixos.

FORMAÇÃO DAS PALAVRAS

Leia o texto a seguir.

Sereias, as mulheres-peixe

Presentes em diversas culturas sob diferentes nomes, as sereias fazem parte da mitologia universal. A forma mais conhecida é a de origem grega, na qual inicialmente havia dois seres distintos. As *Sereias*, metade de peixe, metade mulher, e as *Sirenas*, mulheres-pássaro que atraíam os marinheiros com o seu maravilhoso canto para uma morte certa em meio aos rochedos.

Hipercultura. Disponível em: <http://mod.lk/xvscf>. Acesso em: 12 abr. 2018.

a) Você já tinha ouvido falar nos seres mitológicos apresentados pelo texto? Compartilhe com os colegas as histórias conhecidas por você que envolvem essas personagens.

b) Quais são os dois substantivos compostos apresentados pelo texto?

c) Como essas duas palavras foram formadas, considerando as suas classes gramaticais?

d) Sabendo que essas palavras resultam da união de dois radicais, pesquise e conclua se podemos afirmar que a palavra *mitologia* segue o mesmo processo de formação de palavras.

FORMAÇÃO DAS PALAVRAS

A língua é um organismo vivo e está em constante evolução, com muitas palavras caindo em desuso e muitas outras sendo criadas. Essas criações ocorrem de acordo com alguns processos básicos. É possível criar palavras acrescentando prefixos e sufixos a um radical, como ocorre em *inicialmente* e *rochedos*. Esse processo de formação é chamado de **derivação**. Já no caso de *mulher-peixe*, a palavra é formada pela junção de dois radicais; trata-se de um processo de **composição**.

O estudo da **formação de palavras** descreve os processos pelos quais elas têm sido criadas na língua portuguesa. Os principais são: **derivação**, **composição** e **hibridismo**.

DERIVAÇÃO

Como *descanse*, muitas palavras da língua se formaram pelo acréscimo de afixos (prefixos e/ou sufixos acrescentados a um radical). Esse processo de formação de palavras chama-se **derivação**.

Derivação é o processo de formação de novas palavras a partir de outras já existentes. Ela pode se dar das seguintes maneiras:

- **Derivação prefixal** ou **prefixação** – com o acréscimo de um *prefixo*:

  in (prefixo) + feliz (radical) = infeliz

- **Derivação sufixal** ou **sufixação** – com o acréscimo de um *sufixo*:

  feliz (radical) + **idade** (sufixo) = felicidade

- **Derivação prefixal** e **sufixal** – com o acréscimo de *prefixo* e *sufixo*:

  in (prefixo) + feliz (radical) + **idade** (sufixo) = infelicidade

Há palavras formadas pelo acréscimo simultâneo de prefixo e sufixo, por exemplo: *anoitecer* (formada a partir de *noite*).

Note que o tema **noite** não tem significado se for acrescido apenas do prefixo **a-** (*anoite*) ou apenas do sufixo **-cer** (*noitecer*). Nesse caso, prefixo e sufixo foram acrescentados ao mesmo tempo, diferentemente de *infelicidade*.

O processo de formação de palavras que exige o acréscimo simultâneo de prefixo e sufixo chama-se **derivação parassintética**. Exemplos: *amanhecer*, *entardecer*, *assustar*, *enjaular*.

Há palavras na língua formadas pela mudança da classe gramatical, como é o caso de "óculos fundo de garrafa". A expressão "fundo de garrafa", formada de substantivo acrescido de locução adjetiva, passa a ser adjetivo de *óculos*. Outro exemplo: *O* ***entardecer*** *em maio é muito bonito*.

O processo de formação de palavras com base na mudança da classe gramatical a que originalmente pertenciam, sem alteração em sua forma, é chamado de **derivação imprópria**. Exemplos: burro (de substantivo a adjetivo), procurado (de particípio a substantivo ou adjetivo), judas (de substantivo próprio a comum).

Veja a manchete abaixo.

Sábado tem mutirão de combate à dengue em São Carlos

Disponível em: <http://mod.lk/kovmu>. Acesso em: 22 fev. 2018.

O substantivo *combate*, utilizado na manchete para comparar a prevenção contra a dengue a uma operação de guerra, deriva do verbo *combater*. Perceba que, diferentemente de outros processos, nos quais as palavras recebem o acréscimo de prefixos e sufixos e ficam maiores, no caso de *combate*, a palavra ficou menor que a original.

O mesmo acontece com os substantivos *atraso* (do verbo *atrasar*), *perda* (do verbo *perder*), *crítica* (do verbo *criticar*), entre outros.

Não confunda!

Palavras formadas por processos de derivação são diferentes de **palavras flexionadas**. Por exemplo, as formas verbais *comi*, *comerei*, *comemos* e *comerão* são flexões (conjugações) do verbo *comer* (por meio de desinências), assim como *livros* é a forma flexionada em número do substantivo *livro*. **Não se trata de palavras derivadas**.

O processo que forma palavras menores que as originais se chama **derivação regressiva**. Refere-se aos substantivos que se originam de verbos (substantivos deverbais), bem como a palavras que sofreram redução por conterem em sua terminação elementos semelhantes à flexão de grau. Exemplos: *sarampo* (que surgiu de *sarampão*), boteco (de *botequim*).

ACONTECE NA LÍNGUA

A redução é uma característica marcante na língua falada. Provavelmente você já deve ter usado, em situações informais, termos como "prô" ou "profe" para se referir ao professor ou "cel" em vez de celular. Em muitos casos, as reduções carregam intenções que ficam evidentes em seu uso, como carinho. Por serem muito comuns, algumas dessas palavras formadas a partir da redução não se limitaram à oralidade e já passaram a pertencer também à língua escrita, como metrô (metropolitano), tevê (televisão) e Sampa (São Paulo).

COMPOSIÇÃO

Agora observe o exemplo: *mestre-sala*. Esse substantivo composto é formado pela junção de dois radicais. Veja outros exemplos desse tipo de formação de palavras.

fidalgo	flor-de-lis	guarda-roupa
embora	porta-retrato	pernilongo

ROBSON ARAÚJO

Note que, em geral, as palavras não se modificam ao se unir, mas também há casos em que acontecem perdas ou alterações de fonemas, como em *fidalgo* (filho + de + algo), *embora* (em + boa + hora) e *pernilongo* (perna + longo) etc.

NOTION PIC/SHUTTERSTOCK

O processo de formação de palavras pela união de dois ou mais radicais é chamado de composição. Há dois modos de composição:

- **Justaposição** – quando os radicais se unem sem sofrer alteração. Exemplos: *tamanduá-bandeira*, *laranja-da-terra*, *passatempo*.
- **Aglutinação** – quando ao menos uma das palavras sofre alteração em sua forma, perdendo algum elemento na união. Exemplos: *pernalta* (perna + alta), *aguardente* (água + ardente), *planalto* (plano + alto).

HIBRIDISMO

Leia o texto abaixo.

Cerca de 40 pessoas realizaram uma manifestação para a restauração das pontes que passam sob o Rio Quatro Cachoeiras e Rio Canaã, no Travessão B-80 e na RO-010 respectivamente, localizadas na zona rural de Cacaulândia (RO), no Vale do Jamari. As duas pontes possuem estruturas de madeira e apresentam danificações que impossibilitam o tráfego de veículos pesados. O manifesto aconteceu na última terça-feira (28).

Segundo os moradores, as duas pontes são as principais vias de ligação tanto para transporte da produção agrícola até a área urbana do município como para o acesso das crianças que precisam se deslocar até as escolas.

[...]

Disponível em: <http://mod.lk/asf6c>. Acesso em: 22 fev. 2018. (Fragmento).

Essa notícia refere-se a uma manifestação de moradores na zona rural do estado de Roraima (RO). A palavra *Cacaulândia*, que dá nome à cidade mencionada, formou-se com base na junção de um elemento de origem asteca (*cacau*, do náuatle *kakáwa*, fruto do cacaueiro, cuja polpa doce pode ser usada para fazer sucos, doces e chocolate), e um elemento de origem germânica (*land*).

Assim como *Cacaulândia*, muitas outras palavras do português podem ser formadas por elementos de mais de uma língua.

Hibridismo é o processo de formação de palavras com elementos de línguas diferentes. Exemplos: ***automóvel*** **(*auto*, grego + *móvel*, latim),** ***televisão*** **(*tele*, grego + *visão*, latim).**

ORGANIZAR O CONHECIMENTO

Os objetos digitais abaixo abordam os conceitos estudados nesta seção. Acesse-os e, depois, responda às perguntas do quadro a seguir.

Estrutura das palavras

Apresenta os conceitos de radical, desinência, vogal temática e de ligação e afixos.
<http://mod.lk/zpaax>

Processos de formação das palavras

Aborda a composição por justaposição e aglutinação, tipos de derivação e hibridismo.
<http://mod.lk/p32g4>

O QUE VOCÊ JÁ SABE?

Agora, você já é capaz de...	Sim	Não	Mais ou menos
... perceber que as palavras podem ser constituídas pelos seguintes elementos: *radical*, *desinência*, *vogal temática*, *tema* e *afixos*?	☐	☐	☐
... compreender que o *radical* é a parte da palavra responsável pelo *significado* dela?	☐	☐	☐
... concluir que a *desinência* indica as *flexões* dos nomes e dos verbos?	☐	☐	☐
... notar que a *vogal temática*, nos verbos, indica a *conjugação* a que eles pertencem?	☐	☐	☐
... reconhecer que os afixos modificam o radical e podem ser classificados como *prefixos* ou *sufixos*?	☐	☐	☐
... entender a diferença entre os processos de formação de palavras: *derivação*, *composição* e *hibridismo*?	☐	☐	☐

Se você marcou não ou mais ou menos como resposta, retome a leitura de Estrutura das palavras.

Se você marcou não ou mais ou menos como resposta, retome a leitura de Processos de formação das palavras.

O esquema a seguir resume o que você estudou nesta seção.

Família de palavras
- palavra primitiva — Origina outras palavas.
- palavras derivadas — Resultam da palavra primitiva, formando um conjunto.

Estrutura das palavras
- radical — Concentra o significado básico da palavra.
- desinência — Indica flexões verbais (modo, tempo, número, pessoa) ou nominais (número e gênero).
- vogal temática — Indica conjugação verbal ou classe gramatical.
- tema — Forma um conjunto de radical e vogal temática.
- afixos — São acrescentados às palavras para formar outras palavras, conferindo-lhes significados.

FESTA/SHUTTERSTOCK

- **Desinência**
  - **nominal**
    - gênero — *médic**a***
    - número — *casa**s***
  - **verbal**
    - número-pessoal — *dança**mos***
    - modo-temporal — *chora**va***

YINDEE/SHUTTERSTOCK

- **Vogal temática**
  - **nos verbos**
    - **-a-** (1ª conjugação) — *andar, começar, falar*
    - **-e-** (2ª conjugação) — *chover, sofrer, tecer*
    - **-i-** (3ª conjugação) — *partir, destruir, dormir*
  - **nos nomes**
    - **-a** — *casa, lata*
    - **-e** — *lente, pente*
    - **-o** — *lenço, livro*

- **Tema**
  - radical + vogal temática — **cham-** + **-a** = *chama*

- **Afixos**
  - **prefixo** (antes do radical) — ***coo**perar, **pre**disposto*
  - **sufixo** (depois do radical ou do tema) — *previa**mente**, supera**ção***

- **Formação de palavras**
  - **derivação** (em geral, acréscimo de afixos) — *antebraço, pedreiro, desvalorização*
  - **composição** (junção de dois ou mais radicais) — *couve-flor, vinagre*
  - **hibridismo** (junção de elementos de línguas diferentes) — *astronauta, burocracia*

ATIVIDADES

ATITUDES PARA A VIDA

Ao responder às questões, busque exatidão e precisão para garantir que você entendeu o que estudou.

1. Leia o texto que se refere a uma fruta bastante consumida no mundo.

KUKURUXA/SHUTTERSTOCK

Laranjal com **laranjeiras** carregadas de frutas suculentas para uma boa **laranjada**.

Suculenta, doce, rica em vitamina C e um pouco azedinha, a **laranja** é amplamente consumida, seja *in natura*, em forma de suco ou como ingrediente de pratos diversos, sendo uma das frutas mais populares no mundo. As laranjas são geralmente disponíveis do inverno ao verão com variações sazonais dependendo da variedade.

[...]

Opas. Disponível em: <http://mod.lk/3yksh>.Acesso em: 20 fev. 2018. (Fragmento).

a) Segundo o trecho citado, a laranja pode ser consumida de quais formas? Dessas formas, qual é sua preferida?

b) O texto e a legenda da foto trazem algumas palavras destacadas. Qual delas é a palavra que originou as demais?

c) No trecho, a palavra *doce* caracteriza o substantivo *laranja*. A palavra primitiva *doce* e sua derivada *adoçar* têm fonemas em comum? Quais?

d) Se as palavras *doce* e *adoçar* pertencem à mesma família, por que a regra ortográfica da família de palavras não se aplica a elas? (Antes de responder, tente escrever a palavra *adoçar* usando a mesma grafia de *doce*.)

Lembre-se

Fonema é a unidade mínima sonora da língua. Na escrita, os fonemas são representados por letras, mas nem sempre existe uma correspondência exata entre os dois elementos.

2. Observe a tabela e responda às questões.

Palavras primitivas	Palavras derivadas
trás	atrá✦, atra✦ado, retra✦ado, atra✦ar
pêssego	pe✦egada, pe✦egueiro
jeito	a✦eitar, desa✦eitado
cruz	cru✦ar, cru✦amento, encru✦ilhada
caixa	cai✦ote, encai✦otar, desencai✦ar
caça	ca✦ada, ca✦adora, ca✦ar

a) Que letras devem ser usadas no lugar de ✦ na tabela acima? No caderno, elabore a tabela completando as palavras.

b) O que você vê de comum nas palavras da mesma família quanto ao significado e quanto à forma?

c) Saber a grafia da palavra primitiva pode ajudar você a escrever as palavras derivadas? Explique.

3. Leia a tira.

MUNDO MONSTRO

ADÃO ITURRUSGARAI

AS PRIMEIRAS FORMAS DE VIDA NA TERRA FORAM OS ORGANISMOS UNICELULARES.
TUT TUT
HOJE, O QUE MAIS EXISTE SÃO OS ORGANISMOS PLURICELULARES!
RRRR
©ADÃO

© ADÃO ITURRUSGARAI

a) Explique o significado da palavra *unicelulares* na tira.

b) Que elemento dessa palavra e quais elementos não verbais permitem que se chegue a esse significado?

c) O humor é produzido, no plano verbal, pelo duplo sentido que a palavra *pluricelulares* adquire na tira. Explique esse duplo sentido.

d) Escreva no caderno os elementos que compõem a palavra *pluricelulares*, bem como seus significados.

4. Associe, no caderno, cada sufixo destacado (números da primeira coluna) com o seu correspondente (letras da segunda coluna).

I Boc**arra**

II Amor**oso**

III Sergip**ano**

IV Deliciosa**mente**

V Sinceri**dade**

VI Menin**inhos**

VII Canta**mos**

VIII Professor**as**

A Desinências de 1ª pessoa do plural no presente ou no pretérito do indicativo

B Indicador de origem

C Aumentativo

D Desinências de feminino e plural

E Formador de adjetivo

F Diminutivo + desinência de plural

G Formador de advérbio

H Formador de substantivo

5. Observe as palavras do quadro.

fumaça	esfumaçar	maria-fumaça

a) Qual é o elemento comum a todas essas palavras?

b) Descreva o processo que formou cada uma delas.

BORIS MEDVEDEV/SHUTTERSTOCK

6. **Observe, a seguir, as duplas de palavras formadas por um elemento em comum. Depois observe a tabela.**

I. ortografia – ortodontia

II. apendicite – bronquite

III. biologia – sociologia

IV. subcutâneo – subterrâneo

Elemento formador	Significado
sub-	posição abaixo
orto-	correto
-logia	estudo
-ite	inflamação

LORELYN MEDINA/SHUTTERSTOCK

a) Depois de localizar na tabela o elemento comum de cada dupla, identifique se ele é radical, prefixo ou sufixo.

b) Com base no significado desses elementos formadores de palavras, encontre o que significa cada palavra.

c) Qual é a única dupla de palavras formada por adjetivos?

7. **Leia a tira do menino Calvin.**

CALVIN E HAROLDO **BILL WATTERSON**

O CAMALEÃO PERMANECE IMÓVEL.
É INCRÍVEL COMO ELE MUDA DE COR PARA SE CONFUNDIR COM O AMBIENTE.
© 1987 Universal Press Syndicate
MOMENTOS DEPOIS, ELE ESTÁ PRATICAMENTE INVISÍVEL.
ESTOU VENDO VOCÊ AÍ ATRÁS! VENHA JÁ LIMPAR ESSA BAGUNÇA NA COZINHA!

CALVIN & HOBBES, BILL WATTERSON © 1987 WATTERSON/DIST. BY UNIVERSAL UCLICK

a) Do primeiro ao terceiro quadro, aparece um camaleão. Qual é a associação estabelecida entre esse animal e Calvin?

b) Na tira, há palavras formadas com os prefixos **in-** e **i-**. Quais são elas e o que significam? O que significa esse prefixo nessas palavras?

c) Essas palavras do item **b** reforçam o desejo de Calvin no último quadro, revelando o humor da tira. Por que isso ocorre?

8. Todos os sufixos diminutivos e aumentativos são utilizados para expressar algum tipo de emoção positiva ou negativa. Você concorda com essa afirmação? Leia as frases a seguir e justifique sua resposta utilizando-as.

I. Aquele timeco surpreendeu ao marcar golaços no campeonato.
II. Comprei este presentão para nosso filhinho!
III. O filmezinho era um dramalhão só...
IV. A mochilona tinha um bolsinho interno para guardar chaves.

VECTOMART/SHUTTERSTOCK

9. Associe as palavras do quadro ao seu processo de formação.

compra	ventania	subestimar	burocracia
passatempo	boquiaberto	enlouquecer	

a) Derivação parassintética.

b) Derivação sufixal.

c) Derivação prefixal.

d) Hibridismo.

e) Composição por aglutinação.

f) Composição por justaposição.

g) Derivação regressiva.

10. Veja o cartum a seguir.

MANDRADE

MANDRADE
- E qual a sua classe social: A, B ou C?
- Eu sou um desclassificado!
mandrade

© MANDRADE

a) O humor do cartum é produzido pela resposta inesperada do entrevistado. Explique como isso acontece.

b) Que elemento da palavra *desclassificado* permitiu que ela fosse aproveitada nessa tira para a criação do humor?

c) Qual é o processo de formação dessa palavra?

Mais questões no livro digital

QUESTÕES DA LÍNGUA

A VÍRGULA E SEUS USOS

Leia o trecho de uma notícia sobre esporte.

Os dois últimos amistosos da Seleção Brasileira, as vitórias por 3 a 0 sobre a Rússia e por 1 a 0 diante da Alemanha, não foram suficientes para acabar com as dúvidas de Tite. O técnico ainda não definiu com qual escalação pretende iniciar a Copa do Mundo da Rússia nem os 23 jogadores com que contará no torneio. [...]

"Não tenho definição. São 14 ou 15 atletas brigando pela titularidade. Não adianta ficar com meias palavras. Fernandinho, Willian, Thiago Silva, Marquinhos, Miranda e outros estão jogando muito nos seus clubes e na Seleção, com uma minutagem parecida. É difícil para mim. Outros também estão buscando espaço para colocar pressão", comentou Tite [...].

Disponível em: <http://mod.lk/gfbm6>. Acesso em: 18 maio 2018.

MICHAEL REGAN/FIFA/GETTY IMAGES

a) Essa notícia foi publicada em 28 de março de 2018, portanto antes do início da Copa do Mundo da Rússia. Quais eram as dúvidas do técnico da Seleção Brasileira de Futebol, Tite, de acordo com esse trecho?

b) Copie no caderno o trecho em que há a enumeração dos atletas que, segundo Tite, "estão jogando muito nos seus clubes e na Seleção".

c) Qual sinal de pontuação foi utilizado para separar os itens dessa enumeração?

USOS DA VÍRGULA

ENUMERAÇÃO E TERMOS DE MESMA FUNÇÃO SINTÁTICA

A **vírgula** é um sinal de pontuação usado para estabelecer as pausas na leitura, proporcionando ao texto um ritmo adequado.

Entre os vários usos da vírgula, está o de separar os itens de uma **enumeração** e os **termos de mesma função sintática** – inclusive os representados por orações –, quando colocados um ao lado do outro.

No trecho lido, observe que os vários sujeitos (termos de mesma função sintática) "Fernandinho, Willian, Thiago Silva, Marquinhos, Miranda e outros" foram separados pela vírgula, com exceção do antepenúltimo e do último (*Miranda e outros*), os quais foram separados pela conjunção *e*.

Em geral, a vírgula não é empregada antes do *e*. Porém, se houver uma informação intercalada entre a conjunção *e* e o último termo, essa informação deverá ser isolada por vírgulas. Veja:

termos de mesma função sintática (sujeitos de "entraram")

Entraram em campo o Fernandinho, o Willian, o Thiago Silva, o Marquinhos e, por último, o Miranda.

termos de mesma função sintática (sujeitos de "entraram")

expressão intercalada entre a conjunção **e** e o último termo

Várias orações coordenadas (mesma função sintática) também podem ser separadas pela vírgula, com a conjunção *e* sendo empregada no lugar dela entre a penúltima e a última oração:

O jogador pegou a bola, olhou para a arquibancada, foi caminhando em direção ao vestiário ***e*** *não voltou mais ao campo.*

Mas, se houver uma expressão intercalada entre a conjunção *e* e a última oração coordenada, a expressão deve ser isolada por vírgulas:

O jogador pegou a bola, olhou para a arquibancada, foi caminhando em direção ao vestiário e, ***sem hesitação,*** *desapareceu escada abaixo.*

Os itens de uma **enumeração** e **termos de mesma função sintática** – inclusive os representados por orações – são separados por vírgula quando colocados um ao lado do outro. Se o último deles for antecedido pela conjunção *e*, não costuma haver vírgula antes da conjunção; mas, se quisermos colocar uma informação intercalada entre a conjunção *e* e o último termo, devemos isolá-la por vírgulas.

Lembre-se

Em um mesmo período, as **orações coordenadas** são as que têm estrutura sintática independente, isto é, nenhuma delas exerce função sintática em relação à outra.

Sujeito diferente

Se a oração coordenada introduzida pela conjunção *e* tiver sujeito diferente daquele da anterior, geralmente se emprega a vírgula após a conjunção. Note como isso deixa o período mais claro:

Iremos ao estádio porque não queremos ver o jogo na televisão, ***e*** *esse certamente vai ser um grande jogo.*

APOSTO, VOCATIVO E EXPRESSÕES EXPLICATIVAS

A vírgula pode ser empregada para separar o **aposto**, que é uma palavra ou expressão que acrescenta uma explicação ou informação complementar sobre outro termo da oração. Leia:

aposto

Assim que os irmãos abriram o presente, ***uma bola****, começaram a disputá-la.*

Nessa frase, a expressão *uma bola* é um aposto, pois esclarece o termo que a antecede: *o presente*. Observe que o aposto foi separado por vírgulas do restante da oração.

A vírgula pode, ainda, ser usada para separar o **vocativo** (termo da oração que representa um chamamento) do restante da oração, como ocorre na tira a seguir.

CALVIN E HAROLDO — BILL WATTERSON

O vocativo *Moe*, no primeiro, e o vocativo *fracote*, no último quadro, são separados por vírgula do restante da oração da qual fazem parte. Observe:

"Escuta aqui, ***Moe,*** *esse caminhão é meu e eu quero ele de volta."*
vocativo

"Vamo lá, ***fracote****!"*
vocativo

Expressões meramente explicativas – *por exemplo*, *isto é*, *ou seja*, *ou melhor* – podem ser separadas pela vírgula. Note como a fala do primeiro balão da tira poderia ser reescrita se Calvin considerasse que o caminhão, na verdade, não era dele:

Escuta aqui, Moe, esse caminhão é meu, ***ou melhor****, é seu.*

ADJUNTO ADVERBIAL ANTECIPADO

Outro uso da vírgula é na separação do **adjunto adverbial** quando ele aparece antecipado, ou seja, no início da oração. Adjunto adverbial é o termo que, em uma oração, indica circunstância – de tempo, de modo, de lugar, de causa, de companhia, entre outras. Veja:

adjunto adverbial
Naquela manhã fria e chuvosa*, ela decidiu que ia ficar lendo o dia inteiro debaixo do cobertor.*

No entanto, quando o adjunto adverbial antecipado é curto (formado em geral por um único advérbio), ele não costuma vir sucedido por vírgula.

adjunto adverbial
Hoje *decidi que vou ficar lendo o dia inteiro debaixo do cobertor.*

A vírgula é utilizada para separar o **aposto**, o **vocativo** e **expressões explicativas** do restante da oração. Além disso, a vírgula costuma ser empregada para separar o **adjunto adverbial** que aparece no início da oração.

NÃO SE USA VÍRGULA

Não devem ser separados por vírgula os termos da oração que estão diretamente relacionados entre si, ou seja, o **sujeito** e o **verbo** e o **verbo** e seus **complementos**. Veja:

sujeito — verbo — complemento do verbo

O técnico da seleção escolheu os jogadores.

Caso seja inserido um elemento entre esses termos, ele deve ser isolado por vírgulas, uma antes e outra depois:

O técnico da seleção, por mais que estivesse em dúvida, escolheu, depois de vários meses, os jogadores.

Vírgulas em expressões intercaladas

Se a expressão intercalada for curta, não é obrigatório usar vírgulas:

Ele às vezes tinha mais dúvida do que certeza.

No entanto, no caso de expressões intercaladas, se for colocada uma das vírgulas, sempre será necessário colocar a outra, ou seja, **ou duas vírgulas ou nenhuma**, para que não ocorra a separação entre o sujeito e o verbo ou entre o verbo e seus complementos:

Ele, às vezes tinha mais dúvida do que certeza.

pontuação incorreta

ATIVIDADES

1. Leia a tira. As vírgulas foram excluídas do primeiro balão.

CALVIN — BILL WATTERSON

ESTÁ QUENTE ÚMIDO CHEIO DE INSETOS NÃO TEM UM VENTINHO E O AR ESTÁ CHEIO DE PÓLEN.
MAS É VERÃO!
© 1995 Watterson/Dist. by Universal Press Syndicate

a) Copie no caderno o texto do primeiro balão e coloque as vírgulas nos lugares adequados. Justifique.

b) No caderno, reescreva o texto substituindo todas as vírgulas por pontos. Leia-o em voz alta e explique que diferenças você observa.

c) A palavra *mas* indica oposição. Explique de que forma ela e a cena no último quadro contribuem para o sentido da tira.

ATIVIDADES

2. **Reescreva as frases a seguir, corrigindo o emprego da vírgula (ou a falta dela). Depois, explique o porquê da correção.**

a) Oi Mário! Você conhece a Fábia minha vizinha?

b) Elvis Presley, conhecido como o rei do *rock* participou de vários filmes nos anos 1960.

c) De manhã, comi cereais com leite, morangos, e mel.

d) Caros cidadãos vocês vão poder, agora ter a tão sonhada praça neste bairro onde moram.

e) João uma criança tímida, surpreendeu a todos quando começou a contar piadas, algumas bem engraçadas nos corredores no pátio e até na sala de aula.

f) A professora disse que o senhor Marcelo Oliveira diretor do Departamento de Ciências da Universidade Teixeira Filho dará hoje em nossa escola às 14h30 uma palestra sobre o uso racional da água esse precioso líquido vital para os seres vivos.

g) – Gente vocês viram o que aconteceu?
– Não Gabriela, o que aconteceu?

GIRAFFARTE/SHUTTERSTOCK

3. **Reescreva a frase a seguir, colocando a vírgula em duas posições diferentes. Explique o sentido que a pontuação atribui a cada frase.**

Seu José o freguês mais querido da padaria vai mudar de bairro.

4. **Leia o trecho de uma notícia sobre o filme *Extraordinário*, direção de Stephen Chbosky. (Estados Unidos, 2017).**

> O longa-metragem, indicado ao Oscar de melhor maquiagem, conta a história de Auggie Pullman (Jacob Tremblay), um garoto que nasceu com malformação congênita no rosto, o que fez com que ele passasse por 27 cirurgias plásticas.
>
> O drama, que tem como uma das protagonistas a atriz Julia Roberts no papel de Isabel Pullman, é um recorte da pré-adolescência de Auggie. O longa, retrata a chegada do garoto de dez anos à escola regular, onde precisa lidar com a sensação constante de ser sempre observado.

Centro-Oeste. Disponível em: <http://mod.lk/nreah>.
Acesso em: 22 maio 2018. (Fragmento adaptado).

a) Por que foram usadas as vírgulas destacadas no primeiro parágrafo? Copie no caderno a alternativa correta.

I. Porque elas estão separando os itens de uma enumeração.

II. Porque trata-se de um adjunto adverbial antecipado.

III. Porque elas estão separando o aposto do restante da frase.

IV. Porque "Auggie Pullman" é, na frase, um vocativo.

b) No segundo parágrafo, há uma vírgula colocada incorretamente. Descubra o trecho onde isso acontece e explique qual é a incorreção.

LEITURA E PRODUÇÃO DE TEXTO

A PRODUÇÃO EM FOCO

- Nesta unidade, você vai recontar uma lenda. Durante a leitura, preste atenção nestes aspectos:
  a) a presença de elementos da natureza;
  b) o modo como o tempo e o espaço são apresentados;
  c) a relação entre o conflito e um elemento sobrenatural.

CONTEXTO

O texto que você vai ler é uma lenda indígena da Amazônia, região sempre povoada por histórias que têm como personagens seres fantásticos. Essas lendas, transmitidas por viajantes, exploradores, pesquisadores e outros interessados na cultura popular, revelam a estreita relação dos indígenas brasileiros com a floresta. Elas procuram, ainda, explicar fenômenos naturais e também o surgimento dos seres humanos e de elementos da fauna e da flora.

O Sol e a Lua

O Sol tinha acabado de passar um pouco de **curare** em suas flechas e guardava a **zarabatana** bem à mão, pronto para atirar. Não desgrudava os olhos dos galhos das árvores, prestando atenção ao menor movimento das folhas. De repente, ouviu uma gargalhada que o fez voltar-se. Sem perceber, acabara de passar por um garoto que estava sentado ao pé de uma árvore com dois magníficos papagaios.

O Sol se deteve e resolveu descansar um pouco junto deles. Nem viu o tempo passar, e, quando se deu conta, o dia já estava acabando. Não conseguia sair de perto dos dois papagaios que tanto o divertiam. Assim, propôs ao menino levar os dois papagaios em troca de seu **cocar** de plumas. O garoto estava muito preocupado com sua aparência, pois acabara de completar dez anos. Agora já poderia pintar o corpo com **urucum** e **jenipapo**. Seus cabelos acabavam de ser cortados, e, quando crescessem de novo, ele teria o direito de prendê-los ou fazer tranças. Seria um rapazinho... Já tinha as maçãs do rosto pintadas. Imaginava-se entrando na aldeia com aquele cocar de plumas. Aceitou com alegria o oferecimento do Sol e lá se foi, dançando, em direção à aldeia.

O Sol também estava com pressa, louco para mostrar a seu amigo Lua os dois papagaios. O amigo ficou maravilhado com a beleza da plumagem dos pássaros e se divertiu muito com as palavras engraçadas que eles diziam. Assim, resolveu adotar um deles. Escolheu o verde de cabeça amarela e o deixou em sua **oca**, empoleirado num pedaço de pau que enfiou no chão. O Sol também fez um poleiro para seu papagaio e o alimentou com grãos e sementes de todo tipo.

CARLOS CAMINHA

Glossário

Curare: veneno paralisante usado pelos indígenas.

Zarabatana: tubo comprido usado para assoprar e lançar setas, grãos etc.

Cocar: adorno de cabeça feito de penas.

Urucum: substância extraída do fruto dessa árvore para fazer corantes.

Jenipapo: fruto do qual os indígenas extraem tinta preta.

Oca: construção de madeira coberta de fibras vegetais usada pelos indígenas como moradia.

Na manhã seguinte, os amigos Lua e Sol foram pescar. Levaram arco e flecha, e também arpões, para o caso de encontrarem o pirarucu, que era seu peixe favorito, mas dificílimo de pegar. Ao anoitecer, voltando para casa, estavam muito cansados e não tiveram forças para preparar os peixes que haviam pescado. Deitaram-se nas esteiras e logo dormiram. Os papagaios pareciam tristes por vê-los assim, e naquela noite ficaram em silêncio.

Nos dias que se seguiram, o Sol e seu companheiro Lua não conseguiam entender por que os papagaios estavam tão tristes. Quando os pegavam nas mãos para que se empoleirassem nos dedos, tentando ensiná-los a falar, os pássaros pareciam não mais se divertir.

Mas um dia, ao voltarem da caça, tiveram uma dupla surpresa. Primeiro, os papagaios foram ao encontro deles, falando como nunca. Saltitavam de um ombro para outro, como se quisessem cantar e dançar. Dentro da oca, uma surpresa ainda maior os aguardava: junto ao fogo havia duas grandes vasilhas com **cassaripe** fumegante! Quem teria preparado a comida? Eles se sentaram, comeram todo o delicioso pirão e se deitaram. Mas não conseguiam dormir. Que mistério! Os papagaios os olhavam com um ar divertido. Se pudessem falar, será que poderiam contar o que havia acontecido?

No dia seguinte, quando foram caçar, os dois tinham a cabeça cheia de perguntas sem respostas. Enquanto isso, na oca, acontecia uma cena estranha.

Os dois papagaios se transformavam pouco a pouco em duas moças encantadoras, de cabelos longos, pretos e brilhantes como a noite sob a chuva. Quando a metamorfose se completou, uma delas se escondeu perto da porta para ver quando os dois amigos voltavam, enquanto a outra preparava a refeição.

— Depressa, não temos muito tempo! Hoje eles disseram que chegariam mais cedo. Temos de acabar antes que voltem. Quando chegam da caça, eles vêm tão cansados!

E que surpresa tiveram os dois mais uma vez! Resolveram que no dia seguinte voltariam mais cedo e entrariam escondidos pelos fundos. Dito e feito: deslumbrados com a beleza das duas moças, apaixonaram-se por elas e suplicaram que nunca mais se transformassem em papagaios de novo. Fizeram uma grande festa para celebrar os casamentos. Mas a casa havia ficado pequena demais para quatro pessoas, e por isso decidiram se revezar para ocupá-la. O Sol e sua mulher escolheram o dia. Lua aceitou a noite. É por isso que nunca vemos o Sol e a Lua ao mesmo tempo no céu.

Daniele Küss; Jean Torton. *A Amazônia*: mitos e lendas. Trad. Ana Maria Machado. São Paulo: Ática, 1996. p. 12.

Glossário

Cassaripe: alimento que se obtém deixando cozinhar e engrossar a água onde se lava a mandioca, temperada com pimenta, e na qual se põe para cozinhar todo tipo de carne em pedaços, peixes, frutinhas, raízes, insetos e larvas.

ANTES DO ESTUDO DO TEXTO

1. Se não tem certeza de ter compreendido bem o texto, leia-o novamente.
2. Ao responder às questões a seguir, procure empregar o que já aprendeu ao ler outros textos e seja preciso em suas respostas.

CARLOS CAMINHA

ESTUDO DO TEXTO

DE OLHO NAS CARACTERÍSTICAS DO GÊNERO

1. De acordo com a lenda, explique por que Sol e Lua nunca são vistos ao mesmo tempo no céu.

2. Sol propõe ao garoto trocar o cocar por dois magníficos papagaios. Releia uma parte do segundo parágrafo e explique como esse trecho antecipa para o leitor a decisão do garoto.

> "O garoto estava muito preocupado com sua aparência, pois acabara de completar dez anos. Agora já poderia pintar o corpo com urucum e jenipapo. Seus cabelos acabavam de ser cortados, e, quando crescessem de novo, ele teria o direito de prendê-los ou fazer tranças. Seria um rapazinho..."

3. Os papagaios viviam felizes com Sol e Lua, mas depois de certo momento ficaram tristes, em silêncio.
   a) O que aconteceu para que os papagaios ficassem assim?
   b) Um dia, quando voltaram da caça, Sol e Lua tiveram uma dupla surpresa. Explique.
   c) Releia: "Os papagaios os olhavam com um ar divertido". Por que eles se divertiam nesse momento?

4. No sexto parágrafo, aparece esta pergunta: "Quem teria preparado a comida?".
   a) Essa pergunta expressa a dúvida de quais personagens? A respeito de que fato?
   b) No parágrafo seguinte, o narrador revela ao leitor o que acontecia na casa enquanto Sol e Lua estavam fora, mas as personagens só descobrem o segredo no último parágrafo. Por que esse recurso torna o leitor cúmplice do narrador e das duas moças?

5. Sol e Lua surpreendem-se mais uma vez.
   a) Que outra surpresa foi essa?
   b) Essa surpresa é o desfecho da história. É possível associá-la a um elemento sobrenatural? Explique.

6. O mito de Orfeu e Eurídice, que você leu no início da unidade, trazia uma história de amor.
   - Essa lenda também traz uma história de amor? Justifique.

7. Algumas palavras e expressões indicam a sequência temporal das ações narradas. Observe os exemplos no trecho a seguir.

> "**Na manhã seguinte**, os amigos Lua e Sol foram pescar. [...] **Ao anoitecer**, voltando para casa, estavam muito cansados e não tiveram forças para preparar os peixes que haviam pescado. Deitaram-se nas esteiras e logo dormiram."

   - No quadro, há outras expressões retiradas do texto. Copie apenas as que orientam o leitor a respeito da sequência em que ocorrem as ações.

de repente	pouco a pouco
com pressa	em direção à aldeia
no dia seguinte	
agora	nos dias que se seguiram
que mistério	

A LENDA

1. Além do Sol e da Lua, que outros elementos da natureza são mencionados nessa lenda?

2. Os elementos naturais são importantes no enredo? Por quê?

CARLOS CAMINHA

3. Copie o quadro no caderno substituindo as perguntas pelo que se pede.

Espaço	Onde se passa a ação? A natureza está presente nesse espaço?
Tempo	É possível o leitor dizer exatamente quando ocorrem os fatos narrados? Ou o tempo é impreciso, remoto?
Narrador	Quem conta os fatos para o leitor: uma personagem que participa da história ou uma "voz" em 3ª pessoa?

4. Que aspectos culturais típicos do povo indígena são transmitidos nessa lenda?

Trilha de estudo

Vai estudar? Stryx pode ajudar! <http://mod.lk/trilhas>

Diferentes povos contam a mesma história

É comum que um mesmo fenômeno seja explicado por meio de histórias diferentes dependendo do local onde elas têm origem. Nas tradições orais dos mais variados povos existem, por isso, lendas com diferentes enredos que narram o surgimento do dia e da noite.

O GÊNERO EM FOCO: LENDA

Lenda é um gênero narrativo transmitido pela tradição oral através dos tempos. Essa narrativa, em geral de origem muito antiga, procura explicar acontecimentos misteriosos e sobrenaturais nos quais a natureza tem papel marcante.

Por meio das lendas, é possível conhecer o imaginário e a cultura de um povo: crenças, valores, tradições e costumes. Podem combinar fatos reais e históricos com fatos imaginários e fantasiosos. Procuram explicar fenômenos da natureza (o trovão, a chuva, o nascer do Sol etc.), fatos cotidianos, a origem do mundo, a fecundação das mulheres, a organização da sociedade.

As lendas sofrem alterações à medida que são recontadas e interpretadas.

O narrador é uma espécie de testemunha dos fatos que fala não apenas por si, mas pelo povo, pela memória do povo. Nas lendas, a natureza tem papel marcante, sendo, muitas vezes, o espaço onde se desenrola a ação. O tempo é impreciso, remoto, indefinido. Os elementos sobrenaturais estão quase sempre presentes nas lendas e relacionados ao conflito da narrativa.

Entre as inúmeras lendas no Brasil, as dos povos indígenas têm uma forte ligação com a natureza, que é parte fundamental de sua vida e cultura. Por isso, os rios, os animais e as plantas estão quase sempre presentes e são importantes no enredo.

Existem ainda lendas que são conhecidas e reproduzidas mundialmente, como a do **Lobisomem**.

História de um homem que, após ser mordido por um lobo, passou a transformar-se em um ser com características de lobo e de homem, atacando as pessoas nas noites de lua cheia.

ORGANIZAR O CONHECIMENTO

O QUE VOCÊ JÁ SABE?

Agora, você já é capaz de...	Sim	Não	Mais ou menos
... definir lenda?	☐	☐	☐
... apresentar diferenças e semelhanças entre a lenda e o mito? Quais?	☐	☐	☐

Se você marcou não ou mais ou menos, retome a leitura do boxe O gênero em foco: lenda.

Junte-se a um colega e montem o esquema a seguir, respondendo às questões. Ao final, vocês terão um resumo com as principais características da lenda. Se quiserem, incluam outras características ao resumo esquemático.

Lenda
- Quais temas esse gênero costuma apresentar?
- Como o espaço é caracterizado?
- Explique as características relacionadas ao tempo nesse gênero.
- Como são as personagens?
- O narrador é ou não personagem da narrativa?

DAVE SANTANA

PRODUÇÃO DE TEXTO

RECONTO ORAL DE LENDA

O que você vai produzir

Nesta unidade, você vai pesquisar uma lenda, registrá-la por escrito e recontá-la oralmente, em vídeo, para seus colegas de classe.

NA HORA DE PRODUZIR

1. Siga as orientações apresentadas nesta seção. Seu texto deve ser coerente com a proposta.
2. Lembre-se de que você já leu e analisou textos do gênero que vai produzir. Se for o caso, retome o **Estudo do texto**.
3. Diante da folha em branco, persista. Nenhum texto fica pronto na primeira versão.

PESQUISE UMA LENDA

1. **Faça um trabalho parecido com o dos pesquisadores de lendas. Sob a orientação do professor, entreviste uma pessoa para saber quais lendas ela conhece.**
   a) Explique à pessoa que você deverá recontar a lenda para a classe.
   b) Leve papel, caneta e, se possível, algum aparelho (um celular, por exemplo) que permita a gravação da história.
   c) Caso o entrevistado conheça mais de uma lenda, peça a ele que escolha uma para contar.
   d) Anote os dados dele: o nome, o lugar onde mora, o modo como conheceu a lenda etc.
2. **Leve para a sala de aula a lenda que você recolheu.**

ELABORE O REGISTRO ESCRITO DE SUA LENDA

1. **Se você gravou a história contada, faça uma transcrição do texto. Você precisará desse registro escrito para recontar o que ouviu.**
2. **Organize por escrito a lenda que você recolheu.**
   a) Reveja as anotações ou a transcrição da gravação da lenda escolhida.
   b) Apresente as personagens informando o nome delas, seus pensamentos, ações, sentimentos e falas. Se for importante, inclua a descrição física.
   c) Oriente-se pelos principais momentos da ação (situação inicial, conflito, clímax e desfecho).
   d) Identifique o elemento sobrenatural. Não se esqueça de associá-lo ao conflito e ao clímax.
   e) O tempo deve ser remoto, e o espaço, dependendo do contexto da lenda, marcado pela natureza.
   f) O narrador deve estar em 3ª pessoa, como é típico nas lendas.
   g) Indique a sequência temporal das ações utilizando advérbios e locuções adverbiais ou outras expressões de tempo.

PLANEJE O RECONTO DE SUA LENDA

- **Faça um "treino" contando ou lendo sua lenda para um colega da classe. Ele pode ajudá-lo com sugestões para que seu reconto fique mais claro e interessante.**
   a) Não é preciso decorar sua lenda, mas é importante que você conheça bem a história e tenha segurança para recontá-la oralmente.
   b) Durante o reconto, fique atento à entonação e ao volume de voz. Pronuncie as palavras com clareza, dando ritmo adequado à fala.
   c) Organize o tempo do reconto, que não deve ultrapassar 3 minutos.

RECONTE SUA LENDA

1. **Sob a orientação do professor, reconte oralmente a lenda aos colegas.**
2. **Lembre-se do que "treinou". Preste atenção na entonação das palavras, para que os ouvintes se interessem por sua história.**

NADIA SNOPEK/SHUTTERSTOCK

3. Previamente, o professor definirá quem ficará responsável pela filmagem das apresentações. As gravações podem ser feitas utilizando o celular.

AVALIE SEU RECONTO

1. Avalie seu reconto, observando os critérios a seguir.

Aspectos importantes em relação à proposta e ao sentido do texto
Reconto de lenda
1. As personagens foram bem apresentadas?
2. Você conseguiu fazer os ouvintes sentirem o clímax da narrativa e se surpreenderem com o desfecho?
3. Sua dicção (pronúncia das palavras), entonação (expressividade) e volume de voz foram adequados para garantir uma boa escuta?
4. Você foi compreendido pelos colegas? Eles gostaram de ouvir sua lenda e de assistir a seu vídeo?
5. O narrador estava em 3ª pessoa?

2. Após ter avaliado seu reconto, o que você considera como pontos positivos e pontos negativos de seu trabalho?

SAIBA +

Nos textos narrativos, o narrador pode ser de dois tipos:

- **1ª pessoa**: quando ele participa da história. Por isso, é chamado também de **narrador-protagonista** (quando é a personagem principal) ou **narrador-testemunha** (quando é uma personagem secundária).
- **3ª pessoa**: quando ele não participa da história, apenas observa – por isso também é chamado de **narrador-observador**. Como ele sabe de tudo o que acontece e como as personagens se sentem, também é conhecido como **narrador onisciente** – do latim *omni* ("tudo") + *sciente* ("que sabe, que está ciente").

Nas **lendas**, que são relatos míticos antigos transmitidos oralmente de geração em geração, o narrador costuma ser em **3ª pessoa.**

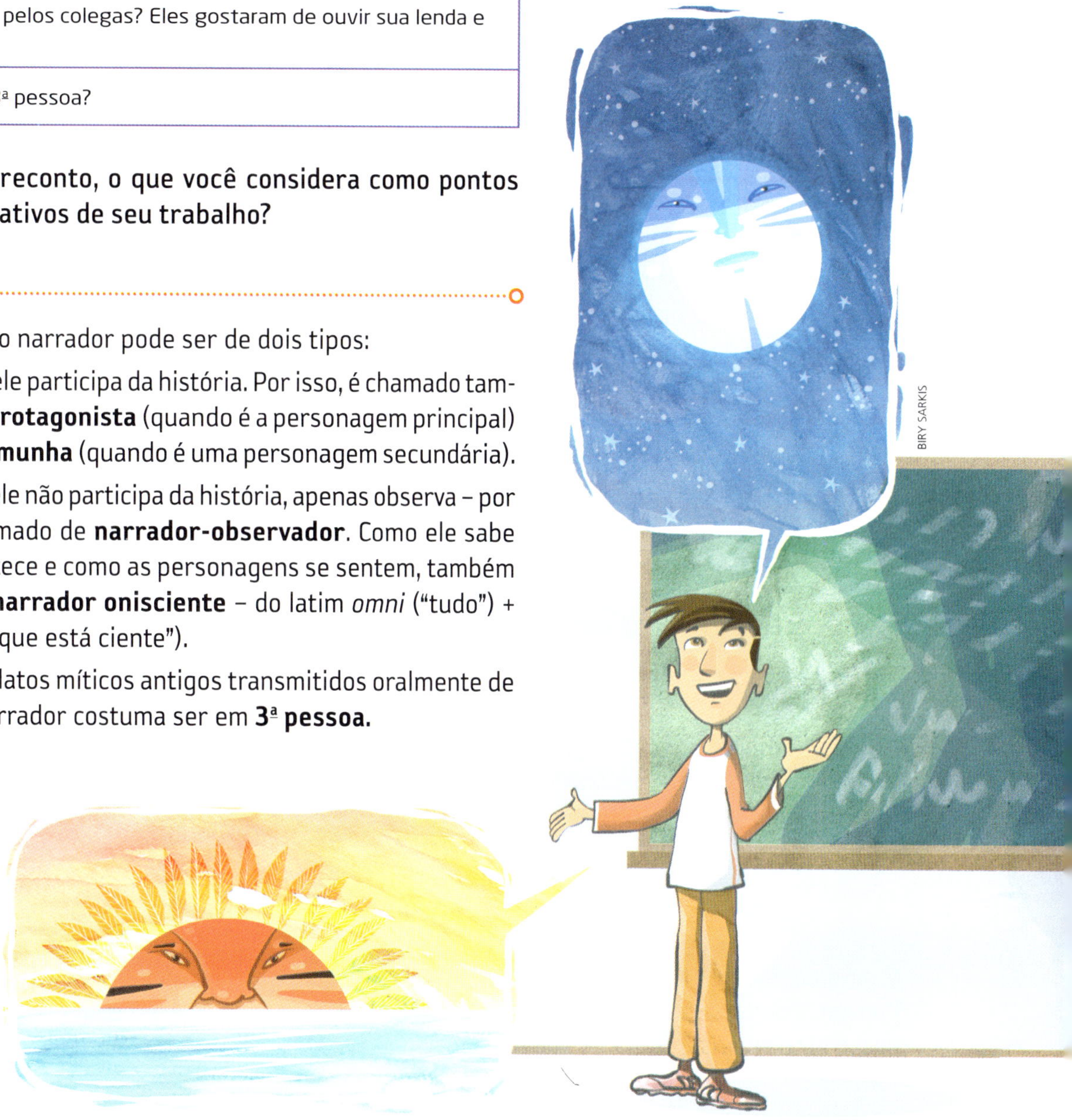

BIRY SARKIS

ATITUDES PARA A VIDA

PENSAR E COMUNICAR-SE COM CLAREZA

Para que sejamos entendidos quando falamos ou escrevemos, precisamos organizar nosso pensamento com calma, sem pensar por impulsividade. Dessa forma, conseguimos alcançar mais facilmente o entendimento de nossos ouvintes e interlocutores.

Ao realizar a contação da lenda que você pesquisou, certamente fez diferença pensar e comunicar-se com clareza, não é mesmo? Levando isso em consideração, leia a tira a seguir.

ARMANDINHO ALEXANDRE BECK

VENDO PÔR DO SOL
QUANTO QUER PELO PÔR DO SOL?
VENDO PÔR DO SOL
NÃO ESTÁ À VENDA!
EU ESTOU VENDO O PÔR DO SOL!
VENDO PÔR DO SOL
APROVEITE PRA VER TAMBÉM!
beckilustras@gmail.com

© ALEXANDRE BECK

1. Você acha que Armandinho conseguiu expressar-se claramente? Justifique sua resposta.

- Como essa atitude de Armandinho contribuiu para a construção do humor dessa tira?

2. Você já foi mal compreendido ao falar ou escrever algo? Em que situação isso ocorreu? Compartilhe sua experiência com os colegas e o professor.

> A comunicação exige que tenhamos muita atenção em como vamos nos expressar. Assim, é fundamental evitar palavras, frases ou expressões que deixem margem para duplo sentido, quando isso não é planejado. Se o nosso pensamento está claro, as chances de a comunicação ser clara e efetiva são grandes.

3. Quando seus colegas leram as lendas que escolheram, houve algum momento em que não foi possível compreendê-los? Se houve, que momento foi esse?

4. Na contação de sua lenda, você acha que foi compreendido por seus colegas? Você escolheu bem as palavras para que eles entendessem claramente sua lenda?

> O homem se expressa por meio de palavras, gestos, imagens, sons etc. Assim, ao interagir com alguém, precisamos estar atentos não apenas às palavras, mas, também, a sua linguagem corporal, a suas expressões verbais e não verbais. Da mesma forma, quando falamos devemos prestar atenção em nossas palavras, gestos, entonação etc.

5. Em que outras situações, fora da escola, poderia ser importante pensar e comunicar-se com clareza?

AUTOAVALIAÇÃO

Atitudes para a vida	Sim	Não	O que melhorar
• Você organizou seu pensamento e **expressou-se com clareza** na contação da lenda que pesquisou?			

LEITURA DA HORA

O morcego é o único mamífero capaz de voar, saindo para se alimentar em horas de escuridão. E por que eles só voam nesse horário? Apesar das explicações apresentadas por especialistas, as pessoas criam histórias com o objetivo de entender por que isso acontece. Uma das explicações é dada por uma lenda africana que você vai ler agora.

Por que os morcegos voam à noite

Um Rato do Campo, chamado Oyot, era grande amigo de Emiong, o Morcego, e estavam sempre fazendo as refeições juntos. O que Oyot não sabia era que Emiong, por razões que desconhecia, sentia muita inveja dele.

Quando era a vez de o Morcego cozinhar, a comida sempre saía muito boa, e o Rato do Campo volta e meia perguntava:

— Como você consegue fazer uma sopa tão saborosa? Qual é o segredo?

O Morcego sempre desconversava, e, por mais que insistisse, Oyot não conseguia descobrir o que tanto queria saber.

No início, Emiong desconversava simplesmente porque não havia segredo algum a ser escondido. Na verdade, sua sopa era gostosa simplesmente porque Oyot não sabia cozinhar, e, consequentemente, tudo que fazia não era lá muito gostoso.

Com o tempo, no entanto, Emiong viu crescer o interesse do Rato e, como já foi dito no começo, este tinha muita inveja do Morcego, e por isso, numa certa noite, enquanto comiam, respondeu:

— O que costumo fazer é mergulhar na água do cozimento de minha sopa. Meu corpo é tão doce, que faz a minha sopa ficar gostosa desse jeito.

Indo ainda mais além, ofereceu-se para mostrar ao Rato do Campo como preparava a sopa. Rapidamente apanhou uma panela com água morna, mas disse ao Rato que ela estava fervendo, e mergulhou dentro dela, saindo pouco depois. Quando trouxe a sopa, ela estava quente e saborosa, pois ele a preparara antes de o Rato chegar.

O Rato do Campo voltou para casa convencido de que finalmente tinha o segredo do Morcego e apressou-se em chamar a mulher. Embora ela protestasse ("Onde já se viu uma coisa dessas, ter que entrar na panela para tornar qualquer comida gostosa?"), ordenou que ela colocasse água para ferver e em seguida, aproveitando-se de um momento de distração da mulher, pulou para dentro do caldeirão e em muito pouco tempo, é claro, estava morto.

Ao encontrá-lo cozido dentro da panela, a esposa do Rato do Campo ficou tão zangada, que foi contar tudo que ocorrera ao Rei, que mandou prender o Morcego. Não demorou muito para que todos perseguissem o Morcego. No entanto, já temendo pelas consequências de sua maldade, ele voou para bem longe e escondeu-se na mata. Como quase sempre estavam tentando prendê-lo durante o dia, passou a se alimentar somente à noite. Por isso não é possível se verem Morcegos voando à luz do dia.

Júlio Emílio Braz. *Lendas da África*. 11. ed. Rio de Janeiro: Bertrand Brasil, 2016.

STOCK SMART START/SHUTTERSTOCK

LUDOFICINA

MORFEMAÇÃO

O que é?

Jogo de cartas em que os jogadores combinam palavras para formar novos termos e neologismos.

Como é?

Os jogadores devem combinar palavras primitivas com derivadas e/ou compostas e formar novas palavras. Em seguida, eles devem explicar o significado desses termos aos colegas.

COMO FAZER

Para fazer esse jogo, você deve primeiro se reunir com um grupo de amigos. O ideal é que seja um grupo formado por quatro ou mais pessoas. Quanto mais gente melhor!

Depois que o grupo for formado, vocês vão escolher os temas e as palavras a serem usadas no jogo. Em seguida, vão usar essas palavras para criar as cartas com que irão jogar.

TEMAS E LISTAS DE PALAVRAS

Você e seus amigos vão escolher alguns dos seus temas preferidos. O ideal é que escolham, no mínimo, quatro temas variados. Para explicar como produzir esse jogo, escolhemos temas de que vocês devem gostar (ou, pelo menos, esperamos que gostem!): *Arte*, *Viagem*, *Cidade* e *Escola*.

Em seguida, vocês precisam fazer uma lista com vinte palavras relacionadas a cada tema. Essa lista precisa conter **dez palavras primitivas** e **dez palavras derivadas ou compostas**.

ALEXANDRE DUBIELA

Depois de fazer a lista, destaquem os afixos das palavras derivadas e os radicais das palavras compostas. Ficará mais ou menos assim:

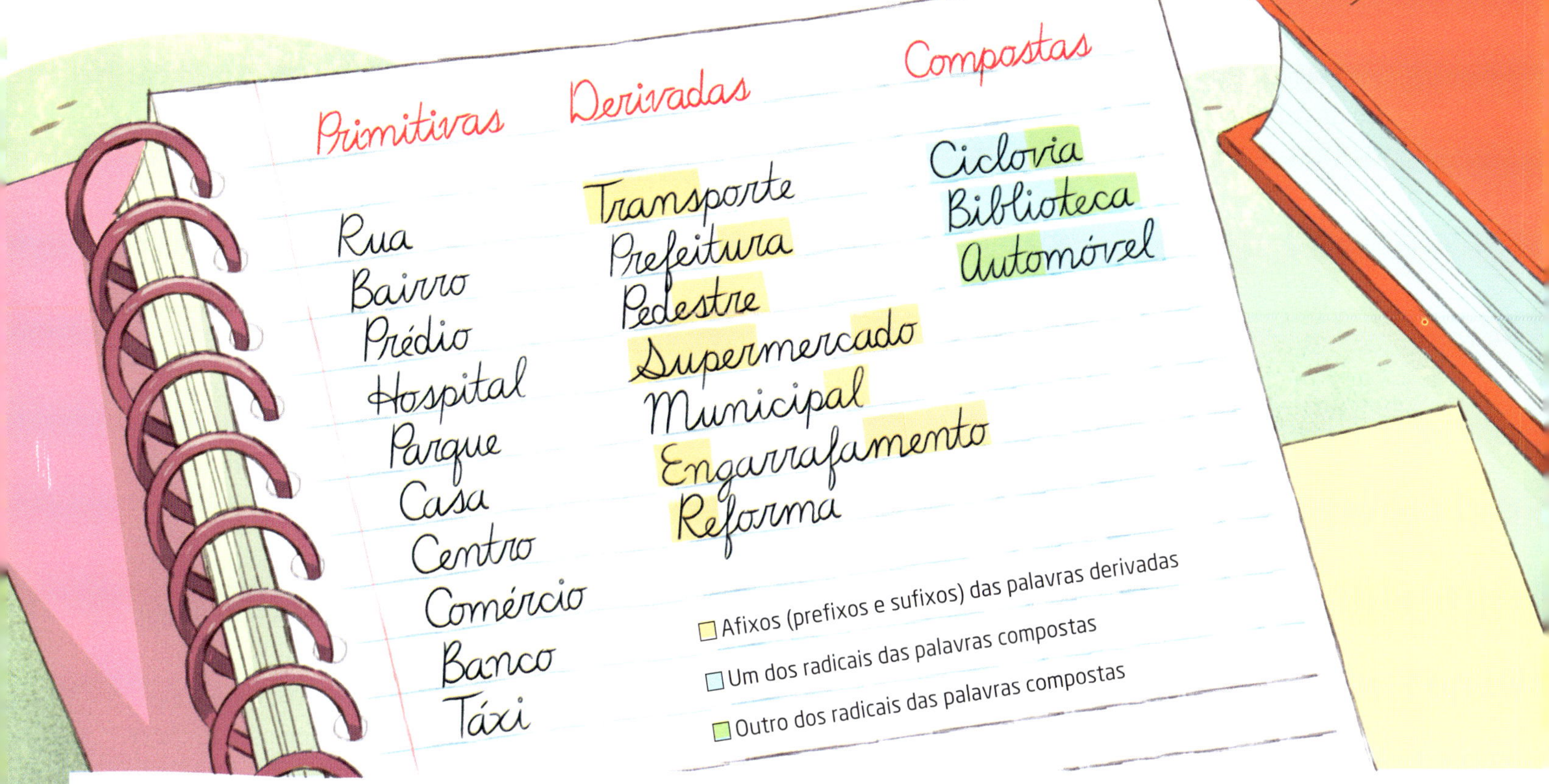

Primitivas
Derivadas
Compostas
Rua
Bairro
Prédio
Hospital
Parque
Casa
Centro
Comércio
Banco
Táxi
Transporte
Prefeitura
Pedestre
Supermercado
Municipal
Engarrafamento
Reforma
Ciclovia
Biblioteca
Automóvel
Afixos (prefixos e sufixos) das palavras derivadas
Um dos radicais das palavras compostas
Outro dos radicais das palavras compostas

Atenção! Esses destaques vão ser importantes mais para frente.

Finalizada essa etapa das marcações, vocês vão revisar as listas. Verifiquem se há palavras que se repetem de um tema para o outro. Se for o caso, façam substituições. Façam o mesmo para evitar que haja muita repetição de afixos e radicais nas palavras derivadas e compostas.

Para facilitar o trabalho, vocês podem usar dicionários ou pesquisar pela etimologia das palavras na internet.

CONFECÇÃO DAS CARTAS

Agora que as listas foram feitas e revisadas, é hora de colocar a mão na massa (ou no papel) e fazer arte!

Para confeccionar as cartas, vocês podem usar as técnicas e os materiais que acharem mais interessantes; mas se liguem: **é importante manter as cartas com um mesmo padrão** de formato e tamanho! Nós recomendamos que elas tenham mais ou menos 7 × 5 cm.

Uma maneira bem simples de confeccionar as cartas é dobrar uma folha de papel sulfite quatro vezes e cortar as partes dobradas, formando, assim, dezesseis cartas.

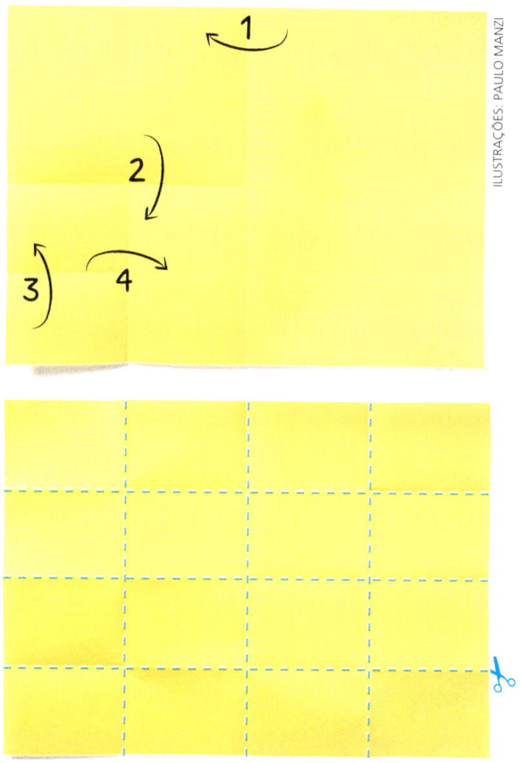

ILUSTRAÇÕES: PAULO MANZI

Separaram as cartas? Agora vamos preenchê-las com as palavras que vocês listaram. E é para *preencher* mesmo! Começando com as cartas primitivas, procurem fazer com que as palavras ocupem o maior espaço possível dentro do papel. Vejam alguns exemplos:

ILUSTRAÇÕES: PAULO MANZI

Percebam que as palavras primitivas estão escritas em uma única linha sem nenhum tipo de separação silábica.

Agora é a vez de fazer o mesmo com as cartas derivadas e compostas. Mas, neste caso, é preciso ter muita atenção! Vocês lembram que, na primeira etapa, nós pedimos que destacassem os afixos e os radicais dessas palavras? Então, este é o momento de destacar ainda mais essas partes nas cartas. Deem uma olhada nestes exemplos:

Vejam que, mesmo os destaques não sendo nada discretos, a leitura das palavras não ficou prejudicada. Isso é muito importante para que, na hora do jogo, todos os participantes possam compreender o que está escrito em cada carta.

Com as cartas prontas, chegou a hora de jogar e formar as palavras mais doidas que vocês conseguirem imaginar!

COMO JOGAR

Para começar o jogo, você e seus amigos vão se dividir em times. O ideal é que sejam dois times de duas a quatro pessoas. Em seguida, as cartas devem ser embaralhadas e espalhadas com a face voltada para baixo.

O objetivo do jogo é encontrar uma carta primitiva e outra carta derivada ou composta e combiná-las para formar uma nova palavra. No final, o time que tiver formado mais palavras e usado mais cartas vence o jogo.

ORGANIZAÇÃO DOS TURNOS

Durante o jogo, os times alternam os turnos na tentativa de formar palavras. Cada turno segue três etapas: virar as cartas, combinar cartas e explicar a nova palavra formada.

A gente tem certeza de que você entendeu tudo, mas, para não restar dúvidas, vamos detalhar cada uma dessas etapas!

- **Virando as cartas**
  - Em todas as jogadas, você sempre começa virando duas cartas:
    - Se virar uma carta primitiva (P) e uma carta derivada (D) ou uma carta composta (C), você pode tentar combiná-las para formar uma nova palavra (P+D; P+C).
    - Se virar duas cartas primitivas (P+P), você não pode formar nenhuma palavra e deve passar a vez para o outro time. **Preste atenção:** neste caso, as cartas primitivas ficam abertas sobre a mesa e podem ser usadas por qualquer time nos turnos seguintes.
    - Se virar duas cartas derivadas (D+D) ou duas compostas (C+C) ou, ainda, uma derivada e uma composta (D+C), você pode tentar combiná-las com as palavras primitivas abertas na mesa. Este, aliás, é um bom momento para tentar combinar três cartas (D+P+D, C+P+C, D+P+C, C+P+D) e ganhar mais pontos na contagem final.
    - Se virar uma carta primitiva e uma derivada (P+D) ou uma primitiva e uma composta (P+C), você pode combinar a carta derivada ou a composta com outra carta primitiva que já esteja aberta na mesa. Neste caso, a carta primitiva que você acabou de virar fica aberta na mesa.

Combinando as cartas

Você vai **sempre usar uma carta primitiva como base** para combiná-la com cartas derivadas e/ou compostas.

Para combinar as cartas, você deve sobrepor a carta primitiva a uma carta derivada ou composta, deixando exposto apenas o afixo ou o radical que deseja usar. Caso a carta derivada possua dois afixos, escolha apenas um para combinar com a carta primitiva.

Dê uma olhada nos exemplos de combinação de cartas usando como base a carta primitiva "cinema":

"Cinemeiro". Exemplo de combinação carta primitiva + carta derivada (sufixo).

"Cinemamento". Exemplo de combinação carta primitiva + carta derivada (sufixo).

"Encinemado". Exemplo de combinação carta derivada (prefixo) + carta primitiva + carta derivada (sufixo).

ILUSTRAÇÕES: PAULO MANZI

"Cinemaestrada". Exemplo de combinação carta primitiva + carta composta.

Explicando as novas palavras

Depois de formar uma nova palavra, o time deve explicar ao outro time o significado dela. Em muitos casos, como essa palavra pode ser um neologismo, talvez seja necessário inventar um significado. Nesses casos, o importante é prestar atenção nos significados dos afixos e radicais que compõem a nova palavra e usá-los na explicação.

Vamos reaproveitar um exemplo do tópico anterior.

ILUSTRAÇÕES: PAULO MANZI

O que seria "encinemado"? Poderia ser... "um lugar que foi transformado num cinema"? "um lugar que parece um cinema, mas não é"? *Bora* criar! Mas não se sinta só! Os outros integrantes do seu time podem ajudá-lo na hora de explicar o significado das novas palavras.

Se todos os jogadores entenderem e concordarem com a explicação, você anota a nova palavra no placar do seu time e guarda as cartas usadas.

Agora, se você e seu time não tiverem convencido ninguém, o turno acaba, as cartas primitivas são mantidas abertas na mesa e as demais voltam a ser viradas com a face para baixo. Não fiquem tristes e sejam mais criativos da próxima vez!

PONTOS E FIM DE JOGO

- O jogo termina em uma das seguintes situações:
  - Todas as cartas foram combinadas.
  - Só restaram cartas primitivas na mesa.
  - Os jogadores não conseguem formar nenhuma palavra com as cartas que restaram.

No final do jogo, cada time conta quantas palavras formou e quantas cartas ao todo foram utilizadas. Cada palavra vale um ponto. Cada carta também vale um ponto. O time com maior número de pontos vence.

RESUMÃO

- Vire duas cartas.
- Combine uma carta primitiva com uma derivada ou uma composta.
- Explique o significado da nova palavra formada.
- Se conseguir, guarde as cartas com seu time.
- Se não conseguir, deixe as cartas primitivas abertas na mesa e as derivadas e compostas com as faces viradas para baixo
- As palavras primitivas que forem viradas e não forem usadas ficam abertas na mesa para que outros jogadores possam usá-las.
- O time que formar mais palavras e usar mais cartas vence.

PARA SE PREPARAR PARA A PRÓXIMA UNIDADE

Para alguns escritores, a inspiração surge das coisas simples da vida, dos acontecimentos banais do dia a dia. Na próxima unidade, você vai estudar textos assim, que de forma leve e bem-humorada trazem para o leitor a possibilidade de "respirar" em meio aos assuntos sérios do mundo. Confira os *links* que selecionamos para você e complete o boxe "O que você já sabe?".

Procure sobre crônicas na internet, nos livros que você tem em casa ou na biblioteca da escola. Depois, troque ideias com os colegas sobre os autores e as histórias de que você mais gostou.

1

REPRODUÇÃO

Neste vídeo, o ator, humorista e escritor Gregório Duvivier, que você vai conhecer na próxima unidade, lê a crônica "É menina", publicada no livro *Put some farofa*. Assista em: <http://mod.lk/x5kyn>.

2

ACERVO PESSOAL

A *booktuber* Isabella Lubrano, do canal *Ler antes de morrer*, fala sobre a descoberta, em sua adolescência, das crônicas de Antonio Prata (um dos autores presentes na próxima unidade). Confira: <http://mod.lk/p5ek7>.

3

Ortoépia e prosódia

Este objeto digital trata de um conteúdo relacionado à pronúncia das palavras: prosódia e ortoépia. Acesse: <http://hytlx>.

O QUE VOCÊ JÁ SABE?

Até este momento, você seria capaz de...	Sim	Não	Mais ou menos
... identificar, em uma crônica, elementos narrativos e/ou argumentativos?	☐	☐	☐
... reconhecer nas crônicas referências a outros textos, ou a filmes ou a músicas, por exemplo?	☐	☐	☐
... ler uma crônica em voz alta de forma expressiva e fluente, com tom de voz adequado, respeitando os ritmos, as pausas, as entonações indicados pela pontuação e outros recursos, como o uso de negrito e itálico?	☐	☐	☐

De acordo com o conteúdo do objeto digital *Prosódia e ortoépia*, você seria capaz de...	Sim	Não	Mais ou menos
... reconhecer a pronúncia correta dos fonemas nas palavras, de acordo com as normas urbanas de prestígio?	☐	☐	☐
... identificar a pronúncia das sílabas tônicas das palavras de acordo com as normas urbanas de prestígio?	☐	☐	☐

UNIDADE 2

UM MUNDO EM TRANSFORMAÇÃO

EM FOCO NESTA UNIDADE

- Crônica
- Ortoépia e prosódia
- Estudo dos antônimos
- Produção: crônica argumentativa

EVERETT COLLECTION/FOTOARENA

Os Jetsons (1962-1987) é uma animação criada por Joseph Barbera e William Hanna a respeito de uma família do futuro. Em vários episódios, as personagens da série apareciam conversando em videoconferência.

ESTUDO DA IMAGEM

- **A cena retratada na imagem ao lado era apenas um sonho na década de 1960, quando foi criada a animação *Os Jetsons*.**

a) Discuta com seus colegas: o uso da tecnologia pode ser sempre considerado um avanço? Por quê?

b) Com a possibilidade de as pessoas se comunicarem por videoconferência, todas as outras formas de comunicação doméstica deixaram de existir? Por quê?

c) Que avanços tecnológicos você espera ver no mundo? Por que eles lhe parecem importantes?

JOSE LUIS PELAEZ INC/GETTY IMAGES

LEITURA

CONTEXTO

A crônica é um gênero textual que pode ter diferentes características.

Algumas crônicas são predominantemente narrativas, mas em outras predomina a argumentação.

Todas elas têm em comum, porém, o fato de nascerem do cotidiano, dos acontecimentos diários e do olhar do cronista, que encontra, nesses acontecimentos, oportunidades de produzir humor ou de levar à reflexão.

As crônicas que você vai ler a seguir tratam das mudanças provocadas pela introdução de inovações tecnológicas no dia a dia das pessoas.

ANTES DE LER

1. Leia os títulos dos textos A e B. Você imagina de quais inovações tecnológicas eles estão tratando? Justifique.
2. Os títulos sugerem que os textos são favoráveis ou desfavoráveis a essas inovações? Por quê?

Texto A

Em busca do tênis perfeito

Uma das coisas que mais me impressionam nos tempos atuais é a quantidade de modelos diferentes de tênis que existe. Sou daqueles que ficam espantados na frente das vitrines de lojas esportivas, admirando os calçados. É um símbolo indiscutível de como o mundo avança a passos largos.

Depois de muita insistência do meu médico de que eu deveria fazer exercícios físicos, resolvi começar a caminhar. Mas hoje em dia, para caminhar é preciso ter o calçado adequado. Não dá para sair por aí arrastando os chinelos. Fui obrigado a entrar numa dessas lojas de shopping para comprar um par de tênis e o rapaz que me atendeu me deixou atordoado com tanta explicação.

Fiquei sabendo, por exemplo, que alguns tênis vêm com gel. Pensei que era gel pra usar no cabelo. Outros têm amortecedores. Perguntei se precisava fazer revisão a cada 10 mil quilômetros, mas o rapaz não entendeu a piada.

Nossa conversa estava evoluindo, entre pares de marcas variadas, e já divagávamos a respeito da estabilidade, amortecimento, **grip** e **entressola**, quando o rapaz me perguntou qual era o meu tipo de pisada.

— Como assim, pisada?

Glossário

Grip: aderência.

Entressola: peça que entremeia a sola e a palmilha de um calçado.

Pronação: quando a parte interna do calcanhar toca o chão, o pé inicia uma rotação excessiva para dentro.

Supinação: quando a parte externa do calcanhar toca o chão, o pé mantém o peso excessivamente para fora.

Biomecânica: ramo da biologia que se ocupa da aplicação das leis da mecânica às estruturas orgânicas vivas.

— Pisada, como seu pé pisa no chão.

Foi então que descobri que existem três maneiras diferentes de o pé tocar o solo: **pronação**, **supinação** e neutra. Achei o máximo do requinte da **biomecânica** saberem se um pé pisa mais pra dentro ou mais pra fora. Se o impulso é com o dedão ou com a planta. Fiquei até envergonhado, mas tive que admitir que não tenho a menor ideia de como meu pé funciona. O rapaz sorriu para o colega e imaginei o que estaria pensando: "Se um cara não consegue dominar o próprio pé, como vai controlar a sua vida?".

E, com um sorriso ainda mais vaidoso, falou pra eu não me preocupar, pois a loja tinha um *footscan*, um sensor que analisa a pisada do indivíduo. Me colocaram para fazer o teste e o resultado gerou dúvidas. Chamaram o gerente, ligaram para o suporte técnico e, por fim, constrangidos, me revelaram que sou "pronador" no pé direito e "supinador" no esquerdo. Um fenômeno. No sentido depreciativo do termo.

A sugestão da equipe de "especialistas" que havia se formado a minha volta era de que eu devia comprar dois pares de tênis diferentes e usar um pé de cada. Ou seja, eu teria que gastar o dobro e ainda andar pela rua feito um palhaço, com um tênis de cada cor. Esses caras inventam qualquer coisa pra tirar dinheiro da gente.

Desisti de caminhar. Vou fazer natação, que é de pé descalço.

KLEDIR RAMIL. *Crônicas para ler na escola*. Sel.: Regina Zilberman. Rio de Janeiro: Objetiva, 2014. p. 45-46.

ELDER GALVÃO

Biografia

LEO MARTINS/AGÊNCIA O GLOBO

O autor em 2015.

Kledir Ramil nasceu em Pelotas, em 1953. Formou-se em Engenharia Mecânica e também em Regência e Composição.

Nos anos 1970, fundou com o irmão Kleiton e amigos a banda Almôndegas, marco na história da música do Rio Grande do Sul. Em 1980, formou a dupla Kleiton & Kledir, que fez grande sucesso e trouxe para a cultura brasileira a nova música gaúcha, com expressões como "deu pra ti", "tri legal". Após ficar separada por alguns anos, a dupla K&K voltou aos palcos e está na ativa.

Apesar de ser conhecido como cantor e compositor, Kledir também é escritor. Lançou livros de crônicas: *Tipo assim* (2003), *O pai invisível* (2006) e *Crônicas para ler na escola* (2014). Também escreve para *sites* e tem uma coluna no jornal *Zero Hora*.

Texto B

Adeus às cartas

Quem mais perdeu com a morte da carta não foi o amor ou a amizade, meus caros; foi o carteiro

QUE INJUSTO é o mundo: tanta saliva gasta discutindo se os aplicativos de leitura acabarão com o livro e se os dispositivos móveis engolirão o jornal, mas nem uma lágrima rolada pela carta, essa personagem central dos últimos séculos, que foi **solapada** pelo ***e-mail*** e sumiu sem que nos déssemos conta, sem que pudéssemos velá-la ou guardar luto. Partiu da vida para entrar na história e não deixou, vejam só, sequer uma carta de despedida.

Claro que ainda nos chegam envelopes por baixo da porta, todos os dias, mas isto que agora encontramos próximo ao capacho assemelha-se tanto a uma carta como um ***jingle*** a uma sinfonia. Contas, propagandas, cardápio de restaurante chinês: tristes arremedos das gloriosas folhas de papel que outrora relataram o descobrimento de continentes, alimentaram amores impossíveis, aproximaram amigos distantes; ringues nos quais travaram-se as mais apaixonadas **pelejas** intelectuais.

Não, não cederei à tentação barata da nostalgia dizendo que o mundo era melhor antes, que as emoções escritas à mão são mais verdadeiras que as digitadas no teclado. Uma longa carta que levou três semanas para chegar da Europa não bate todos os encontros que nos proporciona o ***e-mail*** numa única tarde: um ***link*** enviado por meu pai, com uma gravação do hino do Linense, as fotos do Paulinho com a Glória no colo, as notícias do Chico, da Belle e da primavera em Chicago, as primeiras impressões da Cla na tríplice fronteira, o vídeo dos Corsaletti, assando seis porcos no rolete, num sítio em Anastácio.

Quem mais perdeu com a morte da carta não foi a amizade, meus caros, não foi o amor nem a profundidade: o grande órfão do declínio postal foi o carteiro. Esse distinto profissional, que em sua época áurea era um pouco enfermeiro, bombeiro, cupido — um **serafim** de baixo escalão, trazendo em sua bolsa verde a preciosa literatura cotidiana —, **profanou**-se, transformou-se em traficante, cobrador, garoto-propaganda de drenagens linfáticas e ***Chops sueys***.

Havia uma ingenuidade na figura do carteiro, algo que pertencia essencialmente ao século 20 e que não cabe no 21: um homem a pé ou de bicicleta, um personagem do **Jacques Tati**, que vinha entregar à mão um bilhete escrito também à mão. Tudo isso se foi com um clique. Para o nosso bem, é verdade, mas se foi; era bonito e deve, portanto, ser lembrado.

É com este intuito que eu sugiro que a categoria processe a Microsoft por danos morais. Ou melhor, que processe os herdeiros de Samuel Finley Breese Morse, que por volta de 1835, em Poughkeepsie (NY) inventou o telégrafo, tornando possível enviar informações através de um fio — e deu no que deu.

O processo não visaria uma compensação material, mas simbólica (afinal, os carteiros não perderam os empregos, apenas a **aura**). Que seja construída, na praça mais simpática de cada cidade, uma escultura discreta, dedicada à memória de todo aquele que arriscou a vida pelo mundo, no frio cortante e no calor escaldante, perseguido por cachorros e à mercê de malfeitores, para que matássemos nossas saudades: um Monumento ao Carteiro Desconhecido. E — quem sabe?—, também ao século 20, que mal terminou e já nos parece tão estranhamente distante.

ANTONIO PRATA. Disponível em: <http://mod.lk/kxqu5>. Publicado em: 6 jun. 2012. Acesso em: 13 abr. 2018. (Adaptado).

Glossário

Solapada: destruída.

***Jingle*:** mensagem publicitária musicada.

Pelejas: disputas.

Serafim: espírito celeste da primeira categoria dos anjos, segundo a Bíblia cristã.

Profanou: desrespeitou, desonrou.

***Chops sueys*:** pratos feitos com legumes variados e tiras de carne de frango, porco ou peixe.

Jacques Tati: nome artístico de Jacques Tatischseff (1907-1982), ator e cineasta francês.

Aura: conjunto de elementos que caracterizam uma coisa ou pessoa.

ELDER GALVÃO

Biografia

BRUNO SANTOS/FOLHAPRESS

O cronista em 2016.

Antonio Prata (1977-) escreve para o jornal *Folha de S.Paulo* e é roteirista da Rede Globo.

Em 2012, foi considerado um dos vinte melhores escritores nacionais com menos de 40 anos.

Publicou diversos livros de contos e crônicas, como *Pernas da tia Corália*, *Adulterado*, *Felizes quase sempre* e *Nu, de botas*.

ESTUDO DOS TEXTOS

ANTES DO ESTUDO DOS TEXTOS

1. Se não tem certeza de ter compreendido bem os textos, leia-os novamente.
2. Ao responder às questões a seguir, procure empregar o que já aprendeu ao ler outros textos e seja preciso em suas respostas.

COMPREENSÃO DOS TEXTOS

SOBRE O TEXTO A

1. Que fato corriqueiro dá origem à história narrada nesse texto?
2. Que dificuldade o narrador encontra para alcançar seu objetivo?
3. Qual pode ser considerado o ponto mais tenso da narrativa? Justifique.
4. Os funcionários da loja não conseguem definir o tipo de pisada do narrador.
   a) A sugestão que oferecem ao narrador, comprar dois pares de tênis e usar um pé de cada par, parece fazer sentido para você?
   b) A dificuldade em definir o tipo de pisada pode ser considerada uma crítica à nova tecnologia relacionada à fabricação e venda dos tênis? Por quê?
5. Explique por que o narrador desiste de comprar o tênis.
   - Essa decisão sugere que a reação do narrador à nova tecnologia é positiva ou negativa?

ELDER GALVÃO

SOBRE O TEXTO B

1. Que ideia é defendida no texto?
2. De acordo com o narrador, houve vantagem ou desvantagem na substituição da carta pelo *e-mail*? Justifique.
3. O que o narrador propõe que os carteiros façam?
4. Por que, de acordo com o narrador, talvez fosse também a hora de fazer um Monumento ao Século 20?
   - Para você, que já nasceu no século 21, o século 20 parece *estranhamente distante*? Por quê?

DE OLHO NA CONSTRUÇÃO DOS SENTIDOS

SOBRE O TEXTO A

1. **No final do primeiro parágrafo, qual o significado da frase "o mundo avança a passos largos"?**
   - A escolha da expressão "a passos largos" torna essa passagem divertida. Por quê?

2. **Releia o terceiro parágrafo.**
   a) De acordo com o narrador, o rapaz da loja não entendeu a piada que ele fez. E você, entendeu? Explique.
   b) Para entender a piada, o vendedor precisaria ter reconhecido uma comparação. Que comparação seria essa?

3. **No caderno, copie do texto uma passagem em que o narrador expressa o desdém, o desprezo que o funcionário da loja tem por ele.**
   a) O narrador afirma que o funcionário tinha um sorriso vaidoso. O que poderia fazer com que ele se sentisse vaidoso?
   b) Em seguida, o narrador afirma que os funcionários ficaram constrangidos. O que teria causado esse constrangimento?
   c) **Vaidoso** e **constrangido** são adjetivos, palavras que atribuem características aos substantivos. Qual a importância desses adjetivos no texto?

4. **A palavra *especialistas* é empregada entre aspas no penúltimo parágrafo. O que as aspas indicam nesse caso?**

5. **Leia novamente a frase a seguir.**

> "**Esses caras** inventam qualquer coisa pra tirar dinheiro da gente."

   a) Os termos em destaque referem-se somente aos funcionários da loja ou aos fabricantes de tênis e vendedores em geral?
   b) O que essa frase sugere a respeito da opinião que o narrador tem das inovações apresentadas pelos funcionários da loja?

SOBRE O TEXTO B

1. **Releia a frase a seguir.**

> "**Partiu da vida para entrar na história** e não deixou, vejam só, sequer uma carta de despedida."

   a) A frase em destaque é uma variação da frase "Saio da vida para entrar na história", que pertence à versão oficial da carta-testamento deixada pelo ex-presidente Getúlio Vargas (1882-1954) em 1954, por ocasião de sua morte. Ela dá ao desaparecimento das cartas um tom solene. Que efeito é obtido pelo emprego dessa frase?
   b) Se o leitor do texto não souber que essa frase remete também a outro contexto, o efeito será o mesmo?

ARQUIVO NACIONAL, RIO DE JANEIRO

Getúlio Vargas durante pronunciamento na Rádio Nacional. c. 1940-1945.

2. **Explique a comparação que está sendo feita no trecho a seguir.**

> "Contas, propagandas, cardápio de restaurante chinês: tristes arremedos das gloriosas folhas de papel que outrora relataram o descobrimento de continentes, alimentaram amores impossíveis, aproximaram amigos distantes; ringues nos quais travaram-se as mais apaixonadas pelejas intelectuais."

a) Compare o trecho anterior com o que está a seguir e explique a relação entre eles.

> "Esse distinto profissional, que em sua época áurea era um pouco enfermeiro, bombeiro, cupido — um serafim de baixo escalão, trazendo em sua bolsa verde a preciosa literatura cotidiana —, profanou-se, transformou-se em traficante, cobrador, garoto-propaganda de drenagens linfáticas e *Chops sueys*."

b) Segundo o narrador, o carteiro teria deixado de ser um serafim de baixo escalão para tornar-se traficante, cobrador, garoto-propaganda. O emprego do verbo *profanar*, nesse caso, expressa adequadamente a mudança descrita no texto? Justifique sua resposta.

3. **Em alguns países, foram construídos monumentos ao "Soldado Desconhecido", uma forma de homenagear os muitos combatentes que morreram na guerra e cujos corpos nem sequer foram reconhecidos. De que maneira essa ideia é explorada no texto?**

4. **Que efeito foi produzido no texto pelos recursos mencionados nas questões 1 a 3?**

SOBRE OS TEXTOS A E B

◉ Considere o que foi discutido a respeito dos textos A e B e responda: o conhecimento de mundo do **leitor** é importante para que ele consiga compreender os sentidos propostos em um texto? Por quê?

A CRÔNICA

SOBRE OS TEXTOS A E B

1. Os dois textos tratam de assuntos do cotidiano ou de algo extraordinário?

2. A linguagem empregada nos textos é formal e objetiva ou informal e subjetiva?

3. Em qual dos textos predomina a narração e em qual predomina a argumentação?

4. Considerando os efeitos que você identificou nos dois textos, explique com que intenção esses textos podem ter sido produzidos.

O GÊNERO EM FOCO: CRÔNICA

Na segunda metade do século XIX, muitos escritores brasileiros publicavam suas criações literárias, inclusive romances, em jornais. Nesse ambiente que misturava notícia e ficção, já que muitos desses escritores eram também jornalistas, surgiu a crônica, que não é notícia, mas um texto sobre a notícia ou sobre situações corriqueiras, em geral escritos em uma linguagem coloquial, como uma anedota.

Ainda hoje, as crônicas são publicadas em jornais ou em revistas, o que não impede que, posteriormente, elas sejam compiladas em livros.

No jornal, a crônica pode fazer parte de um caderno cultural ou político, ou de cadernos especialmente voltados para entretenimento, crianças, adolescentes ou admiradores de esportes, por exemplo. A crônica, portanto, revela um olhar muito particular sobre os fatos do cotidiano.

Lembre-se

Gêneros argumentativos são aqueles que apresentam argumentos e contra-argumentos na defesa de uma ideia ou tese.

Crônica é um gênero relacionado aos acontecimentos do cotidiano. Ela pode ser predominantemente narrativa ou argumentativa; algumas são intensamente poéticas. Circulam em jornais ou em compilações.

O texto "Em busca do tênis perfeito" é uma crônica narrativa, em que o narrador-personagem conta sua experiência de ir a uma loja procurar tênis adequados para praticar caminhada. Em determinado momento, é reproduzido seu diálogo com o vendedor da loja, sinalizado com o uso do **travessão**:

> "— Como assim, pisada?
>
> — Pisada, como seu pé pisa no chão."

Nesse caso, o autor optou pelo uso do **discurso direto**.

Em outros momentos da mesma crônica, o narrador diz o que as personagens falaram, mas sem reproduzir as falas dessas personagens, caracterizando o uso de **discurso indireto**. Observe o exemplo a seguir:

> "Perguntei se precisava fazer revisão a cada 10 mil quilômetros, mas o rapaz não entendeu a piada."

Observe que, embora a crônica "Adeus às cartas" não seja narrativa nem elaborada com a intenção de contar uma história, é possível considerar o **eu** que aparece no texto como **narrador** e não como **autor**. Isso acontece porque a crônica argumentativa é bastante subjetiva e os fatos nela apresentados não correspondem necessariamente à realidade. São uma recriação dela.

Nas duas crônicas lidas, foram usados recursos para a construção do humor.

O humor é um efeito produzido com base em vários elementos: o duplo sentido das palavras, o absurdo de certas situações, as comparações surpreendentes, o inesperado, o exagero, a ironia etc.

SERGEY NIVENS/SHUTTERSTOCK

ORGANIZAR O CONHECIMENTO

- Pesquise uma crônica em jornais ou revistas, impressos ou digitais, e procure identificar a notícia ou o fato do cotidiano que deu origem a ela. Compartilhe-a com seus colegas.

O QUE VOCÊ JÁ SABE?

Agora, você já é capaz de...	Sim	Não	Mais ou menos	
... identificar, em uma crônica, elementos narrativos e/ou argumentativos?	☐	☐	☐	Se você marcou **não** ou **mais ou menos**, retome a leitura da seção **O gênero em foco: crônica.**
... reconhecer nas crônicas referências a outros textos, ou a filmes ou a músicas, por exemplo?	☐	☐	☐	Se você marcou **não** ou **mais ou menos**, retome a leitura da crônica "Adeus às cartas".
... ler uma crônica em voz alta de forma expressiva e fluente, com tom de voz adequado, respeitando os ritmos, as pausas e as entonações indicados pela pontuação e outros recursos, como o uso de negrito e itálico?	☐	☐	☐	Se você marcou **não** ou **mais ou menos**, leia para um colega a crônica "Em busca do tênis perfeito".

- Junte-se a um colega e reproduzam no caderno o esquema a seguir, respondendo às questões sobre as principais características da crônica. As questões apresentadas servem para orientar a elaboração do esquema, mas, se preferirem, vocês podem incluir outras características.

Crônica

- A que está relacionado esse gênero?
- Com que intenção a crônica argumentativa pode ser elaborada?
- Em que veículos de comunicação a crônica pode ser publicada?

KARRAMBA PRODUCTION/SHUTTERSTOCK ID

E POR FALAR NISSO...

Desde que os celulares passaram a ter câmera, fotografar tornou-se um ato cotidiano. O fácil acesso a tecnologias para manipular as imagens (como filtros e aplicativos) permite que fotógrafos interessados em captar um instante único da luz no tempo e no espaço encontrem nelas os recursos necessários para exercitar sua sensibilidade e produzir obras especiais. Observe as imagens a seguir, feitas e manipuladas em celulares.

LUCILA WROBLEWSKI

LUCILA WROBLEWSKI

Fotos tiradas com celular por Lucila Wroblewski, em São Paulo, em 2014.

LUCILA WROBLEWSKI

Galeria de imagens

De Bresson a Bressão: fotografando o cotidiano

Reúna-se com colegas e discutam as questões a seguir.

a) Em cada uma das imagens, o que parece estar em destaque?

b) Imagens como essas são apenas uma brincadeira de um usuário de celular? Por quê?

ESTUDO DA LÍNGUA: ANÁLISE E REFLEXÃO

ORTOÉPIA E PROSÓDIA

COMO VOCÊ PODE ESTUDAR

1. **Estudo da língua** não é uma seção para decorar, mas para questionar e levantar problemas.
2. O trabalho com os conhecimentos linguísticos requer persistência. Leia e releia os textos e exemplos, discuta, converse.

Releia o trecho da crônica de Antonio Prata, prestando atenção ao termo destacado.

> "Havia uma ingenuidade na figura do carteiro, algo que pertencia essencialmente ao século 20 e que não cabe no 21: um homem a pé ou de bicicleta, um personagem do Jacques Tati, que vinha entregar à mão um bilhete escrito também à mão. Tudo isso se foi com um clique. [...]
>
> É com este **intuito** que eu sugiro que a categoria processe a Microsoft por danos morais."

1. **Qual o significado da palavra *intuito*, destacada no trecho? Se necessário, consulte o dicionário.**
2. **Agora, leia essa palavra em voz alta.**
   a) De acordo com a quantidade de sílabas, como essa palavra é classificada (monossílaba, dissílaba, trissílaba ou polissílaba)?
   b) Qual é a sua sílaba tônica? De acordo com a tonicidade, como essa palavra é classificada (oxítona, paroxítona ou proparoxítona)?
3. **Como você pronunciaria as palavras *gratuito, circuito* e *fortuito*? O que elas têm em comum com a palavra *intuito*?**

ROBSON ARAÚJO

ORTOÉPIA E PROSÓDIA

ORTOÉPIA

Você teve dúvidas quanto à pronúncia das palavras mencionadas na atividade? De acordo com as normas urbanas de prestígio, a pronúncia de "intuito" é *intúito*, com a tônica no **u** do ditongo **ui**. O mesmo vale para as outras palavras apresentadas. Muitos falantes ficam em dúvida pois transformam o ditongo em hiato, enfatizando o **i**.

Muitas vezes, a pronúncia "errada" (isto é, em desacordo com as normas urbanas de prestígio) das palavras não é bem-vista. É o caso, por exemplo, da palavra *tóxico* pronunciada como "tóchico". Essa pronúncia seria inadequada em um contexto formal, que exigisse o uso das normas urbanas de prestígio.

Ortoépia
Vem do grego *orto* = correto + *epos* = palavra.

A parte da gramática que trata da pronúncia correta dos fonemas nas palavras, de acordo com as normas urbanas de prestígio, chama-se ortoépia ou ortoepia.

Veja no quadro a seguir alguns dos desvios de ortoépia mais comuns. Note que, muitas vezes, a dificuldade na pronúncia pode levar a uma dificuldade na grafia – ou seja, a pessoa que fala "adevogado", por exemplo, tende a escrever a palavra desse modo (em vez de *advogado*), cometendo assim uma falha de ortografia.

Desvios de ortoépia	Pronúncia inadequada	Pronúncia de acordo com as regras de ortoépia
Consoantes mudas pronunciadas como se formassem sílaba com uma vogal.	"adevogado", "rítimo", "pineu", "capitou"	advogado, ritmo, pneu, captou
Inserção de sons no meio da palavra.	"asterístico", "beneficiência"	asterisco, beneficência
Nasalização das vogais.	"mortandela", "mendingo"	mortadela, mendigo
Pronúncia de ditongo como se fosse uma vogal só.	"truxe", "cabelerero"	trouxe, cabeleireiro
Pronúncia de **i** como **e** ou vice-versa.	"previlégio", "disperdício"	privilégio, desperdício
Pronúncia do **x** como **ch**, quando deveria ser **ks**.	"tóchico", "intochicar"	tóxico (*ks*), intoxicar (*ks*)

ROBSON ARAÚJO

As regras de ortoépia também determinam se devemos pronunciar as vogais **e** e **o** de certas palavras como abertas (*tela*, *bola*) ou fechadas (*pelo*, *tolo*). Veja alguns dos casos que provocam dúvida:

/e/ aberto (é)	/e/ fechado (ê)
benesse, cedro, cetro, flagelo, servo, Tejo	acervo, azulejo, esmero, veleja, verbete
/o/ aberto (ó)	**/o/ fechado (ô)**
amorfo, canoro, dolo (intenção criminosa), inodoro, lobo (parte do crânio), molho (de chaves), suor	boda (casamento), filantropo, lobo (animal)

PROSÓDIA

A prosódia é um ramo da ortoépia que orienta a pronúncia das sílabas tônicas das palavras de acordo com as normas urbanas de prestígio.

Quando a palavra tem um acento gráfico indicador da sílaba tônica, a prosódia é clara. Mas, quando isso não ocorre, pode haver dúvidas. Alguns casos:

- **Gratuito**, **fortuito**, **fluido**: o acento tônico está no **u**, não no **i**, ou seja, deve-se pronunciar "gratúito", "fortúito" e "flúido", não "gratuíto", "fortuíto" e "fluído".
- **Ruim**: nesse caso, o acento tônico está no **i**: "ruím", e não "rúim".

Veja a posição da sílaba tônica nestas outras palavras, as quais também podem gerar dúvidas:

Oxítonas						
cateter	Gibraltar	mister (necessário)	Nobel	novel	sutil	ureter

Paroxítonas				
acórdão	edito (lei)	fortuito	índex	pudico
austero	erudito	ímpio (sem fé)	látex	recorde
avaro	filantropo	impio (cruel)	libido	rubrica
boêmia	fluido	inaudito	necropsia	têxtil

Proparoxítonas				
ágape	amálgama	ávido	êxodo	protótipo
álibi	anêmona	bígamo	ínterim	réquiem
âmago	arquétipo	condômino	ômega	revérbero (reflexo)

Observe agora algumas palavras que admitem duas pronúncias.

Dupla prosódia	
ambrósia ou ambrosia	projétil (projéteis) ou projetil (projetis)
hieróglifo ou hieroglifo	réptil (répteis) ou reptil (reptis)
xérox ou xerox	zângão ou zangão

Determinadas conjugações verbais apresentam, em certas pessoas do discurso, vogal tônica imediatamente anterior ao encontro consonantal. Esse acento prosódico ocorre nos verbos com as seguintes terminações: **-bstar**, **-gnar**, **-psar**, **-ptar**, **-tmar**. Observe o quadro.

Terminação	Verbo(s)	Exemplos
-bstar	obstar	*__o__bsto, __o__bstas, __o__bsta*
-gnar	designar, estagnar, impregnar	*des__i__gno, des__i__gnas, des__i__gna*
-psar	eclipsar, colapsar	*ecl__i__pso, ecl__i__psas, ecl__i__psa*
-ptar	adaptar, optar, raptar	*ad__a__pto, ad__a__ptas, ad__a__pta*
-tmar	ritmar	*r__i__tmo, r__i__tmas, r__i__tma*

ACONTECE NA LÍNGUA

Existem palavras nas quais tanto a pronúncia aberta quanto a fechada são possíveis, normalmente dependendo da região de onde o falante provém. São exemplos as pronúncias abertas ou fechadas do *e* em *extra* e *destro(a)* ou do *o* em *poça*.

Também há palavras que têm duas pronúncias e duas grafias aceitas pelas normas urbanas de prestígio. Exemplos: *chimpanzé* ou *chipanzé*; *assobiar* ou *assoviar*; *lista* ou *listra*; *coringa* ou *curinga*.

ROBSON ARAÚJO

ORGANIZAR O CONHECIMENTO

O QUE VOCÊ JÁ SABE?

Agora, você já é capaz de...	**Sim**	**Não**	**Mais ou menos**
... reconhecer a pronúncia correta dos fonemas nas palavras, de acordo com as normas urbanas de prestígio.	☐	☐	☐
... identificar a pronúncia das sílabas tônicas das palavras de acordo com as normas urbanas de prestígio.	☐	☐	☐

Se você marcou não ou mais ou menos como resposta, retome a leitura de Ortoépia e prosódia.

Ortoépia

- Parte da gramática que trata da pronúncia correta dos fonemas nas palavras.
- Determina se devemos pronunciar as vogais **e** e **o** de certas palavras como abertas ou fechadas.

Prosódia

- Orienta a pronúncia das sílabas tônicas das palavras de acordo com as normas urbanas de prestígio.
- Orienta sobre palavras com pronúncias e/ou escritas variáveis.

ATIVIDADES

1. Leia em voz alta as palavras a seguir. Depois, escreva-as no caderno em duas colunas: na primeira, as que têm a vogal em destaque aberta; na segunda, as que têm a vogal em destaque fechada.

c**e**dro cat**e**to co**e**so d**o**lo p**o**lo id**o**so

2. Leia estas palavras em voz alta.

alibi havido latex sutil gratuito ruim

a) Quais delas devem ser acentuadas graficamente? Justifique.

b) Identifique a sílaba tônica de cada uma dessas palavras.

3. Quais das palavras abaixo não admitem dupla pronúncia?

acróbata	réptil	boda	projetil
xérox	hieróglifo	ambrosia	protótipo

Mais questões no livro digital

IMAGENS: STOCKLIFEMAX/SHUTTERSTOCK

QUESTÕES DA LÍNGUA

ANTÔNIMOS

1. Leia o célebre poema de Luís Vaz de Camões, escritor português que viveu no século XVI.

Amor é fogo que arde sem se ver

Amor é fogo que arde sem se ver;
É ferida que dói e não se sente;
É um **contentamento descontente**;
É dor que desatina sem doer;

É um não querer mais que bem querer;
É solitário andar entre a gente;
É nunca contentar-se de contente;
É cuidar que se ganha em se perder;

É querer estar preso por vontade;
É servir a quem vence, o vencedor;
É ter com quem nos mata lealdade.

Mas como causar pode seu favor
Nos corações humanos amizade,
Se tão contrário a si é o mesmo Amor?

Luís de Camões. *Lírica*. São Paulo: Cultrix: 1995. p. 123.

CARLOS CAMINHA

a) Qual é o assunto do poema?

b) Observe as palavras em destaque na primeira estrofe. Qual é a classe gramatical delas e quais são as respectivas palavras opostas?

c) Agora, observe o último verso da segunda estrofe. Quais são as palavras opostas?

d) Em sua opinião, por que o eu lírico usa palavras contrárias para definir o Amor?

CARLOS CAMINHA

As palavras estabelecem umas com as outras determinadas relações de sentido. Quando, em um dado contexto, são empregadas palavras de sentidos opostos, dizemos que elas são antônimas.

Antônimos são palavras que, empregadas em determinado contexto, apresentam significados opostos ou contrários.

O antônimo de uma palavra pode ser representado de duas maneiras:

- Por outra palavra diferente. Exemplos: *dia – noite*; *abrir – fechar*; *claro – escuro*.
- Pelo acréscimo de uma partícula de negação, um prefixo. Exemplos: *ligar – **des**ligar*; *feliz – **in**feliz*; *normal – **a**normal*.

2. O trecho a seguir foi extraído do texto "Em busca do tênis perfeito", que você leu nesta unidade.

> "Uma das coisas que mais me impressionam nos tempos **atuais** é a quantidade de modelos diferentes de tênis que existe. Sou daqueles que ficam espantados na frente das vitrines de lojas esportivas, admirando os calçados. É um símbolo *indiscutível* de como o mundo avança a passos largos."

a) Quais são os antônimos das palavras em destaque?

b) De que maneira a palavra *indiscutível* foi formada?

ATIVIDADES

ATITUDES PARA A VIDA

Ao responder às questões, busque exatidão e precisão para garantir que você entendeu o que estudou.

1. **Leia o cartaz a seguir.**

ACERVO DA PREFEITURA DE CURITIBA

Disponível em: <http://mod.lk/ukouh>. Acesso em: 4 maio 2018.

a) Qual é o par de antônimos apresentado no cartaz? Qual é a classe gramatical dessas palavras?

b) Para transmitir determinada mensagem, o cartaz fala de uma linha que separa esse par de antônimos. Que linha é essa e qual é a mensagem transmitida?

c) Agora, observe como o par de antônimos e a linha que os separa foram apresentados no cartaz. Na sua opinião, o efeito visual proporcionado por essa apresentação dos elementos do cartaz contribui para que a mensagem chame a atenção das pessoas?

2. **Leia um trecho do livro *A hora da estrela*. Trata-se de um diálogo entre a personagem Macabéa e seu namorado.**

> "Ele: E então?
>
> Ela: Então o quê?
>
> Ele: Olhe, eu vou embora porque você é impossível!
>
> Ela: É que só sei ser impossível, não sei mais nada. Que é que eu faço para conseguir ser possível?"

Clarice Lispector. *A hora da estrela*. Rio de Janeiro: José Olympio, 1981. p. 59.

a) Encontre no trecho um par de antônimos.

b) O que a moça diz faz sentido para você?

c) Como foi formado o antônimo nesse caso?

3. Faça conforme o exemplo.

suportável – **in**suportável

a) admissível **b)** capaz **c)** compreensível **d)** conveniente **e)** correto **f)** definido **g)** dependente **h)** desejável **i)** disciplinado **j)** útil

4. Baseando-se no exemplo abaixo, forme pares de antônimos usando o prefixo **des-**.

leal – **des**leal

5. Leia este cartaz.

a) Observe que no cartaz foram utilizadas as palavras antônimas *fácil* e *difícil* para falar sobre a água. O que é fácil e o que é difícil com relação a esse recurso natural? Você concorda?

b) No cartaz, qual antônimo poderia ser utilizado para a palavra *economizar*? A qual classe de palavras pertencem esses antônimos?

ÁGUA.
ECONOMIZAR É FÁCIL.
FICAR SEM É DIFÍCIL.
semasa

ACERVO DA SEMASA - SANEAMENTO AMBIENTAL/PREFEITURA DE SANTO ANDRÉ

Disponível em: <http://mod.lk/o3etv>. Acesso em: 4 maio 2018.

6. Leia esta tira do Garfield.

GARFIELD — JIM DAVIS

BRINNNNG!
JIM DAVIS 2-23
EU ADORO ACORDAR CEDO
QUANTO MAIS CEDO VOCÊ AJUSTA O ALARME, VOCÊ PODE DORMIR MAIS E ACORDAR TARDE
© 1981 PAWS, INC. All Rights Reserved.

GARFIELD, JIM DAVIS © 1981 PAWS, INC. ALL RIGHTS RESERVED/DIST. BY ANDREWS MCMEEL SYNDICATION

a) O que acontece com o Garfield nos dois primeiros quadrinhos?

b) No último quadro, Garfield usa dois pares de antônimos para explicar por que ele adora acordar cedo. Quais são esses pares de antônimos?

c) A que conclusão é possível chegar sobre Garfield: ele adora mesmo acordar cedo ou não? Explique.

LEITURA E PRODUÇÃO DE TEXTO

A PRODUÇÃO EM FOCO

- A proposta do final desta unidade é elaborar uma crônica argumentativa. Ao ler a crônica a seguir, fique atento:
  - **a)** ao ponto de vista apresentado no texto;
  - **b)** aos argumentos utilizados para defender esse ponto de vista;
  - **c)** à linguagem empregada no texto.

CONTEXTO

A crônica que você vai ler refere-se ao uso de novas tecnologias, especialmente ao celular e a suas múltiplas ferramentas. Ela foi extraída da coluna quinzenal "Vida real", que Denise Fraga assinou no jornal *Folha de S.Paulo* de 2013 a 2016, contando sobre seu dia a dia, sua família, sua experiência profissional.

Como a própria cronista diz, ela escreve de uma forma muito simples e pessoal sobre coisas que a inquietam. Para ela, o cotidiano é encantador e surpreendente.

Como podem ser surpreendentes as mudanças trazidas pelas novas tecnologias, assunto da crônica que você vai ler a seguir.

Glossário

Fax: equipamento que transmite e reproduz documentos em papel a longa distância.

Pela metade

Não estou dando conta. Eu era do tipo que esquecia o celular dentro da bolsa e o usava como um orelhão portátil. Agora carrego-o ao meu lado como um cachorrinho.

Ainda consigo deixá-lo no silencioso, mas, cada vez que preciso usá-lo, vejo um mar de pontinhos verdes enfileirados na tela acusando mensagens e chamadas.

Resolvo telefonar antes de checá-las e, num clique mágico, jogo lá pra dentro um monte de gente embrulhada que nem sempre lembro de tirar do pacote depois.

Tudo parece estar se complicando. Prometeram me ajudar e cada vez tenho mais trabalho pra fazer nesse negócio que só ia facilitar a minha vida. Se quero saber se alguém quis falar comigo, preciso abrir o SMS, o WhatsApp, ver as últimas chamadas, a caixa-postal e os *e-mails*. Isso porque não tenho Facebook.

Se fico com a campainha ligada pra responder as chamadas na hora, viro uma dessas pessoas que, a cada plim, olham suas telinhas e depois entram em câmera lenta, falando uma palavra por vez, parecendo ter tomado alguma coisa, porque simplesmente acreditam que podem mesmo digitar embaixo da mesa nos fazendo crer que continuam na conversa. E ninguém diz que o rei está nu. Estamos todos fingindo que é normal. Está ficando mesmo normal existir pela metade. A coisa é poderosa. É areia movediça. Mesmo nos debatendo, entramos até o pescoço.

Nunca vi algo ser tão rapidamente assimilado como este tal de WhatsApp! WhatsApp é o Facebook disfarçado em SMS que entrou em nossas vidas com a mesma velocidade com que saiu o **fax**. Abri as portas pra ele, louvando suas virtudes. De repente, os grupos! Não quis ficar de fora do grupo formado por minha família. Mais serviço!

MARCUS PENNA

Topei a parada porque é bem verdade que alguma parte dessa rede nos une de verdade, é bonito de ver. Mas, no último domingo, estávamos todos juntos, em carne e osso, e muitos de nós ainda postavam no grupo. Uns viam um vídeo perdido, outros uma foto... O que acontece? Vamos combinar? Está esquisito.

Denise Fraga. *Folha de S.Paulo*, 9 mar. 2014.
Disponível em: <http://mod.lk/lof9g>. Acesso em: 13 abr. 2018.

Biografia

ALEX SILVA/ESTADÃO CONTEÚDO

A atriz em 2007.

Carioca nascida em 1965, **Denise Fraga** mora há mais de 20 anos em São Paulo.

No teatro, sua personagem mais conhecida é a empregada doméstica Olímpia, da peça *Trair e coçar é só começar*. Seu maior sucesso no cinema foi o longa-metragem *Por trás do pano*, que lhe garantiu prêmios em Gramado, Havana e Miami. Na televisão, participou de vários programas humorísticos, minisséries e novelas.

Além de atriz, também é produtora de cinema e teatro e autora. Publicou os livros *Travessuras de mãe* e *Retrato falado*, pela Editora Globo.

ESTUDO DO TEXTO

DE OLHO NAS CARACTERÍSTICAS DO GÊNERO

1. **Em relação ao uso do celular, o que mudou na vida da narradora?**

a) Como ela se sente a respeito dessa mudança? Por quê?

b) A queixa dela faz sentido para você?

2. **Releia o trecho a seguir.**

> "Prometeram me ajudar e cada vez tenho mais trabalho pra fazer nesse negócio que só ia facilitar minha vida."

a) Quem pode ter feito a promessa à narradora? Por que não é possível sabê-lo com certeza?

b) O que ela chama de "negócio"?

3. **Por que a narradora prefere não atender às chamadas na hora em que as recebe?**

a) Releia o trecho a seguir, relacione-o ao texto do boxe ao lado e explique o que a narradora quis dizer.

> "E ninguém diz que o rei está nu. Estamos todos fingindo que é normal."

b) Você concorda que todos fingem que a forma como lidamos com o celular e com as redes sociais é normal? Justifique.

O rei está nu!

Um dos mais famosos contos de Andersen é "A roupa nova do rei". Um alfaiate mostra a um rei um traje tão maravilhoso que só pode ser visto por pessoas inteligentes. Enquanto o alfaiate o veste, o rei não vê nada, mas se cala, porque não quer ser julgado ignorante. Na rua, as pessoas elogiam sua "roupa nova", temendo contrariá-lo, até que uma criança grita: "O rei está nu!". Só então o rei percebe que foi enganado. Envergonhado, volta correndo para o palácio.

ROBSON ARAUJO

Trilha de estudo

Vai estudar? Stryx pode ajudar!
<http://mod.lk/trilhas>

4. **Qual a relação entre o título do texto e as considerações feitas pela narradora?**

5. **A narradora afirma: "A coisa é poderosa. É areia movediça".**

a) O que ela chama de "coisa"?

b) Explique a relação estabelecida entre essa "coisa" e a areia movediça.

6. **A autora termina o texto com perguntas. Para quem ela faz essas perguntas? Com que finalidade?**

7. **Observe o trecho retirado da crônica que você leu.**

> "Se fico com a campainha ligada **pra** responder as chamadas na hora, viro uma dessas pessoas que, a cada **plim**, olham suas **telinhas** [...]"

a) Com base nas palavras destacadas, responda: a crônica apresenta uma linguagem mais formal ou mais informal?

b) Encontre no texto outras expressões que confirmem a resposta que você deu à questão anterior.

c) Que impressão esse tipo de linguagem pode causar no leitor?

8. **Você já ouviu as expressões destacadas abaixo?**

> "[...] De repente, os grupos! Não quis ficar de fora do grupo formado por minha família. Mais serviço!
>
> **Topei a parada** porque é bem verdade que alguma parte dessa rede nos une de verdade, é bonito de ver. Mas, no último domingo, estávamos todos juntos, **em carne e osso**, e muitos de nós ainda postavam no grupo. [...]"

a) O que elas significam?

b) O que a narradora quis dizer ao usar essas expressões no texto?

9. **Nos trechos a seguir, foram empregadas palavras e expressões com sentido relacionado ao uso de novas tecnologias. Explique o significado delas no texto.**

a) "Ainda consigo deixá-lo **no silencioso** [...]."

b) "**Resolvo telefonar** antes de **checá-las** e, num **clique mágico**, jogo lá pra dentro um monte de gente **embrulhada** que nem sempre lembro de tirar do pacote depois."

c) "De repente, os **grupos**!"

d) "Mas, no último domingo, estávamos todos juntos, em carne e osso, e muitos de nós ainda **postavam** no grupo."

10. **Uma crônica pode ser escrita com a intenção de contar um episódio de forma divertida ou de expressar uma opinião.**

a) Na crônica, é mencionado o episódio do almoço familiar. Narrar esse episódio parece ser a principal intenção da produção da crônica? Por quê?

b) Qual é a importância desse episódio para o texto?

11. **Em que pessoa foi escrita a crônica "Pela metade"?**

- O uso dessa pessoa contribuiu para que o texto ficasse mais objetivo ou mais subjetivo? Justifique.

12. **Por que, ao defender suas opiniões, a narradora constrói argumentos com base na sua vivência pessoal?**

13. **Nos dois últimos parágrafos, a narradora emprega a 1ª pessoa do plural. A quem ela se refere nesses dois parágrafos?**

14. **Com base nos trechos a seguir, qual seria a opinião da narradora sobre o uso da tecnologia?**

> "Não estou dando conta."

> "Tudo parece estar se complicando."

> "Prometeram me ajudar e cada vez tenho mais trabalho [...]."

> "Não quis ficar de fora do grupo formado por minha família. Mais serviço!"

15. **A crônica termina com as frases abaixo.**

> "O que acontece? **Vamos combinar**? Está esquisito."

a) Em sua opinião, o que a narradora quis dizer?

b) O que significa a expressão destacada? Essa expressão indica que foi utilizada uma linguagem formal ou informal?

ANDREW RYBALKO/SHUTTERSTOCK

16. **Pelo que estudamos até aqui, que diferença pode haver entre a linguagem de uma crônica publicada em jornal e a notícia?**

CRÔNICA ARGUMENTATIVA

O que você vai produzir

Você vai produzir uma crônica argumentativa em 1ª pessoa. Ela poderá compor uma coletânea que será doada à biblioteca da escola. Outra opção é gravar as crônicas da turma em um CD e fazer um audiolivro para ser disponibilizado na biblioteca da escola, ou hospedá-lo no *blog* da turma ou *site* do colégio.

NA HORA DE PRODUZIR

1. Siga as orientações apresentadas nesta seção. Seu texto deve ser coerente com a proposta.
2. Lembre-se de que você já leu e analisou textos do gênero que vai produzir. Se for o caso, retome o **Estudo do texto**.
3. Diante da folha em branco, persista. Nenhum texto fica pronto na primeira versão.

PLANEJE SEU TEXTO

1. Escolha uma notícia ou um acontecimento do cotidiano que, por alguma razão, tenha chamado especialmente a sua atenção.
2. Reflita a respeito dessa notícia ou fato e decida como gostaria de se posicionar em relação a ele.
3. Você pode optar por fazer um texto mais divertido como "Adeus às cartas" ou mais objetivo como "Pela metade".
4. Lembre-se: embora a crônica seja argumentativa, ela pode conter trechos narrativos se você achar que podem contribuir para sua argumentação. Nesses trechos, se houver diálogos entre personagens, você pode optar por utilizar o discurso direto ou o indireto.

ESCREVA SEU TEXTO

1. Elabore o texto de acordo com o que planejou.
2. Empregue linguagem adequada ao público que vai ler ou escutar sua crônica e ao contexto que criar para ela.

TSHA/SHUTTERSTOCK

DE OLHO NA TEXTUALIDADE

Para retomar as ideias de sua crônica e dar continuidade ao texto, você não precisa repetir as palavras. Há vários recursos que permitem manter a **coesão referencial** (isto é, as referências ao que já foi dito) sem apelar à repetição. Após mencionar determinado termo, você pode retomá-lo por meio de, por exemplo:

a) **sinônimos** ou palavras de sentido relacionado – "Uma das coisas que mais me impressionam nos tempos atuais é a quantidade de modelos diferentes de **tênis** que existe. Sou daqueles que ficam espantados na frente das vitrines de lojas esportivas, admirando os **calçados**. [...] Nossa conversa estava evoluindo, entre **pares** de marcas variadas, e já divagávamos a respeito da estabilidade [...]".

b) **pronomes pessoais** – "Eu era do tipo que esquecia o celular dentro da bolsa e **o** usava como um orelhão portátil. Agora carrego-**o** ao meu lado como um cachorrinho.

[...] cada vez que preciso usá-**lo**, vejo um mar de pontinhos verdes enfileirados na tela acusando mensagens e chamadas.

Resolvo telefonar antes de checá-**las**."

c) **pronomes possessivos** – "Se fico com a campainha ligada pra responder as chamadas na hora, viro uma dessas pessoas que, a cada plim, olham **suas** telinhas e depois entram em câmera lenta [...]."

d) **pronomes demonstrativos** – "Havia uma ingenuidade na figura do carteiro, algo que pertencia essencialmente ao século 20 e que não cabe no 21: um homem a pé ou de bicicleta, um personagem do Jacques Tati, que vinha entregar à mão um bilhete escrito também à mão. Tudo **isso** se foi com um clique."

As referências ao **tênis** são retomadas.

Os pronomes oblíquos retomam os termos citados antes.

O pronome possessivo remete a **pessoas**.

O pronome demonstrativo **isso** retoma tudo o que foi dito na primeira frase.

AVALIE E REVISE SEU TEXTO

1. Em grupos, você e seus colegas devem ler as crônicas uns dos outros. Depois, revisem suas crônicas de acordo com a tabela a seguir.

Aspectos importantes em relação à proposta e ao sentido do texto
1. Verifique se seus colegas compreenderam seu ponto de vista e acharam sua argumentação consistente. Peça sugestões sobre como melhorar a crônica.
2. Se teve a intenção de produzir humor, verifique com os colegas se alcançou seu objetivo.
3. Avalie se a linguagem está adequada ao público.
Aspectos importantes em relação à ortografia, à pontuação e às demais normas gramaticais
1. Corrija possíveis erros de ortografia.
2. Verifique se a pontuação está adequada.

2. Após a revisão e reescrita da crônica, reúnam as produções, confeccionem uma capa, encadernem o material e disponibilizem-no na biblioteca da escola para que outros alunos possam ter acesso aos textos.

PRODUZA E DIVULGUE O AUDIOLIVRO

Se optarem pela produção do audiolivro, sigam os passos abaixo, sob a orientação do professor.

1. Antes da gravação, apresentem sua crônica para os demais componentes do grupo que avaliarão a leitura observando a entonação, o ritmo, a clareza e o humor transmitidos.
2. Tomem nota das observações feitas pelos colegas e, em casa, leiam várias vezes o texto até se sentirem preparados para a gravação.
3. No dia combinado pelo professor, gravem com os colegas as crônicas da classe. Vocês poderão utilizar gravadores ou aparelhos celulares que tenham esse recurso.
4. Mantenham a calma ao fazer a leitura. Identifiquem-se e utilizem um tom de voz audível que permita fazer as modulações de voz adequadamente. Se vocês e o professor considerarem necessário, regravem a crônica.
5. Se quiserem e acharem pertinente, divertido ou interessante, incluam sonoplastia – efeitos sonoros, como música, ruídos, sons de animais etc.
6. Se optarem pela gravação digital, reúnam todas as leituras em um CD ou postem o conteúdo em *blog* coletivo da turma. Vocês poderão utilizar a sala de informática da escola ou o computador pessoal de algum aluno.
7. Juntem a gravação e as crônicas escritas em uma pasta, deem um título à coletânea (exemplo: "Coletânea de crônicas de humor dos alunos do 7º ano") e encaminhem o material à biblioteca da escola.
8. Divulguem o audiolivro por meio de cartazes para despertar o interesse nos demais alunos e funcionários da escola.

Você já ouviu um livro?

O audiolivro é a gravação em CD ou MP3 da leitura em voz alta de livros ou demais tipos de textos impressos. Esse formato é ideal para aqueles que, por falta de tempo, precisam desfrutar da leitura enquanto realizam outras atividades. É também um recurso que possibilita o acesso de deficientes visuais à literatura e a outros conteúdos, uma vez que não existem limites para esse tipo de mídia. Por ter sido criado para o entretenimento de qualquer pessoa, não apenas dos deficientes visuais, o audiolivro significa ainda um avanço no conceito de acessibilidade.

Mesmo assim, há um certo preconceito em relação a esse formato, como se o ato de ouvir fosse menos "nobre" do que o ato de ler. Mas escutar um texto pode ser tão importante quanto ler um texto.

TOMERTU/SHUTTERSTOCK

PENSAR COM FLEXIBILIDADE

Você sabe o que é uma pessoa inflexível? É aquela pessoa que costuma achar que o modo como pensa é o melhor ou o único possível. Pessoas assim não costumam considerar diferentes pontos de vista e, por isso, não conseguem se adaptar a variadas situações. Dessa forma, podem perder a oportunidade de aprender e crescer.

Pessoas flexíveis conseguem lidar melhor com problemas inesperados e resolvê-los com mais facilidade, pois costumam analisá-los com atenção, levando em conta diferentes pontos de vista.

Provavelmente, pensar com flexibilidade foi importante para a construção da argumentação da crônica que você produziu. Considerando isso, leia o texto a seguir.

Livre para mudar

[...] Não é livre apenas aquele que pensa só com a própria cabeça o tempo todo. Também é livre quem tem a capacidade de acatar aquilo que o orienta, que o coloca numa trajetória mais correta.

Ser capaz de mudar de opinião não é uma atitude que aprisiona, ao contrário, é algo que liberta. Existe uma diferença entre ser convicto e ser tacanho, que é continuar inflexível no jeito como se pensa. Isso é tolice. Quando temos razões para alterar nosso modo de agir e pensar, a partir de argumentos que sejam fundamentais, é preciso fazê-lo.

Liberdade de pensamento permite alterar até mesmo a maneira como se pensava até então.

MAURICIO DE SOUSA; MARIO SERGIO CORTELLA. *Vamos pensar um pouco?* Lições ilustradas com a turma da Mônica. São Paulo: Cortez; Mauricio de Sousa Editora, 2017. p. 10.

MARCUS PENNA

1. Você acha que o texto fala sobre uma característica comum às pessoas em geral? A maioria das pessoas costuma ser flexível em seu modo de pensar e agir? Elas costumam mudar de opinião? Converse a respeito com os colegas e o professor.

2. Você já passou por situações em que foi flexível e também inflexível no seu modo de pensar? Como foi? Como você se sentiu em cada situação? Compartilhe suas experiências com a turma.

SABELSKAYA/SHUTTERSTOCK

Quando não mudamos de opinião, corremos o risco de ficar isolados, pois não nos abrimos a diferentes formas de ver uma situação. Agir e pensar com flexibilidade, ao contrário, nos dá a chance de sermos livres. Pensar com flexibilidade é escolher o que pensar, mas é também poder mudar de opinião.

3. Entre as crônicas produzidas por seus colegas, houve alguma que apresentou argumentos que revelaram um modo de pensar mais flexível? Qual?

4. Você levou em conta pontos de vista diferentes na construção da argumentação da sua crônica? Você acha que ela poderia ter ficado melhor? Por quê?

Para viver em sociedade, é importante considerar a opinião das outras pessoas. Viver em sociedade é deixar-se modificar pelas interações com os outros.

5. Você acha que pensar com flexibilidade é importante apenas no ambiente escolar? Justifique sua resposta.

AUTOAVALIAÇÃO

Atitudes para a vida	Sim	Não	O que melhorar
1. Você organizou seu pensamento e **expressou-se** com clareza na construção da argumentação da sua crônica?			
2. Você conseguiu **pensar com flexibilidade** ao escolher os argumentos da crônica que produziu?			

LEITURA DA HORA

Você pratica atividades ao ar livre, brinca com amigos ou fica "navegando" horas e horas na internet? Leia o texto "Vida virtual" e conheça a visão que o escritor Ruy Castro (1948-) tem sobre o assunto. Nessa crônica, ele convida o leitor a refletir sobre o uso da internet na vida cotidiana. Veja se você já tinha pensado nisso!

JESADAPHORN/SHUTTERSTOCK

Vida virtual

Pesquisa divulgada há algum tempo revelou que, num determinado mês de julho, o internauta brasileiro passara 23 horas e 30 minutos "navegando" na internet. Essa marca era uma hora e três minutos maior que a de junho, que, por sua vez, era quase uma hora maior que a de maio, e assim por diante. Ou seja, de 30 em 30 dias, o brasileiro fica mais tempo ligado à rede.

Significa também que, a cada 30 dias, o brasileiro com os olhos na telinha, os dedos no *mouse* ou no teclado, as pernas criando varizes, a coluna indo para o beleléu e o cérebro mais na virtual que na real.

Apenas por comparação, as 23 horas e 30 minutos mensais do brasileiro deixavam longe as 19 horas e 52 minutos do americano, as 18 horas e 41 minutos do japonês e as 18 horas e 7 minutos do alemão. Das duas, uma: ou os americanos, japoneses e alemães têm mais o que fazer, ou nossa apaixonada adesão à internet fará com que, em pouco tempo, os superemos em tecnologia, pesquisa, jornalismo, *download* e compras, que compõem a internet para adultos. E aí, sim, vamos ver quem tem mais garrafa vazia para vender.

Enquanto esse dia não chega, já podemos pelo menos observar algumas conquistas da internet entre nós. Por causa da internet, diz outra pesquisa, o jovem brasileiro tem deixado de praticar esportes, dormir, ler livros, sair com os amigos, ir ao cinema ou ao teatro e estudar. E, com certeza, está deixando também de praticar outros itens não contemplados pela pesquisa, como namorar, ir à praia ou ao futebol, visitar a avó, **conversar fiado** ao telefone e flanar pelas ruas chutando tampinhas.

Admito que muitas dessas atividades possam ser substituídas com vantagem pelas horas que o brasileiro passa na internet. Mas **flanar** chutando tampinhas, não.

RUY CASTRO. A *melancia quadrada*: crônicas. São Paulo: Moderna, 2015. p. 49-50.

Glossário

Conversar fiado: jogar conversa fora, conversar sem objetivo.

Flanar: andar à toa, sem rumo.

PARA SE PREPARAR PARA A PRÓXIMA UNIDADE

Alimentos transgênicos, novos planetas, o funcionamento do cérebro humano... Muitos desses assuntos não são restritos aos cientistas. Leitores comuns, que se interessam pelas ciências, podem ter acesso a essas e outras informações graças à popularização desses conhecimentos pela mídia.

Na próxima unidade, você vai estudar e refletir sobre isso. Acesse os *links* e responda às perguntas do boxe "O que você já sabe?".

Procure em livros, revistas, *sites*, *vlogs*, *podcasts* ou outras publicações especializadas textos em que o autor procura transmitir conceitos científicos a pessoas comuns. Depois, compartilhe com seus colegas o que você achou mais interessante.

1

KYODO NEWS/GETTY IMAGES

Neste vídeo, o canal *Meteoro Brasil* faz uma homenagem ao físico inglês Stephen Hawking (1942-2018), que estudou os buracos negros e ampliou a compreensão que temos do universo. Confira aqui: <http://mod.lk/ofnec>.

2

HUMOR COM CIÊNCIA

WWW.HUMORCOMCIENCIA.COM

O *site Humor com Ciência* busca divulgar conceitos científicos da matemática e da física de maneira descontraída e divertida. Veja aqui um exemplo, nesta tira sobre a velocidade da luz: <http://mod.lk/h6gr1>.

3

NASA

REPRODUÇÃO

Você já imaginou como é a Terra vista do espaço? Neste projeto da Nasa, é possível observar nosso planeta em alta definição e em tempo real direto da ISS (Estação Espacial Internacional). Confira as imagens de tirar o fôlego: <http://mod.lk/khf0f>.

4

Determinantes do substantivo

Este objeto digital aborda os determinantes do substantivo. Acesse: <http://mod.lk/4qrrh>.

O QUE VOCÊ JÁ SABE?

Até este momento, você seria capaz de...	Sim	Não	Mais ou menos
... perceber que, nos gêneros de temática científica, as expressões científicas sempre são acompanhadas de explicações ou recursos de pontuação para auxiliar a compreensão do texto?	☐	☐	☐
... reconhecer a importância de recursos gráficos e/ou visuais para ampliar, complementar ou ilustrar o texto, facilitando o entendimento do interlocutor?	☐	☐	☐
... realizar uma pesquisa sobre um assunto científico, de acordo com orientações, usando as fontes indicadas pelo professor?	☐	☐	☐

De acordo com o conteúdo do objeto digital *Determinantes do substantivo*, você seria capaz de...	Sim	Não	Mais ou menos
... definir e diferenciar os determinantes do substantivo: artigo, numeral, adjetivo e pronome?	☐	☐	☐
... perceber que os determinantes informam algo sobre o substantivo?	☐	☐	☐

UNIDADE 3

"O ESPAÇO, A FRONTEIRA FINAL..."

EM FOCO NESTA UNIDADE

- **Texto de divulgação científica**
- **Determinantes do substantivo**
- **Acentuação nos hiatos**
- **Produção: texto de divulgação científica**

SAIBA +

A frase que serve como título desta unidade pertence a *Jornada nas estrelas*, série de ficção científica que foi criada em 1966 por Gene Roddenberry (1921-1991) e teve diversos desdobramentos, tanto na televisão como no cinema. A narrativa gira em torno da nave estelar Enterprise e sua missão: "explorar novos mundos, para pesquisar novas vidas, novas civilizações, audaciosamente indo aonde ninguém jamais esteve".

Muitos dos episódios exploram as relações entre espaço e tempo e as viagens interdimensionais, convidando os espectadores a imaginarem as possibilidades do universo em que vivemos.

PARAMOUNT PICTURES/ALBUM/FOTOARENA

Cena do filme *Além da escuridão: Star Trek* (Estados Unidos, 2013). Direção: J. J. Abrams.

ESTUDO DA IMAGEM

- **Converse com seus colegas a respeito das questões a seguir.**

a) Em sua opinião, é provável que existam no Universo outras civilizações? Por quê?

b) De que modo o fato de haver ou não outras formas de vida inteligente no Universo pode influenciar a maneira como cuidamos do nosso planeta? Justifique sua resposta.

LEITURA

ANTES DE LER

1. Observe o título do texto que você vai ler. Ele desperta sua curiosidade sobre quais assuntos? Por quê?
2. Você já leu algum texto que explicava uma descoberta científica? De que assunto ele tratava?
3. Em sua opinião, que tipo de linguagem um texto de divulgação científica deve apresentar? Por quê?

CONTEXTO

Você vai ler um texto que foi publicado na seção "Ciência" da versão digital de um jornal de grande circulação.

A divulgação do conhecimento científico se dá da seguinte maneira: astrônomos, geólogos, linguistas e outros cientistas revelam seus conceitos e descobertas no meio científico para outros cientistas. Depois, publicações especializadas transmitem esses conhecimentos para leitores que não são cientistas, mas se interessam por ciência. Essas publicações fazem a divulgação desses conhecimentos e, de certa forma, contribuem para a popularização do saber científico.

Cientistas descobrem que a Terra tem um segundo núcleo

Estudo com base em ondas sísmicas mostra que núcleo interno do planeta não é homogêneo como se pensava

SÃO PAULO — Graças a uma aplicação inovadora das tecnologias usadas para monitorar terremotos, um grupo de cientistas norte-americanos e chineses descobriu que o núcleo interno da Terra tem seu próprio núcleo, com propriedades físicas diferentes do restante. De acordo com os autores do estudo, publicado nesta segunda-feira, 9, na revista *Nature Geosciences*, a descoberta fornece novas pistas para compreender a estrutura das profundezas do planeta, desvendar sua formação e estudar outros processos dinâmicos do interior da Terra.

Há muito tempo, os cientistas estabeleceram que a Terra é composta de três camadas principais: a crosta, uma profunda e quente camada de **magma** — conhecida como manto —, e o núcleo. Sabe-se também que o núcleo, sob altas temperaturas, é composto de uma parte externa de ferro e níquel em estado líquido e uma parte interna, ainda mais quente, mas em estado sólido graças à imensa pressão.

Acreditava-se, no entanto, que o núcleo interno seria uma esfera sólida de ferro com uma estrutura única. O novo estudo, porém, mostra que dentro do núcleo interno — que tem aproximadamente o tamanho da Lua — há um "núcleo do núcleo", com cerca da metade desse tamanho, também feito de ferro sólido, mas com uma estrutura distinta.

De acordo com o coordenador do estudo, Xianodong Song, da Universidade de Illinois (Estados Unidos), enquanto na camada exterior do núcleo interno os cristais de ferro estão alinhados no sentido norte-sul, no centro do núcleo interno eles estão organizados no sentido leste-oeste. "Com isso, é provável que a parte profunda e a parte exterior do núcleo interno tenham propriedades muito diferentes. A descoberta sugere também que as mudanças **tectônicas** ocorridas no início da história da Terra podem ter levado à formação dessas estruturas distintas no núcleo interno", disse Song ao Estado. Segundo ele, a descoberta coloca em novos moldes a compreensão que se tem das profundezas do planeta.

Glossário

Magma: massa mineral pastosa, situada a grande profundidade da superfície terrestre; lava.

Tectônicas: relativas à tectônica (parte da geologia que estuda as deformações da crosta terrestre resultantes das forças internas exercidas nela).

Biografia

Repórter de *O Estado de S. Paulo*, **Fábio de Castro** há 11 anos trabalha na cobertura de ciência, meio ambiente e saúde. Foi editor da agência Fapesp (Fundação de Amparo à Pesquisa do Estado de São Paulo).

FOTOS: FUNDO - NAAN/SHUTTERSTOCK; PLANETA TERRA - JOHAN SWANEPOEL/SHUTTERSTOCK

Ilustração do núcleo interno da Terra produzida pela Nasa.

Para estudar o centro da Terra, os pesquisadores utilizaram as ondas sísmicas que **reverberam** pelo planeta depois dos terremotos — e que depois eram amplificadas. "Usamos os mesmos instrumentos que se usa para medir **abalos sísmicos**, mas em vez de focar em um terremoto em particular, utilizamos ondas que viajavam em todas as direções. Para isso usamos sensores e minirreceptores espalhados em diversos locais do mundo. Assim, conseguimos medir atrasos no tempo em que essas ondas viajam por dentro do planeta", explicou.

Segundo ele, o processo funciona de forma **análoga** ao **ultrassom**, usado por médicos para explorar o interior do corpo dos pacientes. Song explica que, em vez de obter dados para o estudo a partir do choque inicial de um terremoto, sua equipe captou as ondas que ressoam pela Terra logo após a ocorrência de inúmeros abalos sísmicos entre 1992 e 2012. "É como se estudássemos os ecos dos terremotos, que têm um sinal muito mais claro que os terremotos em si e vão em todas as direções. Isso permitiu que detectássemos as interferências ao passar por diferentes estruturas do interior do planeta", disse Song.

Ao analisar os dados, segundo Song, a equipe percebeu que as ondas sísmicas que passavam exatamente pelo centro do planeta apresentavam uma interferência muito diferente das que viajavam através do restante do núcleo — o que indicava uma diferença estrutural entre as duas partes do núcleo interno. "Além dos cristais de ferro na parte profunda do núcleo interno estarem alinhados de forma diferente, eles se comportam de maneira diferente também. Isso significa que o núcleo do núcleo interno pode ser feito de uma forma diferente de cristais".

Ao descobrir que o núcleo interno tem regiões claramente diferenciadas, os cientistas acreditam que podem descobrir como o núcleo da Terra evoluiu. "Ao longo da história da Terra, o núcleo interno pode ter sofrido, por exemplo, uma mudança muito dramática em seu regime de deformação. Talvez ali que possamos encontrar a chave para descobrir como o planeta evoluiu", declarou.

Fábio de Castro. *O Estado de S. Paulo*. Disponível em: <http://mod.lk/sagel>. Publicado em: 9 fev. 2015. Acesso em: 20 abr. 2018.

Glossário

Reverberam: repercutem; reproduzem.

Abalos sísmicos: tremores de terra; trepidações provocadas por sismos ou terremotos.

Análoga: semelhante, parecida.

Ultrassom: vibração que se propaga com frequência superior a 20.000 Hz, inaudível aos ouvidos humanos.

ESTUDO DO TEXTO

ANTES DO ESTUDO DO TEXTO

1. Se não tem certeza de ter compreendido bem o texto, leia-o novamente.
2. Procure identificar as ideias apresentadas no texto e reflita: você concorda com elas? Por quê?
3. Ao responder às questões a seguir, procure empregar o que já aprendeu ao ler outros textos e seja preciso em suas respostas.

COMPREENSÃO DO TEXTO

1. O texto refere-se a uma descoberta científica.

a) Qual é essa descoberta?

b) Como isso foi descoberto e por quem?

2. De acordo com o texto, essa descoberta trouxe qual utilidade para a ciência?

3. Além do título, o autor usou um "olho" (que funciona como um subtítulo). Para que serve esse recurso em um texto de divulgação científica?

4. No último parágrafo, o autor afirma que os cientistas acreditam na evolução do núcleo interno da Terra.

a) Por que eles acreditam nisso?

b) Essa evolução do núcleo interno está relacionada com a evolução do próprio planeta. Copie no caderno a frase que indica isso no texto.

5. A que conclusão você chega sobre os estudos e as descobertas da astronomia?

6. Você gostaria de estudar assuntos como esse? Por quê?

CARLOS CAMINHA

DE OLHO NA CONSTRUÇÃO DOS SENTIDOS

1. No segundo parágrafo, o autor traz informações sobre o núcleo da Terra.

> "**Há muito tempo**, os cientistas **estabeleceram** que a Terra é composta de três camadas principais: a crosta, uma profunda e quente camada de magma — conhecida como manto —, e o núcleo. **Sabe-se** também que o núcleo, sob altas temperaturas, é composto de uma parte externa de ferro e níquel em estado líquido e uma parte interna, ainda mais quente, mas em estado sólido graças à imensa pressão."

a) Quais informações sobre o núcleo da Terra são conhecidas dos cientistas?

b) Essas informações referem-se apenas ao passado ou ao presente? Relacione sua resposta com os elementos destacados no trecho.

2. **Releia o terceiro parágrafo.**

> "Acreditava-se [...] que o núcleo interno seria uma esfera sólida de ferro com uma estrutura única. O novo estudo, **porém**, mostra que dentro do núcleo interno — que tem aproximadamente o tamanho da Lua — há um 'núcleo do núcleo', com cerca da metade desse tamanho, também feito de ferro sólido, mas com uma estrutura distinta."

a) Segundo esse trecho, como os cientistas acreditavam que era o núcleo da Terra no passado e como acreditam que ele é hoje?

b) Por que a palavra *porém* é usada nesse contexto?

c) Por qual das palavras a seguir *porém* pode ser trocada: *mas*, *contudo*, *todavia*? Justifique sua resposta.

CARLOS CAMINHA

3. **Releia o quinto e o sexto parágrafos do texto.**

> "Para estudar o centro da Terra, os pesquisadores utilizaram as ondas sísmicas [...]. 'Usamos os mesmos instrumentos que se usa para medir abalos sísmicos [...]. Para isso usamos sensores e minirreceptores espalhados em diversos locais do mundo. **Assim**, conseguimos medir atrasos no tempo em que essas ondas viajam por dentro do planeta', explicou.
>
> Segundo ele, o processo funciona de forma análoga ao ultrassom, usado por médicos para explorar o interior do corpo dos pacientes. [...]. 'É como se estudássemos os ecos dos terremotos, que têm um sinal muito mais claro que os terremotos em si e vão em todas as direções. **Isso permitiu** que detectássemos as interferências ao passar por diferentes estruturas do interior do planeta', disse Song."

a) Considerando o gênero textual, com que finalidade o autor usou as expressões destacadas em negrito?

b) Reescreva os trechos no caderno, substituindo cada expressão destacada por outra que tenha o mesmo efeito de sentido. Faça as alterações necessárias.

c) Observe as frases sublinhadas, em que aparecem expressões como *mesmos instrumentos* e *de forma análoga*. Por que há essas comparações no texto?

4. **Volte à questão 3 e localize a palavra *minirreceptores* no trecho citado.**

a) Essa palavra é formada pela junção de um prefixo e de um substantivo. Quais são eles? E o que significa esse prefixo?

b) No caderno, reescreva o trecho em que aparece essa palavra e troque-a por uma expressão de mesmo significado.

O TEXTO DE DIVULGAÇÃO CIENTÍFICA

1. **No texto, encontramos vários trechos que explicam fatos ou conceitos científicos. Veja um exemplo:**

> "[...] a Terra é composta de três camadas principais: a crosta, uma profunda e quente camada de magma — conhecida como manto —, e o núcleo."

ANDREY ARMYAGOV/SHUTTERSTOCK

a) Esses fatos e conceitos científicos são explicados para um leitor leigo ou para outro cientista? Justifique.

b) Quem podem ser os leitores do caderno "Ciência" do jornal que veiculou o texto que você leu?

2. **Nesse texto, o autor se dirige diretamente ao leitor? Ele utiliza construções coloquiais?**

- Transcreva, no caderno, expressões ou uma frase que justifiquem sua resposta.

3. **No caderno, copie apenas a frase *errada* e corrija-a de acordo com o texto.**

a) A linguagem está de acordo com o público-alvo, pois apresenta apenas expressões mais informais.

b) O texto de divulgação científica recebe esse nome porque sua função é informar sobre pesquisas e descobertas científicas ao leitor leigo.

c) O texto de divulgação científica "traduz" termos e conceitos complexos utilizando expressões e comparações.

4. **Fábio de Castro indicou várias fontes de onde vieram as informações que ele utilizou no texto.**

a) Quais são essas fontes?

b) Em sua opinião, qual é o objetivo de se mencionar esse tipo de fonte em um texto de divulgação científica?

5. **O texto que você leu aborda fatos reais ou fictícios? Justifique.**

6. **O autor cita várias partes de uma entrevista concedida por determinado cientista.**

a) Quem é esse cientista e o que faz?

b) Com que intenção o autor indicou a instituição onde esse profissional trabalha e qual é a função dessa indicação num texto de divulgação científica?

7. **Releia o trecho que indica a opinião do cientista.**

> "Segundo ele, o processo funciona de forma análoga ao ultrassom [...]. Song explica que, em vez de obter dados para o estudo a partir do choque inicial de um terremoto, sua equipe captou as ondas que ressoam pela Terra [...]. 'É como se estudássemos os ecos dos terremotos, que têm um sinal muito mais claro que os terremotos em si e vão em todas as direções. [...]', disse Song."

a) Nesse parágrafo, por três vezes o autor introduziu as ideias de um especialista. Para fazer isso, quais palavras ele usou?

b) Há uma diferença entre a maneira como são introduzidas as duas primeiras ideias e a última. Explique no caderno.

8. **Releia o trecho a seguir.**

> "Ao descobrir que o núcleo interno tem regiões claramente diferenciadas, os cientistas acreditam que podem descobrir como o núcleo da Terra evoluiu."

a) De acordo com o texto, qual pode ser a consequência, para a ciência, da descoberta feita pelos cientistas?

b) Você considera esse tipo de estudo importante? Por quê?

O GÊNERO EM FOCO: TEXTO DE DIVULGAÇÃO CIENTÍFICA

Você acabou de analisar um texto de divulgação científica.

O **texto de divulgação científica**, como o próprio nome indica, tem o objetivo de divulgar uma descoberta científica, de informar e explicar sobre um assunto ou tema. A divulgação permite que leigos interessados em ciência (e não apenas a comunidade científica) tomem conhecimento de descobertas e atividades do mundo científico e tecnológico, entendam um tema ou um conceito relacionado às ciências humanas, biológicas ou exatas (como a existência de corpos celestes, a compreensão de fenômenos da natureza, a resolução de enigmas matemáticos, as descobertas arqueológicas).

VETRENO/SHUTTERSTOCK

O texto de divulgação científica geralmente **circula** nas mídias jornalística impressa, televisiva, radiofônica ou digital, promovendo assim a popularização da ciência.

A **estrutura** desse texto é predominantemente expositiva e, embora não seja rígida, costuma apresentar introdução, exposição do tema principal, desenvolvimento e conclusão.

Uma das dificuldades de produzir textos desse gênero é encontrar meios para aproximar o discurso científico, em geral muito complexo, do público não especializado. Muitas vezes, o autor faz uma adaptação do discurso científico, ou seja, "traduz" termos técnicos e jargões por meio de referências conhecidas dos leitores. Realiza ainda comparações, estabelece relações de causa e efeito e apresenta resultados de experiências, dados estatísticos etc., para garantir que o texto tenha credibilidade e seja considerado correto do ponto de vista científico.

Quando o autor utiliza expressões científicas, em geral apresenta uma explicação, frequentemente introduzida por expressões como "ou seja", "isto é" etc. A pontuação – parênteses, travessões ou vírgulas – também ajuda a esclarecer algum conceito mais complexo, conforme mostram os exemplos a seguir.

> "De acordo com o coordenador do estudo, Xianodong Song, da Universidade de Illinois (Estados Unidos)"

Os parênteses introduzem uma explicação (onde se localiza a universidade).

> "O novo estudo, porém, mostra que dentro do núcleo interno — que tem aproximadamente o tamanho da Lua — há um 'núcleo do núcleo'."

Os travessões, nesse caso, introduzem esclarecimentos sobre o conceito (tamanho do núcleo interno).

A **linguagem**, em geral, pode ser marcada pela objetividade e impessoalidade, pelo estilo menos coloquial. Porém isso não é uma regra, já que o tipo de linguagem está relacionado ao público, à intenção do autor e ao meio de circulação a que o texto se destina.

O texto pode ser acompanhado de imagens, infográficos, esquemas e outros elementos gráficos que ampliam, complementam ou ilustram a explicação, com o intuito de tornar mais acessível ao leitor o tema abordado.

ORGANIZAR O CONHECIMENTO

Sob a orientação do professor, reúna-se com alguns colegas. Pesquisem em *sites* ou na biblioteca da escola publicações que tenham a ciência como tema e sejam destinadas ao público jovem. Vocês vão examinar os textos encontrados, comparando sua estrutura e linguagem com as do texto analisado.

O QUE VOCÊ JÁ SABE?

Agora, você já é capaz de......	Sim	Não	Mais ou menos
... perceber que, nesse gênero, as expressões científicas sempre são acompanhadas de explicações, recursos de pontuação ou entonação para auxiliar a compreensão do texto?	☐	☐	☐
... reconhecer a importância de recursos gráficos e/ou visuais para ampliar, complementar ou ilustrar o texto facilitando o entendimento do interlocutor?	☐	☐	☐
... realizar uma pesquisa sobre um assunto científico, de acordo com orientações, usando as fontes indicadas pelo professor?	☐	☐	☐

Se você marcou **não** ou **mais ou menos**, retome a leitura do boxe **O gênero em foco: texto de divulgação científica.**

Junte-se a um colega e, numa folha avulsa ou no caderno, copiem o esquema a seguir, substituindo as perguntas pelas respectivas respostas. Ao final, vocês terão um resumo das principais características do texto de divulgação científica. As questões apresentadas servem para orientar a elaboração do esquema, mas vocês podem incluir outras características.

SUDOWOODO/SHUTTERSTOCK

Texto de divulgação científica

- Qual o objetivo da divulgação científica?
- Em quais mídias esse texto circula?
- Como é sua estrutura?
- Como se caracteriza a linguagem nesse gênero?

E POR FALAR NISSO...

"A Terra é azul" foi a frase dita em 1961 pelo astronauta russo Yuri Gagarin, o primeiro homem a viajar ao espaço. De lá para cá, nosso imaginário sobre como é o espaço sideral foi moldado principalmente pelo cinema. Observe a seguir duas imagens de filmes que retrataram o espaço cósmico.

EVERETT COLLECTION/FOTOARENA

O filme *2001: uma odisseia no espaço*, de Stanley Kubrick (1968), tornou-se um dos maiores clássicos do cinema.

WARNER BROS. PICTURES/EVERETT COLLECTION/FOTOARENA

No filme *Gravidade* (2013), dirigido por Alfonso Cuarón, uma astronauta é arremessada no espaço sideral após um acidente.

Galeria de imagens
Espaço, o cenário final

SAIBA +

Quinta missão tripulada do programa, a Apollo 11 era composta de três módulos e foi lançada com três tripulantes (Neil Armstrong, Edwin "Buzz" Aldrin e Michael Collins), de Cabo Canaveral, na Flórida, em 16 de julho de 1969, para a histórica missão de oito dias.

Em 20 de julho, os astronautas Armstrong e Aldrin caminharam na Lua por duas horas e quarenta e cinco minutos, onde instalaram instrumentos científicos, deram saltos para experimentar a baixa gravidade lunar, tiraram cerca de 100 fotografias e recolheram amostras do solo do satélite.

Tudo isso foi acompanhado pela televisão por milhões de pessoas em todo o planeta.

Imagine quantos filmes de ficção científica já alimentaram nossas ideias sobre o mundo além da Terra. Leia as questões a seguir e discuta-as com os colegas.

1. **Embora realizados em épocas distintas, os filmes *Gravidade* e *2001: uma odisseia no espaço* apresentam semelhanças ao retratar o espaço sideral.**

a) Considerando as imagens acima, que aspectos visuais são comuns aos dois filmes?

b) A presença da nave e do astronauta nessas imagens desperta que tipo de sensações e impressões?

2. **Imagine que você fosse realizar um filme de ficção científica explorando a descoberta tratada no texto lido no início da unidade ou algum outro assunto relacionado à astronomia. Como seria a história central de seu filme? Procure pensar ainda no cenário, na iluminação e no figurino. Junte-se aos colegas de classe e monte sua equipe. Dê asas à imaginação!**

ESTUDO DA LÍNGUA: ANÁLISE E REFLEXÃO

COMO VOCÊ PODE ESTUDAR

1. **Estudo da língua** não é uma seção para decorar, mas para questionar e levantar problemas.
2. O trabalho com os conhecimentos linguísticos requer persistência. Leia e releia os textos e exemplos, discuta, converse.

DETERMINANTES DO SUBSTANTIVO

Releia um trecho do texto que você leu no início da unidade. Observe a utilização de palavras e expressões que dão informações sobre os substantivos apresentados.

> "Ao analisar os dados, [...] a equipe percebeu que as ondas sísmicas que passavam exatamente pelo centro do planeta apresentavam uma interferência muito diferente das que viajavam através do restante do núcleo — o que indicava uma diferença estrutural entre as duas partes do núcleo interno."

No esquema a seguir, destacamos do trecho os substantivos *ondas*, *centro* e *partes* e algumas palavras e expressões a eles relacionadas. Veja.

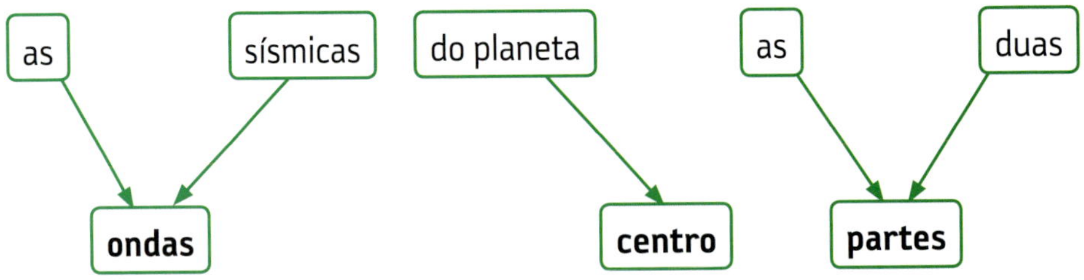

YURCHENKO YULIA/SHUTTERSTOCK

a) Que tipo de informação as palavras ou expressões do esquema dão sobre os substantivos *ondas*, *centro* e *partes*?

b) Localize outros substantivos no trecho e as respectivas palavras e expressões que dão informações sobre eles, classificando-as morfologicamente.

DETERMINANTES DO SUBSTANTIVO

As palavras e expressões que você analisou na questão anterior são chamadas de **determinantes do substantivo**. Esses determinantes podem ser *artigos*, *numerais*, *adjetivos* (ou *locuções adjetivas*) e *pronomes*.

ARTIGOS

Os **artigos** são palavras que antecedem os substantivos, tornando-os mais particulares (artigos definidos: **o**, **a**, **os**, **as**) ou mais generalizados (artigos indefinidos: **um**, **uma**, **uns**, **umas**).

NUMERAIS

As palavras que representam números são chamadas de **numerais**. De acordo com as ideias que expressam, os numerais são classificados como **cardinais** (quantidade: *um*, *cinquenta*, *trinta mil*); **ordinais** (posição em uma ordem: *primeiro*, *décimo segundo*, *milésimo*); **multiplicativos** (quantidade multiplicada: *dobro*, *triplo*, *quádruplo*); **fracionários** (quantidade dividida: *metade*, *um quinto*, *dois terços*).

ADJETIVOS

Os determinantes que caracterizam e qualificam o substantivo são chamados **adjetivos**. O adjetivo também pode ser representado por uma expressão, formada por duas ou mais palavras, chamada **locução adjetiva**.

PRONOMES

As palavras que representam, retomam ou acompanham um substantivo, indicando a pessoa do discurso a que se referem, fazem parte da classe dos **pronomes**.

Os determinantes **caracterizam**, **quantificam**, **especificam**, **determinam**, enfim, dão alguma informação sobre o substantivo ao qual se referem. Sem eles, as ideias transmitidas pelos substantivos ficariam vagas, imprecisas. Os determinantes ajudam, portanto, a completar o sentido dos enunciados.

Observe este exemplo:

determinante (pronome) — determinante (adjetivo) — determinante (numeral)

Essa descoberta fornece **novas** pistas para **três** estudos **aprofundados** sobre **os** mistérios **dos planetas**"

determinante (adjetivo) — determinante (artigo definido) — determinante (locução adjetiva)

TANEWPIX/SHUTTERSTOCK

ORGANIZAR O CONHECIMENTO

O QUE VOCÊ JÁ SABE?

Agora, você já é capaz de...	Sim	Não	Mais ou menos
... definir e diferenciar os determinantes do substantivo: *artigo*, *numeral*, *adjetivo* e *pronome*?	☐	☐	☐
... perceber que os determinantes informam algo sobre o substantivo?	☐	☐	☐

Se você marcou não ou mais ou menos, retome a leitura do boxe Determinantes do substantivo.

Determinantes do substantivo

Determinam, caracterizam, especificam e quantificam o substantivo.

- **Artigos**
  - Definidos (**o**, **a**, **os**, **as**) e indefinidos (**um**, **uma**, **uns**, **umas**).
- **Numerais**
  - Cardinais, ordinais, multiplicativos e fracionários.
- **Pronomes**
- **Adjetivos e locuções adjetivas**

OLGA1818/SHUTTERSTOCK

ATIVIDADES

ATITUDES PARA A VIDA

Ao responder às questões, busque exatidão e precisão para garantir que você entendeu o que estudou.

1. O texto abaixo é o resumo de um livro. Leia-o para responder às questões.

WACOMKA/SHUTTERSTOCK

UNICÓRNIOS EXISTEM?

Um cavalo branco, muito bonito, que traz um chifre dourado no meio da testa. Um unicórnio! Será que eles existem? Em um reino distante, onde acontece essa história cheinha de surpresas, apareceu um unicórnio. Dizem que esses animais fantásticos são capazes de curar todos os males do povo. Por isso, os habitantes ficaram alvoroçados, festejando o acontecido!

RENATO MORICONI. *Ciência Hoje das crianças*. Rio de Janeiro. Instituto Ciência Hoje, ed. 288, p. 24, abr. 2017. (Fragmento adaptado).

a) Apenas pela leitura do título do texto, é possível saber qual é o assunto do livro do qual o resumo trata? Reescreva o título utilizando determinantes para o substantivo *unicórnios*.

b) Observe, no esquema a seguir, o substantivo *males* e as palavras e expressões que fornecem informações sobre ele.

todos os → males ← do povo

- Que mudança ocorreria com o substantivo *males* se, em vez dos determinantes *todos* e *os* viesse o determinante *alguns*? O sentido do texto continuaria o mesmo com essa mudança?

c) Empregue determinantes para escrever um breve texto utilizando os substantivos do quadro abaixo.

cavalos	reino	elefantes	animais

ATIVIDADES

2. Leia a tira.

O MELHOR DE CALVIN **Bill Watterson**

MUITO BEM, GENTE, A IDEIA DA GINCANA É TRAZER O MAIOR NÚMERO POSSÍVEL DAS COISAS PEDIDAS, NO PERÍODO DE MEIA HORA. VAMOS LÁ!
RÁPIDO, HAROLDO. QUAL É O PRIMEIRO ÍTEM DA LISTA?
UMA PLACA DE CARRO VELHA.
BELEZA! JÁ SEI ONDE TEM UMA! S'IMBORA!
AINDA BEM QUE EU SEMPRE TRAGO MEU CANIVETE SUÍÇO COMIGO. NINGUÉM VIU, CERTO?
ESSE JOGO É LEGAL?

a) No primeiro quadrinho, Susie explica o objetivo da gincana. Qual é ele?

b) Quais os determinantes do substantivo *item* presentes na fala de Calvin no segundo quadrinho, e qual a classe de palavras a que pertencem?

c) Qual é o primeiro item que Calvin e Haroldo precisam trazer? Escreva no caderno os determinantes que especificam esse objeto e a classe de palavras a que pertencem.

d) No último quadrinho, Calvin também emprega determinantes para especificar seu canivete. Quais são? Classifique-os.

e) Por que Haroldo pergunta no último quadrinho se o jogo [a gincana] é legal?

3. **Primo do Chico Bento, Zé Lelé é famoso por suas trapalhadas. Veja, na tira abaixo, o que ele fez.**

TURMA DA MÔNICA **Mauricio de Sousa**

MAIS, CHICO... OCÊ MERMO FALÔ PRA EU BATÊ NA CABEÇA!
DO PREGO, ZÉ LELÉ! DO PREGO!

a) Antes dos acontecimentos da tira, Chico fez a Zé Lelé um pedido no qual omitiu o determinante do substantivo *cabeça*. Escreva qual foi, provavelmente, esse pedido.

b) Qual foi o determinante omitido por Chico?

c) Que determinante Zé Lelé achou que acompanhasse o substantivo *cabeça*?

4. Leia o poema abaixo, de Cora Coralina.

A escola da mestra Silvina

Minha escola primária...
Escola antiga de antiga mestra.
Repartida em dois períodos
para a mesma meninada,
das 8 às 11, da 1 às 4.
Nem recreio, nem exames.
Nem notas, nem férias.
Sem cânticos, sem merenda...

Digo mal — sempre havia
distribuídos
alguns bolos de **palmatória**...
A granel?
Não, que a mestra
era boa, velha, cansada, aposentada.
Tinha já ensinado a uma geração
antes da minha.

EGG DESIGN/SHUTTERSTOCK

CORA CORALINA. A escola da mestra Silvina.
In: Vera Aguiar (Coord.). *Poesia fora da estante*.
Porto Alegre: Projeta, 2002. p. 44. v. 2.

Glossário

Palmatória: instrumento de madeira utilizado antigamente nas escolas para bater na palma da mão das crianças, como forma de castigo.

A granel: à vontade.

Lembre-se

O **eu lírico** é a "voz" que fala no poema. Ele não deve ser confundido com o autor.

a) A escola da mestra Silvina era diferente das outras. Copie os versos que confirmam isso.

b) Como a mestra Silvina é descrita no poema? Justifique sua resposta com determinantes do substantivo *mestra*.

c) Um dos determinantes do substantivo *escola* sugere que o poema se refere às memórias do eu lírico. Que determinante é esse e qual sua classe gramatical?

d) Copie a alternativa que contém o significado do substantivo *bolos* no poema:

- Massa doce assada.
- Pancada.
- Fraude.

e) Que determinante nos permite deduzir esse significado? Qual é a classe gramatical desse determinante?

5. Agora, leia este outro texto.

As minhas duas avós se chamavam Maria. A avó paterna se chamava Maria Delphina. [...]

No meio da tarde de domingo, saíamos da casa da avó Maria Delphina [que sempre trabalhou como professora] e íamos para a casa da avó materna [que não sabia ler nem escrever]. Seu nome era Maria, mas todos a chamavam carinhosamente de Dona Lica – Vó Lica para mim e meus primos. [...]

Com minha avó paterna aprendi a conviver com os livros e a amá-los [...].

Com a Vó Lica aprendi muito sobre fé, sobre acolhimento, sobre o conhecimento que não se adquire nos livros [...].

A minha história de vida é formada a partir dessa diversidade. Tenho em mim um pedacinho de Maria Delphina e um pedacinho de Dona Lica. As duas Marias eram amigas.

CLÁUDIA CARVALHO NEVES. Disponível em: <http://mod.lk/evdsi>. Acesso em: 18 abr. 2018.

a) Qual é o assunto do texto?

b) Cite uma semelhança e uma diferença entre esse texto e o poema de Coralina.

c) No início do texto, há três determinantes para o substantivo *avós*. Quais são esses determinantes e qual é a classe de palavras de cada um deles?

d) Os adjetivos *paterna* e *materna* são determinantes fundamentais para o entendimento do texto.

I. Identifique o nome das avós paterna e materna.
II. O que a narradora aprendeu com cada uma delas?
III. A narradora diz que sua história de vida é formada a partir da diversidade. Explique como isso acontece.

Mais questões no livro digital

QUESTÕES DA LÍNGUA

ACENTUAÇÃO NOS HIATOS

1. **No caderno, copie e complete as definições a seguir para recordar alguns conceitos.**

a) ✦ são fonemas produzidos pelo ar que passa livremente pela boca.
b) A ✦ é a base da sílaba: *c**a**valo*, *s**u**co*.
c) ✦ são os fonemas /i/ e /u/ quando estão juntos a uma vogal, formando sílaba com ela: *pa**i***, *sara**u***, *do**i**do*.
d) O **i** e o **u** podem funcionar como vogal e como semivogal: *pipa* (vogal), *pai* (✦); *muro* (✦), *roupa* (✦).
e) ✦ é o encontro de uma vogal e uma semivogal, ou vice-versa, na mesma sílaba: ***cai**-xa*, ***cou**-ve*, ***pei**-xe*, ***qua**-dro*.
f) ✦é o encontro de duas vogais na mesma palavra. Como não pode haver mais de uma vogal numa mesma sílaba, cada uma delas forma uma sílaba diferente: *m**o**-**e**-da*, *p**i**-**a**-da*, *e-g**o**-**í**s-ta*.

2. **No caderno, reescreva as palavras do quadro, separando as sílabas. Depois, reorganize as palavras em dois grupos: as que têm hiato e as que têm ditongo.**

tiara	país	países	pai	goela	miolo	sumiu
miúdo	altruísta	depois	raiz	ameixa	balaústre	ruim
açaí	Raul	graúdo	foice	cairmos	faísca	oriundo

a) Observando os hiatos, quais são as únicas vogais que levam acento gráfico?
b) Essas vogais que levam acento estão sozinhas na sílaba ou seguidas de outra letra? Nesse caso, qual seria a outra letra?
c) Observe agora os casos nos quais as vogais que você identificou no item **a** formam hiato com a vogal anterior, mas *não* levam acento gráfico. O que há em comum entre todos esses casos?

3. **Levando em conta o que você observou nas atividades anteriores, copie no caderno a regra abaixo completando-a.**

As vogais **i** e **u**, quando são tônicas e formam hiato com a vogal que as antecede:
a) são acentuadas quando ficam sozinhas na sílaba ou acompanhadas de ✦: *país, países, miúdo, altruísta, balaústre;*
b) não são acentuadas quando, na mesma sílaba, são seguidos de uma consoante diferente de ✦: *cairmos, oriundo, Raul, raiz, ruim.*

MOTIONPIC/SHUTTERSTOCK

A regra básica que você acabou de deduzir tem duas exceções: mesmo que fiquem sozinhas na sílaba, as vogais tônicas **i** e **u** **não são acentuadas** graficamente quando:

- são seguidas do dígrafo **nh**: *rai<u>nh</u>a, coroi<u>nh</u>a, u<u>nh</u>a;*
- são antecedidas por **ditongo decrescente**: *S<u>au</u>ipe, boc<u>ai</u>uva, f<u>ei</u>ura.*

ATIVIDADES

1. No caderno, copie as palavras do quadro e acentue as letras **i** e **u** quando necessário.

moido	campainha	Paraiba	carnauba	ruinas
heroismo	grau	juizo	cafeina	gaucho
pixaim	mosaico	sairmos	caida	suiço
amendoim	Cabreuva	sauva	faisca	açai

2. No caderno, copie as formas verbais do quadro e acentue a letra **i** quando necessário.

contrai-la	feri-lo	distribui-la
consumi-lo	destrui-lo	adquiri-la

ROBSON ARAÚJO

3. Reescreva as frases substituindo o símbolo ✦ por uma das palavras entre parênteses.
   a) Fiz tanta ginástica que meu braço ficou ✦. (doido – doído)
   b) Quem presta atenção não ✦ em alçapão. (caí – cai)
   c) Minhas coisas ainda estão guardadas ✦. (aí – ai)
   d) Quase ✦ quando escorreguei no banheiro. (caí – cai)
   e) Ontem ✦ cedo do trabalho. (saí – sai)
   f) Deixar alimentos descobertos ✦ moscas. (atrai, atraí)
   g) Ontem eu me ✦ bastante. (distrai, distraí)
   h) Este preparado ainda está ✦. (fluido, fluído)
   i) Quando cheguei, as águas do rio já haviam ✦. (fluido, fluído)
   j) Quem ✦ seus ideais fica perdido. (trai, traí)
   k) Eu nunca ✦ meus ideais. (trai, traí)

4. Tanto em *raiz* quanto em *raízes* ocorre hiato. Por que, no primeiro caso, o **i** não é acentuado e, no segundo, sim?

5. Copie as palavras do quadro no caderno, separando as sílabas e acentuando o *i* e o *u* quando necessário.

construir	iodo	ion
ciume	ciumento	paraiso

6. Observe as palavras. Por que o *i* de moinho não tem acento?

moído	moinho

LEITURA E PRODUÇÃO DE TEXTO

A PRODUÇÃO EM FOCO

- No final desta unidade, você e um colega vão elaborar um texto de divulgação científica. Durante a próxima leitura, fiquem atentos:

  a) à estrutura do texto;

  b) aos recursos textuais para tornar a linguagem mais acessível;

  c) às explicações de termos e conceitos difíceis para o leitor leigo.

CONTEXTO

Você vai ler outro texto de divulgação científica, mas que difere do primeiro, pois não se refere a uma descoberta da ciência, e sim à exploração do espaço pelo ser humano.

O meio de circulação também é outro. Enquanto o texto do início da unidade foi publicado em um jornal, o texto a seguir circulou em uma revista especializada em divulgação científica. É a edição brasileira de uma tradicional revista criada nos Estados Unidos em 1845 que tem entre seus colaboradores diversos ganhadores do prêmio Nobel.

Atualmente, os *sites* e as versões digitais de periódicos são importantes para divulgar descobertas científicas e trocar conhecimentos, atingindo rapidamente grande quantidade de pessoas.

Espaço, a fronteira final?

Vamos parar de nos enganar sobre os motivos para voltar à Lua

Este ano marcou o 40º aniversário de dois eventos relevantes da exploração do espaço. Um deles, o desembarque da Apollo 11 na Lua, em 20 de julho de 1969, foi um marco da conquista tecnológica. O outro, a primeira exibição completa no notável filme de Stanley Kubrick, *2001: uma odisseia no espaço*, a deslumbrante interpretação das concepções de Arthur C. Clarke sobre o homem viajando pelo espaço sem volta.

Boa parte do material sobre esses eventos notou a enorme diferença entre a realidade — o homem não pisa na Lua desde dezembro de 1972 — e as ideias de Clarke. Artigos também questionaram até que ponto nosso país [os EUA] está de fato compromissado em gastar US$ 200 bilhões ou mais para voltar à Lua daqui a dez anos e depois disso, talvez, gastar ainda mais dinheiro para enviar homens a Marte.

VADIM SADOVSKI/SHUTTERSTOCK

Aos 15 anos, fiquei encantado com a chegada à Lua. Mapeei todas as missões Apollo, construí modelos em escala e sonhei em ser o primeiro astronauta canadense. Viagens humanas sempre prometeram impulsionar a ciência. Desde então, porém, mudou minha visão sobre o papel dos seres humanos na exploração do espaço. Eu ainda agarraria uma chance de ir para o espaço.

Mas hoje admito, como testemunhei no Congresso quase uma década atrás (coincidentemente, ao lado de Buzz Aldrin, da Apollo 11), que faria isso por diversão e não pelo avanço da ciência. O conhecimento científico mais interessante sobre o Universo deverá ser obtido por meio de naves espaciais não tripuladas, de robôs e muito menos dinheiro do que o necessário para tirar o homem da órbita terrestre.

Voos tripulados se mostraram extremamente caros e muito mais perigosos do que o **programa Apollo** nos levou a crer. Além disso, as dificuldades adicionais são muito mais mundanas do que sugerem a TV e os filmes de ficção científica. Não estamos parados por falta de força propulsora, embora os custos de combustível sejam um motivo para que os voos não tripulados sejam tão mais baratos; missões com seres humanos requerem uma parafernália para mantê-los vivos. O maior obstáculo para visitar Marte é a radiação cósmica. Durante os 18 meses ou mais necessários para essa missão, provavelmente os astronautas se exporiam a uma dose **letal** de radiação.

Nosso destino supremo talvez esteja nas estrelas, mas as limitações impostas pela física e por nossa biologia indicam que esse futuro deve se reservar às nossas crias mecânicas — os robôs — ou talvez aos computadores capazes de **replicar** vida orgânica em longas distâncias.

No curto prazo, podemos ainda ansiar por aventura e desejar, apesar dos custos enormes, colonizar a Lua e talvez Marte. Não me oponho a enviar homens ao espaço pela razão financeira. Mas deveríamos separar o financiamento da ciência do **diversionismo** causado por um programa espacial caríssimo. Também não deveríamos gastar fortunas em programas ineficientes como a Estação Espacial Internacional, de US$ 100 bilhões, que supostamente deveria fornecer informação científica mais abrangente do que como vivem os seres humanos a 320 km da Terra por períodos prolongados.

O programa Apollo nos ensinou que vamos encarar dificuldades tecnológicas ainda maiores se a nação se concentrar em resolvê-los a um alto custo. Enfrentamos agora muitos desafios, das mudanças climáticas à independência energética, com os quais teremos de lidar mesmo **premidos** por nossa fome de viajar pelo espaço.

Não acredito que se trate de um jogo de soma zero. Talvez haja dinheiro para tudo isso: enviar homens ao espaço, praticar a melhor ciência fundamental possível e também enfrentar os problemas prementes aqui na Terra. Mas só o faremos se formos honestos em relação aos custos, e possíveis benefícios, da ciência para a humanidade. E não podemos fingir que uma base na Lua ou em Marte seja a **panaceia** para qualquer de nossos problemas cá embaixo.

Lawrence M. Krauss. *Scientific American Brasil*.
Disponível em: <http://mod.lk/bnset>. Acesso em: 20 abr. 2018.

Glossário

Programa Apollo: conjunto de 17 missões espaciais realizadas pelos Estados Unidos com o objetivo de levar o homem à Lua, que ocorreram entre 1961 e 1972, sob a coordenação da Nasa (agência estadunidense criada em 1958, responsável por projetos e pesquisas de exploração do espaço).

Letal: fatal; que se refere ou leva à morte.

Replicar: duplicar-se; tornar-se múltiplo.

Diversionismo: estratégia usada em assembleias para impedir que se discuta ou se aprove algo.

Premidos: pressionados.

Panaceia: recurso empregado para remediar dificuldades.

Biografia

WIN MCNAMEE/GETTY IMAGES

O autor em 2017.

Nascido em 1956 em Nova York (EUA) e criado no Canadá, o físico **Lawrence Krauss** ficou famoso ao sugerir que a chave para entender o surgimento do Universo é a "matéria escura", um tipo de matéria impossível de detectar da Terra.

Krauss defende a ideia de que o Universo foi criado por acaso, e a partir do nada. Personalidade polêmica, ele também se dedica a combater a aproximação entre ciência e religião, fazendo campanha contra o criacionismo, que contesta a teoria da evolução de Darwin.

Vários especialistas o colocam ao lado de cientistas renomados, como o biólogo Richard Dawkins e o físico Stephen Hawking.

Publicou vários livros, entre eles *A física de Jornada nas Estrelas – Star Trek* e *Um universo que veio do nada*, além de ter participado de programas televisivos sobre o Universo.

ESTUDO DO TEXTO

ANTES DO ESTUDO DO TEXTO

1. Se não tem certeza de ter compreendido bem o texto, leia-o novamente.
2. Procure identificar as ideias apresentadas no texto e reflita: você concorda com elas? Por quê?
3. Ao responder às questões a seguir, procure empregar o que já aprendeu ao ler outros textos e seja preciso em suas respostas.

DE OLHO NAS CARACTERÍSTICAS DO GÊNERO

1. O objetivo da revista na qual foi publicado o texto é colaborar "significativamente para a compreensão do impacto produzido pela ciência e pelas inovações tecnológicas no cotidiano e na construção de estratégias para o futuro".

- Você acha que um texto de divulgação científica pode conseguir isso? Converse com seus colegas.

2. Para tratar dos avanços da ciência em uma revista como essa, a linguagem deve ser: mais rebuscada e técnica ou clara e acessível? Por quê?

3. Releia o título e a "linha fina" do texto.

a) Por que é possível deduzir que o texto traz uma questão polêmica e que o autor vai expressar uma opinião?

b) É comum o autor do texto de divulgação científica apresentar sua opinião como fez Lawrence Krauss?

4. Em geral, o texto de divulgação científica é escrito em 3ª pessoa. Mas esse autor fez algo diferente: usou a 1ª pessoa do discurso.

a) Encontre palavras ou trechos no texto em que se comprove o uso da 1ª pessoa do singular. Copie-os no caderno.

b) Em sua opinião, por que ele optou pelo uso da 1ª pessoa do singular?

5. Logo no primeiro parágrafo, são citados eventos considerados relevantes para a ciência.

a) Ambos são fatos reais?

b) Na sua opinião, por que o autor escolheu esses exemplos?

6. No terceiro parágrafo, o autor usa sequências predominantemente narrativas. Quais são elas? E por que ele usa esse recurso?

7. Enquanto no texto de Fábio de Castro, no início desta unidade, há várias "vozes", no texto de Lawrence há só uma: a do autor. Além dessa, quais outras diferenças você encontra entre os dois textos?

8. O autor do texto "Espaço, a fronteira final?" usou também a 1ª pessoa do plural.

a) Volte ao sexto e ao sétimo parágrafos e copie, no caderno, expressões que mostrem esse uso.

b) Qual é a intenção do autor ao usar a 1ª pessoa do plural?

9. O texto apresenta vários termos e conceitos científicos. No caderno, copie alguns exemplos.

10. O autor é a favor ou contra os voos tripulados? Por quê?

11. Krauss diz que talvez haja dinheiro para "tudo isso". O que ele quis dizer?

12. O autor termina seu texto falando de benefícios para a humanidade. Comente sobre isso.

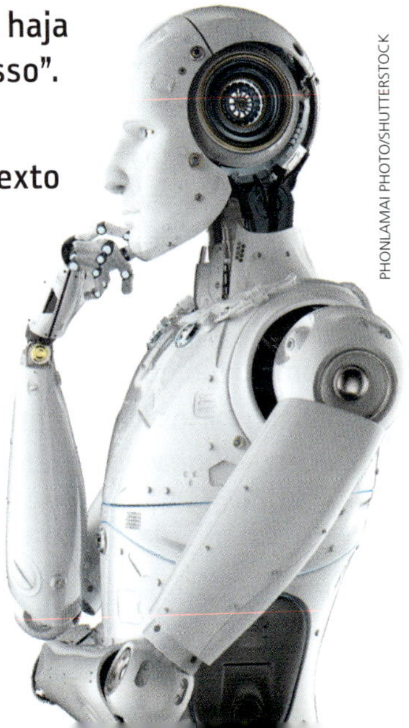

PHONLAMAI PHOTO/SHUTTERSTOCK

Trilha de estudo

Vai estudar? Stryx pode ajudar!
<http://mod.lk/trilhas>

PRODUÇÃO DE TEXTO

TEXTO DE DIVULGAÇÃO CIENTÍFICA

O que você vai produzir

Com um colega, você vai produzir um texto de divulgação científica. A produção de vocês pode circular no jornal ou no *blog* da escola, se houver um, ou em uma revista de circulação mais ampla destinada a crianças.

NA HORA DE PRODUZIR

1. Siga as orientações apresentadas nesta seção.
2. Lembre-se de que você já leu e analisou textos do gênero que vai produzir. Se for o caso, retome o **Estudo do texto**.
3. Diante da folha em branco, persista. Nenhum texto fica pronto na primeira versão.

PLANEJEM O TEXTO

1. Escolham o tema sobre o qual desejam escrever. Pode ser um tema de astronomia ou outro que vocês já tenham estudado em Ciências.
2. Definam o público leitor (os colegas das turmas de 7º ano, os alunos de outros anos do ensino fundamental II etc.) e o meio de circulação em que o texto será divulgado (jornal ou *blog* da escola, revista de circulação mais ampla).
3. Realizem uma pesquisa sobre o tema escolhido.
   a) Antes de pesquisar, escolham com o professor as fontes confiáveis para o trabalho. Vocês também poderão acrescentar outras fontes.
   b) Leiam os textos que servirão de base para sua pesquisa e selecionem o que for interessante para o texto, coletando as informações necessárias.
4. Façam uma lista com os itens principais e estabeleçam a ordem de importância de cada um deles.

ESCREVAM O TEXTO

1. Elaborem o texto seguindo a ordem planejada. Sigam a estrutura: introdução, apresentação do tema principal, desenvolvimento e conclusão.
2. A introdução não precisa começar necessariamente pelo tema. Pode ser uma comparação do assunto com algo do cotidiano do leitor ou uma questão instigante que possa chamar a atenção dele.

PIKEPICTURE/SHUTTERSTOCK

3. **No desenvolvimento, é importante que vocês usem:**

a) exemplos para ilustrar suas ideias;

b) opiniões de especialistas na área;

c) citações de trechos de publicações consultadas (sempre mencionando a autoria e a fonte de onde foi extraído o trecho).

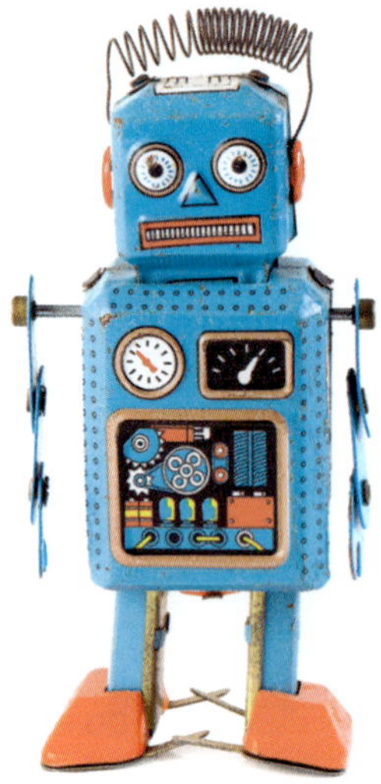

FREEDOMNARUK/SHUTTERSTOCK

4. **A linguagem deve ser informal e sem gírias, acessível a seu público. Para isso:**

a) utilizem expressões como "ou seja", "isto é", etc., a fim de explicar termos científicos ou conceitos mais complexos, em que é preciso "traduzir" o assunto escolhido;

b) fiquem atentos à pontuação (parênteses, vírgulas ou travessões para explicar algum termo ou conceito mais difícil).

5. **Insiram imagens que contribuam para o leitor entender melhor as explicações dadas no texto. Façam legendas buscando relacionar a imagem com o texto.**

DE OLHO NA TEXTUALIDADE

Textos de divulgação científica muitas vezes apresentam uma **estrutura de hipertexto.** Isso significa que seus autores podem recorrer a boxes, notas de rodapé ou *hyperlinks* digitais propriamente ditos para acrescentar explicações ou informações complementares.

Veja um exemplo.

Avanço e Retrocesso

No Brasil, uma das realizações mais famosas do pensador foi o projeto ousado que coordenou na cidade de Angicos, no Rio Grande do Norte, em 1963. À época, o público-alvo não eram crianças, como na comunidade mineira, e sim 300 adultos — que foram alfabetizados em 45 dias. O novo método buscava não só ensinar a formar palavras mas também a relacioná-las ao contexto social e cultural da comunidade. A experiência, no entanto, não avançou, e hoje, mais de 50 anos depois, um quarto dos adultos ainda não sabe ler nem escrever no município.

Nos anos 1960, quando Freire começou a implantar seus projetos, **39,7%** dos brasileiros eram analfabetos, a população era predominantemente rural e só um terço das crianças frequentava escolas. [...]

GALILEU. Disponível em: <http://mod.lk/mlmt8>. Acesso em: 29 jun. 2018.

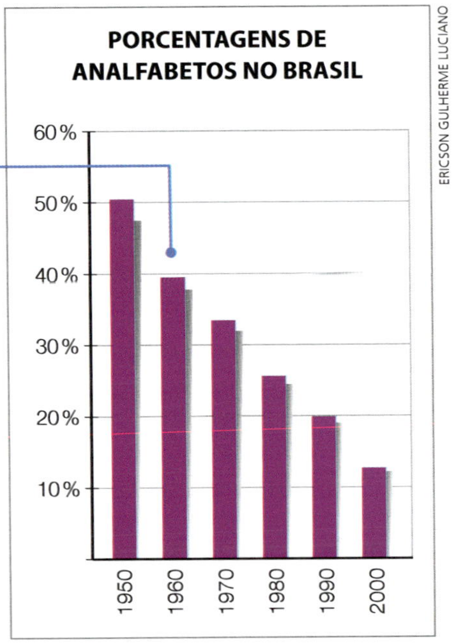

Fontes: PNAD e IBGE.

Ao apresentarem um dado estatístico, os autores deste texto utilizaram a estrutura hipertextual para mostrar mais detalhes da pesquisa referida.

DE OLHO NA TEXTUALIDADE

Ao ler o texto "Cientistas descobrem que a Terra tem um segundo núcleo", você observou que o autor, Fábio de Castro, fez várias menções às fontes de onde extraiu informações. Reveja os cuidados que ele tomou para citar adequadamente as fontes e execute os mesmos procedimentos no seu texto.

De acordo com o coordenador do estudo, Xianodong Song, da Universidade de Illinois (Estados Unidos), enquanto na camada exterior do núcleo interno os cristais de ferro estão alinhados no sentido norte-sul, no centro do núcleo interno eles estão organizados no sentido leste-oeste. "Com isso, é provável que a parte profunda e a parte exterior do núcleo interno tenham propriedades muito diferentes. [...]", disse Song ao Estado. Segundo ele, a descoberta coloca em novos moldes a compreensão que se tem das profundezas do planeta.

Expressões como *de acordo com* e *segundo* servem para introduzir a citação.

É importante citar o nome completo do cientista e a instituição à qual ele está vinculado.

As citações podem ser apresentadas na forma de discurso indireto ou direto. No discurso direto, é preciso usar aspas no início e no fim da citação.

Após uma citação em discurso direto, geralmente se usa a vírgula e um verbo como *disse, declarou, afirmou, esclareceu* etc.

REVISEM E DIVULGUEM O TEXTO

Avaliem o texto produzido por vocês, considerando os critérios do quadro a seguir.

Aspectos importantes em relação à proposta e ao sentido do texto
Texto de divulgação científica
1. O texto está claro, objetivo e apresenta as informações necessárias?
2. Cumpre a função de divulgar um fato científico para um público leigo?
3. Os dados apresentados foram complementados com a pesquisa feita?
4. Existem exemplos para ilustrar o texto?
5. Há opiniões de especialistas e citações de trechos consultados?
6. A linguagem está de acordo com o público-alvo? Ela é informal, porém sem gírias?
Aspectos importantes em relação à ortografia, à pontuação e às demais normas gramaticais
1. O texto está livre de problemas de ortografia relacionados a regras já estudadas?
2. Os sinais de pontuação – vírgula, parênteses e travessão – foram usados como recurso para explicar expressões difíceis ao leitor?
3. O texto está com os acentos usados de forma correta?
4. Está livre de problemas de concordância?

a) Façam as alterações necessárias.

b) Passem o texto a limpo.

c) Indiquem as fontes bibliográficas.

d) Assinem o texto.

e) Divulguem seu texto conforme combinado com a turma e o professor.

ATITUDES PARA A VIDA

PENSAR DE MANEIRA INTERDEPENDENTE

Você sabe o que é ser colaborativo? Ser colaborativo significa trabalhar com outras pessoas em defesa de um objetivo comum. Você já deve ter ouvido falar que duas cabeças pensam melhor que uma, não é mesmo? Pensar com o outro é pensar de maneira interdependente, e essa é uma habilidade essencial para viver em sociedade.

Certamente, você pôde agir e pensar de forma interdependente ao produzir o texto de divulgação científica com seu parceiro de dupla. Pensando nisso, observe a seguir uma imagem do fotógrafo brasileiro Sebastião Salgado.

1. **Que palavra lhe vem à cabeça quando você olha para essa imagem? Justifique sua resposta.**

2. **Compartilhe com os colegas e o professor suas impressões sobre a foto de Sebastião Salgado e reflitam sobre o sentido da palavra *cooperação*.**

3. **No dia a dia, você costuma ser colaborativo ou tende a resolver as situações sozinho? Prefere trabalhar em grupo ou realizar tarefas individualmente?**

Grupo étnico Bushmen, de Botswana, África, em foto de Sebastião Salgado. *Genesis*. São Paulo: Taschen do Brasil, 2017.

4. Você já passou por alguma situação em que a cooperação foi fundamental para resolver um problema? Compartilhe essa experiência com os colegas e o professor.

Colaborar uns com os outros é ser interdependente. A interdependência está relacionada a "ser conjuntamente". Ao trabalhar conjuntamente é possível ter mais ideias para resolver problemas e tomar decisões.

5. Você notou se, no momento da produção do texto de divulgação científica, houve cooperação entre os participantes das duplas na realização da atividade?

A cooperação está ligada também à empatia. Quando trabalhamos coletivamente, aprendemos a ouvir o outro, a nos colocar no lugar dele, a avaliar e a considerar diferentes opiniões.

6. Durante a produção do texto de divulgação científica, você acha que poderia ter agido de forma mais colaborativa, ouvindo mais o que seu parceiro tinha a dizer? Por quê?

7. Em que outras situações, fora da escola, poderia ser importante pensar de maneira interdependente? Dê exemplos e justifique sua resposta.

AUTOAVALIAÇÃO

Atitudes para a vida	Sim	Não	O que melhorar
1. Você **organizou seu pensamento** e **expressou-se com clareza** durante a produção do texto de divulgação científica?			
2. Você **pensou com flexibilidade** ao produzir o seu texto de divulgação científica?			
3. **Pensar de maneira interdependente** foi importante na produção do seu texto de divulgação científica?			

ANDREW RYBALKO/SHUTTERSTOCK

PARA SE PREPARAR PARA A PRÓXIMA UNIDADE

Um cidadão crítico é aquele capaz de argumentar e defender seus pontos de vista, garantindo, assim, maior participação social. Na próxima unidade, você vai conhecer e produzir textos fundamentais para o exercício da cidadania. Antes, porém, confira os *links* que selecionamos para você. Depois, responda às questões do boxe "O que você já sabe?".

Pergunte a seus familiares se já escreveram ou participaram da escrita de algum texto em que precisaram emitir sua opinião para reivindicar direitos (como artigos de opinião ou cartas de reclamação). Se sim, questione qual era essa opinião ou reclamação, que argumentos foram utilizados e qual foi o resultado. Compartilhe as informações com os colegas.

1

RUSS SCHLEIPMAN/GETTY IMAGES

"Quando eu comecei a usar minha cadeira de rodas, senti uma forte sensação de liberdade." Quem disse isso foi Sue Austin, a artista que produziu a obra de abertura da próxima unidade. Conheça mais sobre sua história aqui: <http://mod.lk/o087a>.

2

REPRODUÇÃO

Você conhece o Jairo Marques? Ele é jornalista, autor do livro *Malacabado* e de um *blog* sobre sua vivência como cadeirante e assuntos relacionados a esse tema. Você terá a oportunidade de ler um texto dele na próxima unidade. Para saber mais sobre ele, confira: <http://mod.lk/7pv1t>. Para acessar o *blog*: <http://mod.lk/atxeu>.

3

VCHAL/SHUTTERSTOCK

A falta de acessibilidade é um problema que mobiliza pessoas a reivindicarem seus direitos. Assista a esta reportagem em que passageiros enfrentam dificuldades para embarcar em ônibus: <http://mod.lk/hjszj>.

4

O *Memorial da inclusão: os caminhos da pessoa com deficiência* é um espaço virtual com informações, acervo e projetos desenvolvidos sobre o tema da deficiência e da inclusão. Visite: <http://mod.lk/pdsyc>.

5

No *site* Reclame aqui, um dos mais populares canais de comunicação entre consumidores e empresas, é possível publicar reclamações e pesquisar sobre a reputação de estabelecimentos e instituições. Navegue: <http://mod.lk/c3orb>.

6

Advérbio

Este objeto digital trata do advérbio, uma classe de palavra invariável. Acesse: <http://mod.lk/qbrf1>.

O QUE VOCÊ JÁ SABE?

Até este momento, você seria capaz de...	Sim	Não	Mais ou menos
... reconhecer que artigos de opinião e cartas de reclamação são gêneros que propiciam a participação das pessoas na sociedade?	☐	☐	☐
... identificar o tema e os argumentos em textos argumentativos e avaliar se são convincentes?	☐	☐	☐
... descrever e diferenciar a estrutura de artigos de opinião e cartas de reclamação?	☐	☐	☐
... elencar problemas em sua comunidade e se mobilizar, a fim de solucioná-los?	☐	☐	☐

De acordo com o conteúdo do objeto digital *Advérbio*, você seria capaz de...	Sim	Não	Mais ou menos
... entender que os advérbios indicam circunstâncias relacionadas às ações expressas pelos verbos?	☐	☐	☐
... compreender o que significa o advérbio pertencer a uma classe de palavra invariável?	☐	☐	☐
... perceber que diferentes advérbios exprimem diferentes circunstâncias e quais são elas?	☐	☐	☐

UNIDADE 4

ACESSIBILIDADE: DIREITO DE TODOS

EM FOCO NESTA UNIDADE

- **O artigo de opinião**
- **Advérbios**
- **Acentuação dos ditongos abertos e acentos diferenciais**
- **Produção: carta de reclamação**

SAIBA +

Quando começou a usar a cadeira de rodas, Sue Austin percebeu que para muitos a cadeira estava associada à ideia de limitação. Dedicou-se então a tornar possível o mergulho em cadeira de rodas e produziu a *performance* "Criando o espetáculo". Por meio de fotos e de vídeos, a artista deseja mostrar que, para ela, estar em cadeira de rodas não é limitação, mas a oportunidade de experimentar uma nova maneira de ser no mundo.

FREEWHEELING/NORMAN LOMAX/REX FEATURES/EASYPIX

Sue Austin em 2012.

ESTUDO DA IMAGEM

- **Observe a imagem, leia o boxe "Saiba mais" e troque ideias com os colegas:**

  a) A imagem provoca a sensação desejada pela artista? Por quê?

  b) Que ideias provocadas pela imagem ajudam a mostrar que o ponto de vista da artista faz sentido?

LEITURA

CONTEXTO

Você vai ler um artigo de opinião que trata do tema acessibilidade. A palavra *acessibilidade* origina-se de *acesso*, que significa "passagem", "ingresso". Portanto, por acessibilidade podemos entender condições de acesso.

Este artigo de opinião foi publicado no *blog* de um jornal de grande circulação na capital paulista. Nesse *blog*, Jairo Marques, o autor, apresenta informações e expõe seu ponto de vista sobre questões relacionadas às pessoas com deficiência.

ANTES DE LER

1. O texto que você vai ler é um artigo de opinião. O que você espera encontrar nesse texto? Em que pessoa do discurso, provavelmente, ele está escrito?
2. O título do texto é uma pergunta. Qual parece ser a intenção do autor ao apresentar o texto dessa forma?
3. Que resposta você imagina que o autor vá apresentar a essa pergunta ao longo do texto?

Rampas para cadeirantes?

O **IBGE** revelou na última sexta-feira um retrato detalhado sobre condições urbanas brasileiras e houve um item que chamou, a meu ver erroneamente, de "calçadas para cadeirantes".

Bem, o termo não ajuda em nada na inclusão. Talvez, para fins de pesquisas, era preciso ser bem específico, mas rampa é um aparelho urbano que serve a todos, não só a cadeirantes.

A rampa facilita o acesso do carrinho de bebê, auxilia os mais velhos e mais desequilibradinhos na travessia, facilita para quem está puxando carrinhos de compras, evita que crianças tropecem ao atravessar a rua. Então, como uma rampa é para "cadeirantes"?

Quando se qualifica uma rampa dessa maneira, a meu ver, reforça-se em parte da sociedade que o povo "malacabado" é um peso na lomba do poder público que precisa gastar para fazer o mundo mais fácil para "nóistudo" podermos ser mais cidadãos.

Não é a primeira vez que o órgão de pesquisa mais importante do país comete uma **impropriedade** com as pessoas com deficiência. É hora dessa gente ter mais preocupação com seus métodos de abordagem, pois a reprodução das informações é gigantesca e os dados ficam para a história, né, não?

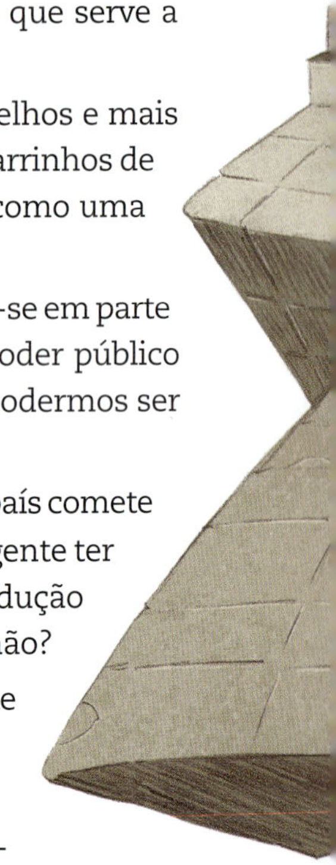

Bem, agora o mérito da pesquisa, mais propriamente. O resultado é que apenas 4,7%, repito SOMENTE 4,7% das ruas do país possuem rampas.

Gente, isso é praticamente uma miséria humana em relação à inclusão. Quer dizer que 95% dos passeios dessa nação não têm mínimas condições de garantir um ir e vir seguro às pessoas. É a massacrante maioria de um país que não cumpre um **princípio constitucional**.

A ausência de uma rampa humilha as pessoas. Expõe as pessoas ao risco de quedas, de acidentes. Impede as pessoas de chegarem na escola, no hospital, na casa da namorada.

Pelo levantamento, a cidade de Porto Alegre, no Rio Grande do Sul, entre as com mais de 1 milhão de habitantes, é a que está mais avançada em relação a esse aparelho urbano. Fortaleza, vergonhosamente, é a pior.

Glossário

IBGE: sigla para Instituto Brasileiro de Geografia e Estatística, órgão nacional que coordena todos os levantamentos estatísticos governamentais.

Impropriedade: inadequação.

Princípio constitucional: algo que está previsto na Constituição do país.

Conheço as duas capitais. Realmente, em **Poa**, se vê um esforço importante para tornar a cidade mais amigável no seu ir e vir para TODOS, mas não se compara minimamente, infelizmente, às cidades europeias ou mesmo americanas. Se estamos nos tornando um país rico, esse relaxo tinha de ser uma preocupação **primordial**.

Fortaleza, como uma cidade turística [...], era preciso que a administração municipal sentisse dor de cabeça durante uns seis meses e que tomasse uma atitude corajosa para reverter uma situação tão **deplorável**...

Como sabem, sou um tiozão otimista. Acho, de verdade, que essa realidade está mudando em velocidade importante.

Mas isso vai continuar caso a gente siga mobilizado, siga escolhendo administradores **engajados**, siga exigindo cumprimento de leis, siga enfrentando, à medida do possível, a rua, do jeito que ela é, até que a pressão a torne do jeito que precisa ser: útil, segura e acessível para todos.

JAIRO MARQUES. Disponível em: <http://mod.lk/nfwum>. Acesso em: 20 abr. 2018.

ALEXANDRE RAMPAZO

Glossário

Poa: abreviação para "Porto Alegre", usada em bilhetes aéreos.

Primordial: principal, a mais importante.

Deplorável: que desperta tristeza.

Engajados: comprometidos [com o bem-estar público].

Biografia

MARCELO JUSTO/FOLHAPRESS

O jornalista em 2010.

Nascido em Três Lagoas (MS) e cadeirante desde a infância, **Jairo Marques** é jornalista e assina o *blog Assim como você*, no *site* da *Folha de S.Paulo*. Com bom humor, mas também com muita seriedade e lucidez, aborda temas que dizem respeito à vida de pessoas que têm alguma forma de deficiência física ou intelectual.

ESTUDO DO TEXTO

COMPREENSÃO DO TEXTO

ANTES DO ESTUDO DO TEXTO

1. Se não tem certeza de ter compreendido bem o texto, leia-o novamente.
2. Procure identificar as ideias apresentadas no texto e reflita: você concorda com elas? Por quê?
3. Ao responder às questões a seguir, procure empregar o que já aprendeu ao ler outros textos e seja preciso em suas respostas.

1. **Copie no caderno os itens que podem ser considerados os principais temas abordados pelo texto.**
   - **a)** O preconceito sofrido pelos cadeirantes.
   - **b)** O modo como uma pesquisa do IBGE foi realizada.
   - **c)** A expressão "calçada para cadeirantes", utilizada pelo IBGE ao divulgar os resultados de uma pesquisa.
   - **d)** Os dados numéricos apresentados na pesquisa.
   - **e)** A credibilidade do órgão que realizou a pesquisa.
   - **f)** Quanto o Brasil ainda tem que fazer para garantir acessibilidade a todos.
2. **Em que partes do texto o autor expõe seu ponto de vista sobre cada um dos temas que você identificou?**
3. **No quarto parágrafo, o autor afirma que o uso da expressão "rampa para cadeirantes" reforça "em parte da sociedade que o povo 'malacabado' é um peso na lomba do poder público".**
   - **a)** A quem ele se refere ao usar a expressão "povo 'malacabado'"?
   - **b)** Com essas palavras, ele reproduz o que ele mesmo pensa ou o que pensa "parte da sociedade"?
4. **Ainda no quarto parágrafo, lemos "fazer o mundo mais fácil para 'nóistudo' podermos ser mais cidadãos".**
   - **a)** Converse com os colegas: ser cidadão tem gradação? Há cidadãos mais cidadãos que outros?
   - **b)** Por que o autor usou essa expressão?
5. **Na segunda parte do texto, o autor discute os resultados da pesquisa.**
   - **a)** De acordo com o que informa o texto, qual é a porcentagem de ruas no país que não apresentam rampas nas calçadas?
   - **b)** A respeito desse dado, o autor diz que "É a massacrante maioria de um país que não cumpre um princípio constitucional". A que princípio ele se refere?
6. **Você concorda com a afirmação do autor de que a ausência de rampas humilha as pessoas? Por quê?**
7. **Além de garantir um direito aos cidadãos, que importância têm as rampas em calçadas nas cidades que abrigam grandes eventos e recebem muitos turistas?**

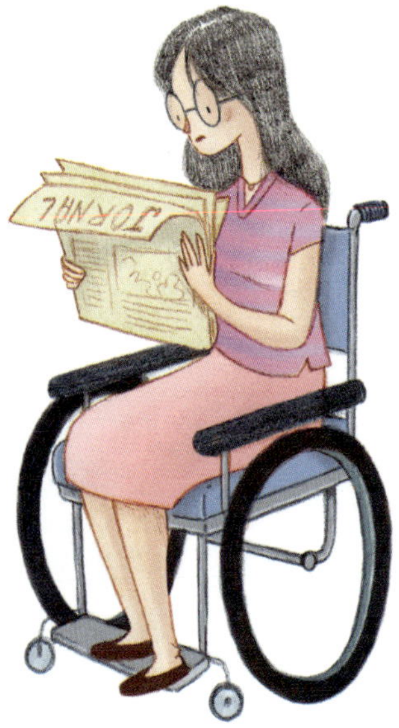

ALEXANDRE RAMPAZO

8. Qual é a solução apontada pelo autor para que as ruas das cidades se tornem acessíveis a todos os seus cidadãos?

9. Qual é a sua avaliação sobre a sua cidade em relação à presença de rampas nas calçadas: você acredita que há rampas suficientes para quem precisa delas? Por quê?

10. Observe a charge.

CADEIRANTE NO BRASIL

JEAN GALVÃO

JEAN GALVÃO/FOLHAPRESS

a) Qual é a finalidade dessa charge?

b) A opinião do chargista Jean Galvão e a do articulista Jairo Marques coincidem em relação à situação dos cadeirantes no Brasil? Justifique sua resposta.

11. Releia o trecho a seguir.

> "Quer dizer que 95% dos passeios dessa nação não têm mínimas condições de garantir um ir e vir seguro às pessoas. É a massacrante maioria de um país que não cumpre um princípio constitucional."

a) Pesquise na internet ou na Constituição Federal impressa o artigo que garante esse princípio.

b) No artigo de opinião, o autor afirma que esse princípio constitucional não está garantido em 95% dos passeios do Brasil. O que o faz acreditar que esse princípio não está garantido?

12. A lei 12.587/2012 foi aprovada em 2012 e tem por objetivo melhorar a acessibilidade e a mobilidade de pessoas e cargas nos municípios e integrar os diferentes modos de transporte. Veja, a seguir, os princípios da política nacional de mobilidade, de acordo com o art. 5º da lei 12.587/12.

Art. 5º A Política Nacional de Mobilidade Urbana está fundamentada nos seguintes princípios:

I — acessibilidade universal;

II — desenvolvimento sustentável das cidades, nas dimensões socioeconômicas e ambientais;

III — equidade no acesso dos cidadãos ao transporte público coletivo;

IV — eficiência, eficácia e efetividade na prestação dos serviços de transporte urbano;

V — gestão democrática e controle social do planejamento e avaliação da Política Nacional de Mobilidade Urbana;

VI — segurança nos deslocamentos das pessoas;

VII — justa distribuição dos benefícios e ônus decorrentes do uso dos diferentes modos e serviços;

VIII — **equidade** no uso do espaço público de circulação, vias e logradouros; e

IX — eficiência, eficácia e efetividade na circulação urbana.

Conteúdo jurídico. Disponível em: <http://mod.lk/z9ndy>. Acesso em: 20 abr. 2018.

Glossário

Equidade: igualdade; imparcialidade.

a) Analise as situações a seguir e compare-as aos princípios da Política Nacional de Mobilidade Urbana.

1º situação
Um cadeirante espera no ponto pelo ônibus que o levará do seu bairro ao centro da cidade. Em 40 minutos de espera, dois ônibus que fazem esse trajeto passam por ele, mas eles não têm sistema de rebaixamento do veículo, para que a cadeira de rodas possa embarcar com o passageiro. O passageiro espera por mais tempo, até que, 25 minutos depois, um terceiro ônibus com acesso para cadeirantes surge e o passageiro embarca.

I. Nessa situação, o princípio III da lei 12.587/12 – equidade no acesso dos cidadãos ao transporte público – foi garantido? Por quê?

II. Agora compare essa mesma situação ao princípio IV da lei. Como você avalia a situação descrita, comparada a esse princípio?

2º situação
Um cadeirante se desloca sozinho por uma cidade até um órgão público. Depois de enfrentar algumas dificuldades com transporte coletivo, ele chega ao seu destino e desce do ônibus (adaptado para cadeirantes), mas nas proximidades do ponto do ônibus não há rampas de acesso à calçada e o cadeirante precisa se deslocar pela rua, até encontrar uma garagem com rebaixamento para a entrada de carros, para que possa acessar a calçada com a cadeira de rodas.

b) Qual dos princípios da lei 12.587/12 não está garantido na situação descrita? Por quê?

13. **Por que o título desse artigo de opinião é a pergunta "Rampas para cadeirantes?"?**

14. **Que argumentos o autor apresenta para justificar o título do texto e o questionamento que está presente nele?**

DE OLHO NA CONSTRUÇÃO DOS SENTIDOS

1. **Considerando que, ao elaborar um texto, escolhemos as palavras de acordo com o público para o qual estamos escrevendo, por que o autor apresenta a sigla IBGE sem explicar o que ela significa?**

2. **Leia novamente o trecho a seguir.**

> "O IBGE revelou na última sexta-feira um retrato detalhado sobre condições urbanas brasileiras e houve um item que chamou, a meu ver erroneamente, de 'calçadas para cadeirantes'.
> Bem, o **termo** não ajuda em nada na inclusão."

a) A que a palavra destacada se refere?

b) Por que ela é empregada no lugar da outra expressão?

3. **No terceiro parágrafo foi empregada a palavra *desequilibradinhos*.**

a) Que significados pode ter a palavra *desequilibrado*?

b) O uso do diminutivo nesse trecho do texto não está relacionado a tamanho. Com que possível intenção ele foi empregado?

ALEXANDRE RAMPAZO

4. **Releia o quinto parágrafo.**

a) A quem o autor se refere ao empregar a expressão "dessa gente"?

b) Que cobrança ele faz?

5. O autor inicia o sexto parágrafo com a palavra *bem*, com o objetivo de interromper o assunto que estava sendo tratado e iniciar outro.

a) Qual é o novo assunto?

b) No início desse parágrafo, o autor usou a palavra *mérito*, que pode significar "merecimento" ou "questão principal". Com qual desses sentidos ele a usou?

c) Com que objetivo o autor repete nesse parágrafo os números mostrados pela pesquisa?

d) Qual é a relação entre esse objetivo e o emprego da palavra *SOMENTE* em letras maiúsculas?

6. O autor se refere a si mesmo como "um tiozão otimista". O que essa expressão pode significar?

7. A linguagem empregada no texto é mais formal ou menos formal? Copie um trecho que justifique sua resposta.

8. Copie do texto partes que mostram que o autor é quem está falando.

9. Releia os parágrafos a seguir e observe as palavras destacadas.

> "**Gente**, isso é praticamente uma miséria humana em relação à inclusão. Quer dizer que 95% dos passeios dessa nação não têm mínimas condições de garantir um ir e vir seguro às pessoas. É a massacrante maioria de um país que não cumpre um princípio constitucional."
>
> "Como sabem, sou um **tiozão** otimista. Acho, de verdade, que essa realidade está mudando em velocidade importante."

a) Estas são formas mais próximas da linguagem formal ou informal? Por quê?

b) O que o autor consegue ao usar essas palavras e expressões?

PHOVOIR/SHUTTERSTOCK

O ARTIGO DE OPINIÃO

1. Com que intenção comunicativa o texto foi escrito?

2. Que expressão empregada no primeiro parágrafo indica que as afirmações feitas ali refletem o ponto de vista do autor?

3. As frases a seguir indicam a maneira como o texto está organizado. Copie-as na ordem em que cada etapa aparece no texto.

I. Apresenta uma proposta para aquilo que é questionado.

II. Apresenta o tema que será discutido.

III. Apresenta a opinião do autor sobre o tema.

IV. Apresenta argumentos que justificam seu posicionamento.

4. Considerando o que observou até agora sobre um artigo de opinião, indique suas características quanto:

a) à linguagem utilizada. **b)** à finalidade. **c)** a como se organiza.

5. Ao finalizar a leitura do artigo de opinião e responder a algumas questões sobre o texto, você concorda ou discorda do autor? Por quê?

O GÊNERO EM FOCO: ARTIGO DE OPINIÃO

O artigo de opinião é um gênero textual argumentativo, por meio do qual o autor expressa seu ponto de vista a respeito de um tema e apresenta argumentos para defender esse ponto de vista ou sua opinião, com o objetivo de convencer o leitor a concordar com ele. Circula, geralmente, em jornais e revistas impressos ou digitais e é assinado pelo autor, que é responsável pelas opiniões divulgadas.

No texto que você leu, o articulista defende seu ponto de vista sobre as rampas. Para ele, elas não são só para cadeirantes, mas para todos os que necessitam acessar as calçadas usando rodinhas. Para fundamentar sua opinião, usa dados estatísticos e sua experiência a respeito da situação em diferentes estados brasileiros. Essa fundamentação são os argumentos usados pelo autor. Quanto mais fortes os argumentos, mais chances ele terá de convencer o leitor. Por exemplo: ao afirmar, com base em dados estatísticos, que menos de 5% das cidades brasileiras têm rampas, ele apresenta argumentos fortes sobre a necessidade de o país reverter essa situação; ou seja, de ampliar o índice de cidades providas de rampas de acesso às calçadas e a espaços públicos. Discutir temas e apresentar opinião são uma das formas de participação social. Muitas vezes, artigos de opinião fortalecem a opinião pública sobre uma determinada necessidade da população, favorecendo a criação de uma lei, por exemplo. Por isso, a expressão da opinião é uma das formas de participação social.

ORGANIZAR O CONHECIMENTO

- **Sob orientação do professor, pesquise em jornais e revistas seções que apresentem artigos de opinião. Escolha um texto que achar interessante e identifique a opinião apresentada pelo autor e os argumentos usados por ele. Veja se você concorda ou discorda dele e justifique sua opinião.**

O QUE VOCÊ JÁ SABE?

7 PIPS/SHUTTERSTOCK

Agora, você já é capaz de...	Sim	Não	Mais ou menos
... concluir que conhecer e produzir artigos de opinião propiciam a participação das pessoas na sociedade?	☐	☐	☐
... identificar o tema e os argumentos em textos argumentativos e avaliar se são convincentes?	☐	☐	☐
... descrever e diferenciar a estrutura de artigos de opinião?	☐	☐	☐

Se você marcou **não** ou **mais ou menos**, retome a leitura de **Rampas para cadeirantes?** e o estudo das questões em **Compreensão do texto**.

Se você marcou **não** ou **mais ou menos**, retome a leitura do boxe **O gênero em foco: artigo de opinião**.

Junte-se a um colega e montem o esquema a seguir, respondendo às questões. Ao final, vocês terão um resumo com as principais características do artigo de opinião. Se preferirem, vocês poderão incluir outras características.

Artigo de opinião
- Como esse gênero está estruturado?
- A linguagem é formal ou informal?
- Qual é o seu contexto de circulação?

E POR FALAR NISSO...

A festa de abertura dos Jogos Paralímpicos realizados no Brasil, em 2016, teve momentos emocionantes. Um deles foi a apresentação de dança de Amy Purdy, atleta estadunidense de *snowboard* que teve suas pernas amputadas aos 19 anos. Observe esta imagem da apresentação.

Confira os bastidores e a apresentação neste *link*: <http://mod.lk/zaxoi>.

Galeria de imagens
Acessibilidade

YASUYOSHI CHIBA/AFP

1. Descreva a cena. Quais são as suas impressões sobre a imagem? Por quê?
2. Em sua opinião, o que sugere a interação apresentada na coreografia?
3. Esse tipo de manifestação artística pode conscientizar pessoas ou mudar modos de pensar? Como? Troque ideias com os colegas.

ESTUDO DA LÍNGUA: ANÁLISE E REFLEXÃO

COMO VOCÊ PODE ESTUDAR

1. **Estudo da língua** não é uma seção para decorar, mas para questionar e levantar problemas.
2. O trabalho com os conhecimentos linguísticos requer persistência. Leia e releia os textos e exemplos, discuta, converse.

ADVÉRBIO

Releia o parágrafo inicial do artigo de opinião "Rampas para cadeirantes?".

> "O IBGE revelou na última sexta-feira um retrato detalhado sobre condições urbanas brasileiras e houve um item que chamou, a meu ver erroneamente, de "calçadas para cadeirantes".

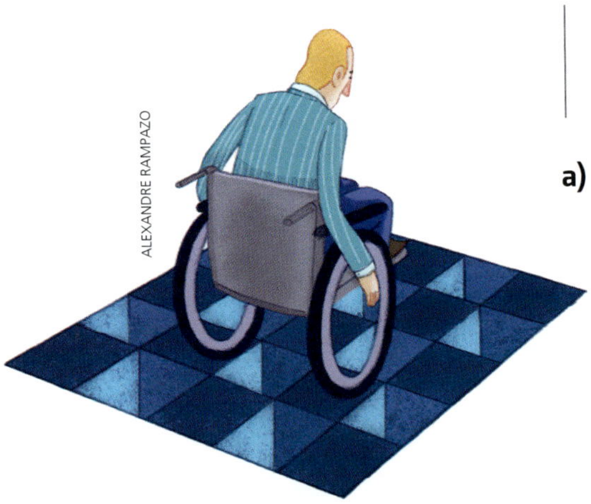

ALEXANDRE RAMPAZO

a) O autor é a favor ou contra o uso da expressão "calçadas para cadeirantes"?

I. Que palavra do trecho justifica sua resposta anterior? O que ela significa?

II. O que essa palavra indica?

- tempo
- dúvida
- modo
- intensidade
- lugar

b) Identifique nesse mesmo trecho uma expressão que indica tempo.

ADVÉRBIO

Para entender o posicionamento do articulista, foi fundamental compreender o sentido e a função da palavra *erroneamente* no parágrafo e sua relação direta com a ação verbal expressa pelo verbo *chamou*. Como você pode constatar, ela indica o modo, a maneira como o autor avaliou a identificação do item "calçadas para cadeirantes" feita pelo IBGE.

O advérbio é a palavra que tem como uma de suas funções principais indicar as circunstâncias relacionadas à ação verbal. É invariável, isto é, não admite flexões de gênero nem de número. O conjunto de palavras que equivale a um advérbio, como "na última sexta-feira", que você identificou no trecho de Jairo Marques, chama-se locução adverbial.

ALEXANDRE RAMPAZO

Alguns advérbios também podem indicar circunstâncias relacionadas a **adjetivos**, a outros **advérbios** ou mesmo a **uma frase inteira**. Confira alguns exemplos na próxima página.

a) O advérbio modifica o verbo: *Leu **tanto** que ficou sonhando a noite inteira com histórias fantásticas.*

b) O advérbio modifica o adjetivo: *A noite fica **muito** bonita quando é lua cheia.*

c) O advérbio modifica o próprio advérbio: ***Mais** adiante, encontrará um posto de gasolina.*

d) O advérbio modifica toda a oração: ***Infelizmente**, não pude ir à reunião de alunos.*

Os advérbios e as locuções adverbiais podem indicar diferentes tipos de circunstância: tempo, modo, lugar, intensidade etc. Confira alguns exemplos a seguir.

- **Afirmação**: certamente, com certeza, realmente, sim, sem dúvida etc.
- **Dúvida**: talvez, acaso, possivelmente, quem sabe etc.
- **Intensidade**: muito, pouco, bem, tão, tanto, bastante, de todo etc.
- **Lugar**: aqui, ali, lá, atrás, abaixo, acima, dentro, fora, longe, perto, onde, em cima, junto etc.
- **Modo**: bem, mal, assim, melhor, pior, tristemente, vagarosamente, em silêncio, à vontade etc.
- **Negação**: não, de modo algum etc.
- **Tempo**: já, agora, hoje, ontem, amanhã, sempre, nunca, jamais, cedo, breve, logo, depois, de repente, às vezes etc.

Quando aparecem dois ou mais advérbios terminados em **-mente** juntos em uma mesma frase, você pode manter essa terminação apenas no último advérbio para evitar uma repetição desnecessária. Observe:

- *O dia escurece **vagarosamente** e **suavemente**.*
- *O dia escurece **vagarosa** e **suavemente**.*

Varia ou não varia?

Se a palavra é empregada como adjetivo, pode variar em gênero e número; se é advérbio, não varia:

*Elas foram **rápido** para a festa.*

*Vocês refizeram o teste **menos** vezes do que eu.*

*A peça custou **caro**.*

PALAVRAS QUE FUNCIONAM COMO ADJETIVO E ADVÉRBIO

Muitas vezes, algumas palavras, dependendo do termo a que se relacionam, podem ter função de adjetivo ou de advérbio. Por exemplo:

- *O **atendente** mais **rápido** não apareceu para anotar os pedidos.*
- *As coisas **mudam** muito **rápido** ultimamente.*

Na primeira frase, **rápido** é uma qualidade atribuída a **atendente** e, por isso, tem função de adjetivo. Na segunda frase, **rápido** está modificando o verbo **mudar** e, por isso, tem função de advérbio.

VARIAÇÃO DE GRAU DOS ADVÉRBIOS

A variação do grau de intensidade dos advérbios é semelhante à dos adjetivos. Ou seja, o grau pode ser comparativo de igualdade, de superioridade ou de inferioridade e, ainda, superlativo analítico ou sintético. No quadro a seguir, podemos verificar alguns exemplos.

Grau		Exemplo
Comparativo de...	igualdade	*O médico explicou o caso **tão claramente quanto** a enfermeira.*
	superioridade	*O médico explicou o caso **mais claramente do que** a enfermeira.*
	inferioridade	*O médico explicou o caso **menos claramente do que** a enfermeira.*
Superlativo...	analítico	*A secretária chegou **muito cedo / extremamente cedo / cedo demais**.*
	sintético	*A secretária chegou **cedíssimo**.*

ACONTECE NA LÍNGUA

Você estudou que o advérbio não varia nem em gênero nem em número, como acontece com os adjetivos e os substantivos, por exemplo.

No entanto, na linguagem coloquial, é comum o uso de advérbios no diminutivo ou no aumentativo para expressar afetividade ou denotar intensidade.

Leia o título desta matéria na seção de uma revista com dicas sobre saúde:

ESTILO DE VIDA

4 motivos para você cair da cama cedinho e encarar a malhação

Disponível em <http://mod.lk/evbco>. Acesso em 20 abr. 2018.

Observe que o advérbio *cedinho* se equipara a *muito cedo* (grau superlativo do advérbio), denotando intensidade.

BIRY SARKIS

ORGANIZAR O CONHECIMENTO

O QUE VOCÊ JÁ SABE?

Agora, você já é capaz de...	Sim	Não	Mais ou menos
... entender que os advérbios indicam circunstâncias relacionadas às ações expressas pelos verbos?	☐	☐	☐
... compreender o que significa o advérbio pertencer a uma classe de palavra invariável?	☐	☐	☐
... perceber que diferentes advérbios exprimem diferentes circunstâncias e quais são elas?	☐	☐	☐

Se você marcou **não** ou **mais ou menos**, retome a leitura do tópico **Advérbio**.

- Monte no caderno o esquema a seguir, completando-o com exemplos de advérbios.

Advérbio
Palavra invariável que tem como uma de suas funções principais indicar as circunstâncias relacionadas à ação verbal.

- afirmação — ▬▬▬
- dúvida — ▬▬▬
- intensidade — ▬▬▬
- lugar — ▬▬▬
- modo — ▬▬▬
- negação — ▬▬▬
- tempo — ▬▬▬

ATIVIDADES

1. O texto a seguir foi retirado de um livro da escritora Cora Coralina. Leia-o e responda: sem os advérbios e as locuções adverbiais em destaque no trecho, o que seria impossível saber?

R-STUDIO/SHUTTERSTOCK

Medo

[...]

Viajava uma jardineira, expresso ou perua, como se diz, de Goiânia para Goianópolis. Levava na coberta, entre malas e trouxas, um caixão vazio de defunto, destinado para uma pessoa falecida naquele distrito.

Logo adiante na estrada, um homem parado dá sinal e a perua para.

Dentro, tudo cheio. O homem que precisava de seguir sua viagem aceitou de viajar na coberta com os volumes e o caixão vazio. Subiu. O tempo tinha se fechado para chuva e **logo** começou a pingar **grosso**. O sujeito **em cima** achou que não seria nada **demais** ele entrar dentro do caixão e **ali** se defender da chuva. Pensou e **melhor** fez. Entrou, espichou **bem** as pernas, ajeitou a cabeça na almofadinha que ia dentro, puxou a tampa e, bem confortado, ouvia a chuva cair.

[...]

Mais adiante, dois outros esperavam condução. Deram sinal, a perua parou **de novo**; os homens subiram a escadinha e se acocoraram no alto. Iam conversando e molhados com a chuva insistente.

Passado algum tempo, o que ia resguardado, escutando a conversa **ali em cima**, levantou **devagarinho** a tampa do caixão e perguntou **de dentro** isto: "Companheiro, será que a chuva **já** passou? Foi um salto só que os dois embobados fizeram do coletivo, correndo. Um quebrou a perna, o outro partiu braços e costelas e ficaram ambos estatelados do susto e sem fala, **na estrada**.

CORA CORALINA. *Deixa que eu conto.* São Paulo: Global, 2003. p. 12. (Fragmento adaptado).

2. Copie as frases a seguir substituindo as locuções adverbiais por um advérbio equivalente.

a) Mudar-se **às pressas**.

b) Chegar **em silêncio**.

c) Aparecer **de repente**.

d) Explicar **com clareza**.

e) Mover-se **com rapidez**.

f) Vestir-se **sem cuidado**.

ROBSON ARAÚJO

3. Leia esta piada.

Lógica

Um cara estava saindo da farmácia e o outro perguntou:

— Você está doente?

— Por que a pergunta?

— Você está saindo da farmácia.

— Então, se eu estivesse saindo de um cemitério, você diria que eu estava morto?

Disponível em: <http://mod.lk/cc2qd>. Acesso em: 17 fev. 2018.

a) No texto, há duas locuções adverbiais que modificam o verbo *sair* e contribuem para o sentido da piada. Quais são elas?

b) Que tipo de relação o sujeito estabeleceu entre sair de uma farmácia e estar doente?

c) É possível aplicar o mesmo tipo de relação entre sair do cemitério e estar morto? Por quê?

4. **Releia estes trechos do texto "Rampas para cadeirantes?". Depois, responda às questões, considerando que todas as palavras destacadas são advérbios ou locuções adverbiais.**

> "Bem, agora o mérito da pesquisa, **mais propriamente**. O resultado é que apenas 4,7%, repito SOMENTE 4,7%, das ruas do país possuem rampas.
>
> Gente, isso é **praticamente** uma miséria humana em relação à inclusão. [...]
>
> Pelo levantamento, a cidade de Porto Alegre, no Rio Grande do Sul, entre as com mais de 1 milhão de habitantes, é a que está **mais** avançada em relação a esse aparelho urbano. Fortaleza, **vergonhosamente**, é a pior.
>
> [...]
>
> Como sabem, sou um tiozão otimista. Acho, **de verdade**, que essa realidade está mudando em velocidade importante."
>
> JAIRO MARQUES.
> Disponível em: <http://mod.lk/nfwum>.
> Acesso em: 20 abr. 2018.

a) Qual dos advérbios destacados modifica um advérbio?

b) Qual dos advérbios destacados modifica um verbo? Que circunstâncias (de tempo, de lugar, de modo...) ele indica?

c) Qual dos advérbios destacados modifica um adjetivo?

d) Transcreva do texto uma locução adverbial.
- Que circunstância ela expressa?
- Que palavra pode substituir essa expressão?

e) Que circunstância o advérbio *vergonhosamente* indica?

5. **Observe atentamente as seguintes frases:**

I. O infrator está errado ao desrespeitar as regras de trânsito.

II. Você tem de aceitar que agiu errado ao desdenhar de seu colega.

a) Reescreva as duas frases substituindo *o infrator* por *os motoristas*, na primeira, e *você* por *elas*, na segunda.

b) O que acontece com a palavra *errado* em cada reescrita?

c) Qual é a classe gramatical de *errado* em cada frase?

6. **Leia o texto a seguir.**

> Na minha rua há um menininho doente.
> Enquanto os outros partem para a escola,
> Junto à janela, sonhadoramente,
> Ele ouve o sapateiro bater sola.
>
> Ouve também o carpinteiro, em frente
> Que uma canção **napolitana engrola**.
> E, pouco a pouco, gradativamente,
> O sofrimento que ele tem se **evola**...
>
> Mas nesta rua há um operário triste:
> Não canta nada na manhã sonora
> E o menino nem sonha que ele existe
>
> Ele trabalha silenciosamente...
> E está compondo este soneto agora,
> Pra alminha boa do menino doente...
>
> MARIO QUINTANA. *Poemas para ler na escola*.
> São Paulo: Objetiva, 2012. p. 24. © by Elena Quintana.

Glossário

napolitana: natural ou relativa à cidade italiana de Nápoles.
engrola: canta embolando as palavras.
evola: eleva, como se voasse.

a) Identifique a circunstância de lugar que serve de cenário para os fatos narrados no poema.

b) De que modo o menininho ouve o sapateiro bater sola?

c) Que circunstância (de tempo, de lugar, de modo...) é indicada pelo verso "Enquanto os outros partem para a escola"?

d) O menininho ouve também o carpinteiro cantando. Por que ele não ouve o operário triste?

e) Que verso identifica o trabalho do "operário triste"?

7. Leia esta tirinha de Quino.

MAFALDA **QUINO**

© JOAQUÍN SALVADOR LAVADO (QUINO) TODA MAFALDA/FOTOARENA/QUINO

a) No segundo quadrinho, quando Mafalda usa o termo *aqui*, a que lugar ela está se referindo?

- A que classe gramatical essa palavra pertence?

b) No último quadrinho, que favor Manolito pede às meninas? Por quê?

c) Copie a ideia que o advérbio *baratíssimo* exprime no último quadrinho.

modo	afirmação	intensidade	lugar

- Qual o grau desse advérbio?
- Na tira, que locução adverbial poderia substituir esse advérbio?

8. Relacione os advérbios das frases de acordo com o grau em que eles estão.

- comparativo de igualdade
- comparativo de inferioridade
- comparativo de superioridade
- superlativo analítico
- superlativo sintético

MAXIM MAKSUTOV/ SHUTTERSTOCK

a) O jogador do time convidado agiu violentissimamente.

b) O jogador do time convidado agiu mais violentamente do que o jogador do time da casa.

c) O jogador do time convidado agiu menos violentamente do que o jogador do time da casa.

d) O jogador do time convidado agiu muito violentamente.

e) O jogador do time convidado agiu tão violentamente quanto o jogador do time da casa.

Mais questões no livro digital

QUESTÕES DA LÍNGUA

ACENTUAÇÃO DOS DITONGOS ABERTOS E ACENTOS DIFERENCIAIS

ACENTUAÇÃO DOS DITONGOS ABERTOS

1. Nas palavras *ideia*, *anéis*, *heroico* e *faróis*, o ditongo aberto constitui a sílaba tônica.

- Entre esses exemplos, as palavras com acento gráfico são as oxítonas ou as paroxítonas?

2. Que diferença há entre os ditongos que recebem acento gráfico e os que não são graficamente acentuados nas palavras *troféus*, *pneus*, *boi* e *heróis*?

Conforme o que você observou, podemos definir quando os ditongos devem ser acentuados graficamente.

Nas palavras oxítonas, são graficamente acentuados os ditongos abertos **éi**, **éu** e **ói**, seguidos ou não de **s**: *pinc**éi**s*, *c**éu***, *anz**ói**s*.

CARLOS CAMINHA

ATIVIDADES

1. Todas as palavras do quadro apresentam ditongo. No caderno, copie e acentue apenas aquelas que devem receber acento gráfico.

TEGUH MUJIONO/SHUTTERSTOCK

europeu	degraus	chapeus
ideia	aneis	beiço
joia	plateia	jiboia
lençois	fogareu	europeia
boi	farois	centopeia

2. Um jovem inglês está aprendendo a língua portuguesa e não entende por que *heroico* não leva acento, mas *herói*, sim. Escreva um bilhete explicando a razão para ele.

3. Outra dúvida do jovem inglês: por que *papéis* leva acento, mas *papeizinhos*, não? Explique para ele.

4. Conforme a acentuação, as formas verbais a seguir podem se referir a diferentes pessoas do discurso. Crie, com cada verbo, uma oração com a 1ª pessoa do singular do pretérito perfeito do indicativo e outra com a 3ª pessoa do singular do presente do indicativo. Fique atento ao acento gráfico, quando necessário.

remoi	roi	doi

5. No caderno, escreva uma frase com as três palavras do quadro abaixo que apresentam ditongos abertos graficamente acentuados. Não se esqueça de acentuá-las corretamente!

cauboi	asteroide	paranoia
estreia	espanhois	veu

ACENTOS DIFERENCIAIS

- Leia.

O cientista responsável pelo laboratório passou **por** *vários países para ministrar palestras.*

Para o teste do cientista funcionar, é só **pôr** *uma gota de mercúrio na mistura que ele criou.*

a) Que diferença de sentido existe entre as palavras *por* e *pôr*?

b) Além do sentido, que outro elemento nos permite diferenciá-las?

O **acento diferencial**, em português, tem a função de distinguir algumas palavras (substantivos e verbos) de suas homógrafas átonas.

As homógrafas átonas são geralmente preposições ou conjunções que possuem uma forma correspondente, quanto à grafia, para substantivos ou verbos. Veja os exemplos.

- **dê** (verbo *dar*) – ***Dê** mais atenção ao seu irmão.*
- **de** (preposição) – *Ela gosta muito **de** chocolate.*
- **porquê** (substantivo: causa, razão, motivo) – *Não quero saber o **porquê**.*
- **porque** (conjunção de causa) – *Não vim **porque** choveu.*

Veja algumas formas verbais que também recebem o acento diferencial.

- **Pode** (3ª pessoa do singular do **presente** do indicativo)

  Pôde (3ª pessoa do singular do **pretérito perfeito** do indicativo)

  Exemplos: *Hoje, ele **pode** ficar até mais tarde trabalhando. Ontem, contudo, não **pôde** porque tinha compromisso.*

- **Tem** e **vem** (3ª pessoa do **singular** do presente do indicativo)

  Têm e **vêm** (3ª pessoa do **plural** do presente do indicativo)

  Exemplos: *Ele **tem** condições de participar da corrida, mas seus adversários **têm** mais chance de vitória. Ele **vem** nos visitar no fim de semana, e as irmãs **vêm** se encontrar com ele aqui.*

Observe agora as frases abaixo.

*Ele **detém** o poder.*
*Ela **mantém** as coisas em ordem.*

*Eles **detêm** o poder.*
*Elas **mantêm** as coisas em ordem.*

Nos dois primeiros casos, você pode perceber que, de acordo com as regras de acentuação revistas, as formas *detém* e *mantém* são acentuadas porque são oxítonas terminadas em *-em*.

Já nos casos de *detêm* e *mantêm*, o acento circunflexo é diferencial, para distinguir a 3ª pessoa do singular da 3ª do plural.

Palavras homônimas são aquelas pronunciadas ou grafadas de modo idêntico, mas diferentes quanto ao sentido. Exemplos: *acender* (atear fogo) e *ascender* (subir).

Entre as homônimas, encontramos:

- as **homógrafas** – que se escrevem da mesma forma: *sede* (desejo de ingerir líquido) e *sede* (casa principal);
- as **homófonas** – que possuem a mesma pronúncia: *vez* (substantivo) e *vês* (forma do verbo *ver*);
- as **homônimas perfeitas** – que se pronunciam e grafam da mesma forma: *são* (sadio) e *são* (forma do verbo *ser*).

ATIVIDADES

1. **Copie no caderno e complete as frases com as palavras do quadro, cuja classificação está entre parênteses.**

de	dê	por	pôr	porque	porquê

a) Correr na esteira vai ✦ (verbo) você em forma.

b) Não vim ✦ (conjunção) pensei que houvessem viajado.

c) Ela gosta muito ✦ (preposição) *pizza*.

d) Quero saber o ✦ (substantivo) dessa confusão.

e) Ela quer que você ✦ (verbo) prioridade a este caso.

f) Se precisar de ajuda, estaremos ✦ (preposição) perto.

ROBSON ARAÚJO

2. **O Acordo Ortográfico da Língua Portuguesa de 2009 extinguiu o acento diferencial da forma verbal *pára* (flexão de *parar*). Considerando essa informação, leia a manchete abaixo.**

Trem *para* na Via Expressa e causa transtorno *para* motoristas

Disponível em: <http://mod.lk/br5hv>. Acesso em: 20 abr. 2018.

TKRAY/SHUTTERSTOCK ID

a) Diferencie as ocorrências de *para* na manchete (preposição ou forma verbal).

b) Considerando que não há mais acento diferencial nas ocorrências de *para*, explique como você conseguiu fazer a diferenciação na manchete acima.

3. **Observe o sentido das palavras do quadro e, no caderno, empregue-as corretamente para completar as frases.**

pôde: 3ª pessoa do singular do pretérito perfeito do indicativo do verbo *poder*

pode: 3ª pessoa do singular do presente do indicativo do verbo *poder*

a) Você ✦ ficar sossegado, pois tudo correrá bem.

b) Meu pai estava viajando, por isso não ✦ comparecer à reunião.

c) Ontem, ela dormiu tranquila; mas hoje ✦ ser que não.

d) Ele fez o que ✦ para vencer a corrida.

e) Ele faz o que ✦ para deixar a família feliz.

4. **No caderno, copie e complete as frases com as palavras entre parênteses, acentuando-as graficamente quando necessário.**

a) ✦ a ele os parabéns pelo resultado do jogo de polo. (de)

b) Tudo na vida tem um ✦ . (porque)

c) A criança não ✦ à aula de balé, ✦ a mãe não ✦ trazê-la. (vem/porque/pode)

d) Para que os pelos de seu cachorro fiquem brilhantes, ✦ banho no seu animalzinho com xampu de boa qualidade. (de)

LEITURA E PRODUÇÃO DE TEXTO

A PRODUÇÃO EM FOCO

- A proposta do final desta unidade será elaborar uma carta de reclamação baseada em um problema coletivo. Durante a leitura das cartas de reclamação a seguir, fique atento:
  a) às reclamações feitas nas cartas;
  b) aos argumentos utilizados para defender o ponto de vista;
  c) à linguagem empregada.

Glossário

Em prol: a favor, em benefício.

Frise-se: reforce-se, enfatize-se.

Att.: abreviatura de *atenciosamente*.

CONTEXTO

A participação política vai além de votar, filiar-se a um partido ou se informar a respeito do que acontece no Congresso Nacional. Algumas atitudes individuais aparentemente simples, como não jogar lixo na rua, respeitar a faixa de pedestres etc., também podem trazer bons resultados na convivência em sociedade.

Outra forma de exercer a cidadania é divulgar seu ponto de vista publicamente visando melhorias e benefícios para a comunidade da qual você faz parte. Vários jornais, revistas e *sites* reservam espaço a essa finalidade. Leia duas cartas publicadas nesses veículos de comunicação.

Carta 1

Prefeitura Municipal de Nova Iguaçu

Gostaria de expor minha indignação e requerer providências junto à Prefeitura de Nova Iguaçu, **em prol** dos moradores dos condomínios da Rua F, no bairro da Posse, Nova Iguaçu:

Sou recente moradora do bairro da Posse de Nova Iguaçu e nunca vi tamanho descaso com um serviço público (DE COLETA DE LIXO) que, **frise-se**, É ESSENCIAL e, por isso mesmo, DEVERIA SER CONTÍNUO! Porém, há 2 semanas (s/ contar com os feriados de natal e ano novo!) que, acreditem, os garis de N. Iguaçu ESCOLHEM as ruas que serão "merecedoras" das coletas de lixo residenciais. Isso porque, absurdamente, quando eles resolvem passar em algumas ruas, deixam de passar em outras próximas. E o resultado disso?? Um amontoado de lixo, insetos e proliferação de doenças! E quem paga c/ esse descaso?? Obviamente, que a população!!

Acreditando no dever da Prefeitura de Nova Iguaçu de fiscalizar a prestação dos seus serviços, de modo que estes sejam prestados adequadamente e eficientemente, os moradores dos condomínios da Rua F, no bairro da Posse, esperam por uma solução, urgente, para a coleta de lixo residencial.

Att.

C. B.

Reclame aqui. Disponível em: <http://www.reclameaqui.com.br/465210/prefeitura-municipal-de-nova-iguacu/coleta-de-lixo-residencial/>. Acesso em: 2 fev. 2012.

CARLOS CAMINHA

Carta 2

Prezados responsáveis pelo recapeamento das ruas do município de Mauá.

Venho, através desta, reclamar que algumas ruas do bairro *Parque das Américas*, em Mauá, foram recapeadas e asfaltadas, porém a rua em que moro, bem como outras, não foram. Portanto, quero informá-los que isto está causando acidentes, inclusive aconteceu uma batida de carro próximo a minha casa, situada na RUA ALASCA, por causa de desvio dos buracos.

Peço, encarecidamente, aos responsáveis que levem em consideração esta minha reclamação, já que pago meus impostos em dia, como boa cidadã que sou. Portanto, façam a sua parte, conforme foi prometido nas campanhas eleitorais.

Grata e **no aguardo**.

Resposta da Empresa

12/09/17 às 11h28

Prezado **munícipe**

Informamos que sua solicitação foi encaminhada para a Secretaria de Trânsito e Sistema Viário, sob o protocolo 28644/17, lembrando que a secretaria tem prazo de 30 dias para se manifestar. Para consultar a resposta dada, após o prazo mencionado, favor ligar 156 ou 4512-7661.

Atenciosamente,

Prefeitura de Mauá

Reclame aqui. Disponível em: <http://mod.lk/uabjf>. Acesso em: 20 abr. 2018.

Glossário

Recapeamento: cobertura de buracos nas vias.

No aguardo: aguardando.

Munícipe: cidadão de um município.

ESTUDO DOS TEXTOS

DE OLHO NAS CARACTERÍSTICAS DO GÊNERO

1. O que as cartas que você leu têm em comum?
2. Você já vivenciou em seu bairro alguma das situações relatadas nessas cartas?
3. Qual é sua opinião a respeito da atitude dessas pessoas ao se manifestarem?
4. Por que jornais, revistas e *sites* publicam esse tipo de carta?
5. Em sua opinião, escrever esse tipo de carta é um exercício de cidadania? Por quê?
6. Que linguagem, formal ou informal, foi empregada nas cartas que você leu nesta unidade?
7. Por que essa é a linguagem mais adequada às cartas de reclamação que você leu?

ANTES DO ESTUDO DOS TEXTOS

1. Se não tem certeza de ter compreendido bem o texto, leia-o novamente.
2. Procure identificar as ideias apresentadas no texto e reflita: Você concorda com elas? Por quê?
3. Ao responder às questões a seguir, procure empregar o que já aprendeu ao ler outros textos e seja preciso em suas respostas.

A CARTA DA RECLAMAÇÃO

SOBRE A CARTA 1

1. Observe o nome do *site* em que a carta foi divulgada.
   a) Em sua opinião, qual pode ser a finalidade desse *site*?
   b) Que pessoas acessam esse *site*?
2. Qual é a reclamação feita na carta?
3. Copie no seu caderno a afirmativa correta:
   a) A autora da carta aponta um problema.
   b) A autora da carta aponta um problema e pede solução.
   c) A autora da carta aponta um problema e suas consequências e pede solução.
4. Que argumentos a reclamante apresenta para justificar a sua reclamação?
5. Algumas palavras estão em letras maiúsculas.
   a) Qual é o efeito produzido pelo uso de maiúsculas nesse caso?
   b) A palavra *merecedoras* não está em maiúscula, mas entre aspas. Por quê?
6. Em outro momento, a reclamante apresenta um fato (causa) e sua consequência como argumento para dar sustentação à sua queixa. Escreva a causa e a consequência apresentadas pela autora.

HARU NATSU KOBO/SHUTTERSTOCK

7. Copie no caderno a frase que melhor expressa o conteúdo do último parágrafo da carta.

I. A autora da carta faz solicitações à prefeitura para que acompanhe a situação dos moradores do condomínio.

II. A autora da carta aponta a prefeitura como responsável pela situação e exige que o problema seja resolvido o mais rápido possível.

III. A autora finaliza a carta demonstrando quanto acredita na prefeitura, elogiando os serviços prestados de maneira adequada e eficiente.

SOBRE A CARTA 2

1. Qual é a reclamação apresentada?
2. Que argumentos a autora da carta usa para justificar a sua reclamação?
3. Ao solicitar que considerem a sua reclamação, ela deixa implícita uma solicitação. Que solicitação é essa?
4. Que palavra a autora da carta usa para dar ênfase à sua solicitação? Que outra palavra poderia ser usada no lugar dessa sem alterar o sentido?
5. No final desta carta, a autora volta a apresentar argumentos. Porém, os argumentos finais estão baseados nos seus *direitos* de cidadã. Copie em seu caderno o trecho que mostra isso.
6. Em sua opinião, por que a autora da carta usa esse argumento?
7. Retome os princípios da lei 12.587/12, que trata da mobilidade urbana. Quais deles a autora da carta poderia ter usado como argumento?
8. O que nos mostra que a reclamação da moradora surtiu algum efeito?
9. Qual é a vantagem de uma reclamação em *site* especializado sobre uma reclamação impressa?

Trilha de estudo

Vai estudar? Stryx pode ajudar! <http://mod.lk/trilhas>

RAWPIXEL.COM/SHUTTERSTOCK

O GÊNERO EM FOCO: CARTA DE RECLAMAÇÃO

No sexto ano, você estudou sobre a **carta de solicitação**, um gênero por meio do qual as pessoas ou organizações solicitam algo a alguém ou a uma empresa ou órgão público. A carta de reclamação se assemelha à carta de solicitação; porém, em geral, ela apresenta um problema ou reclama sobre algo que não vai bem e solicita soluções sobre aquilo.

ROBUART/SHUTTERSTOCK

> "[...] há 2 semanas (s/ contar com os feriados de natal e ano novo!) que, acreditem, os garis de N. Iguaçu ESCOLHEM as ruas que serão 'merecedoras' das coletas de lixo residenciais. Isso porque, absurdamente, quando eles resolvem passar em algumas ruas, deixam de passar em outras próximas."

Ao apresentar o problema, é comum ela mostrar suas consequências para a população ou para a pessoa que reclama – são os argumentos utilizados na carta.

> "E o resultado disso?? Um amontoado de lixo, insetos e proliferação de doenças! E quem paga c/ esse descaso?? Obviamente, que a população!!"

> "[...] quero informá-los que isto está causando acidentes, inclusive aconteceu uma batida de carro próximo a minha casa, situada na RUA ALASCA, por causa de desvio dos buracos."

É comum, também, apontar direitos dos cidadãos descumpridos na situação da qual se reclama.

> "[...] já que pago meus impostos em dia, como boa cidadã que sou."

Assim como na carta de solicitação, quanto mais fortes forem os argumentos, maiores serão as chances de a solicitação ser atendida.

A carta de reclamação pode, também, apresentar algumas possíveis soluções, como forma de agilizar a resolução do problema. Veja:

> "Acreditando no dever da Prefeitura de Nova Iguaçu de fiscalizar a prestação dos seus serviços, de modo que estes sejam prestados adequadamente e eficientemente, os moradores dos condomínios da Rua F, no bairro da Posse, esperam por uma solução, urgente, para a coleta de lixo residencial."

Na carta de reclamação, usamos linguagem formal e polida, tanto no corpo do texto como nas saudações iniciais e finais. Ela também é objetiva. Ou seja, não dá muitas voltas para dizer o que pretende. Apresenta um problema, argumenta para mostrar por que aquilo é um problema e solicita resolução.

Essas cartas iniciam como todas as demais cartas: dirigindo-se ao destinatário ou aos destinatários e despedindo-se formalmente (atenciosamente, cordialmente etc.).

As cartas que você leu foram publicadas em *sites* de reclamação. Nesses *sites*, elas atingem maior visibilidade, o que força a instituição da qual se reclama a responder, esclarecer ou tomar providências. Os *sites* acabam tendo como função indireta guiar outras pessoas a respeito da qualidade dos serviços prestados por uma instituição ou empresa.

ORGANIZAR O CONHECIMENTO

O QUE VOCÊ JÁ SABE?

Agora, você já é capaz de...	Sim	Não	Mais ou menos
... reconhecer que conhecer e produzir cartas de reclamação propiciam a participação das pessoas na sociedade?	☐	☐	☐
... identificar o tema e os argumentos em cartas de reclamação e avaliar se são convincentes?	☐	☐	☐
... descrever e diferenciar a estrutura de cartas de reclamação?	☐	☐	☐
... elencar problemas em sua comunidade e se mobilizar para solucioná-los?	☐	☐	☐

Se você marcou não ou mais ou menos, retome a leitura das cartas de reclamação apresentadas.

Se você marcou não ou mais ou menos, retome a leitura do boxe O gênero em foco: carta de reclamação.

Se você marcou não ou mais ou menos, troque ideias com seus colegas. Pensem em algo que deve ser melhorado em seu bairro, como uma rua que precise ser asfaltada ou uma praça que necessite de melhorias, por exemplo.

Junte-se a um colega e copiem o esquema a seguir, substituindo as perguntas pelas respectivas respostas. Ao final, vocês terão um resumo com as principais características da carta de reclamação. As questões apresentadas servem para orientar a elaboração do esquema, mas vocês poderão incluir outras características.

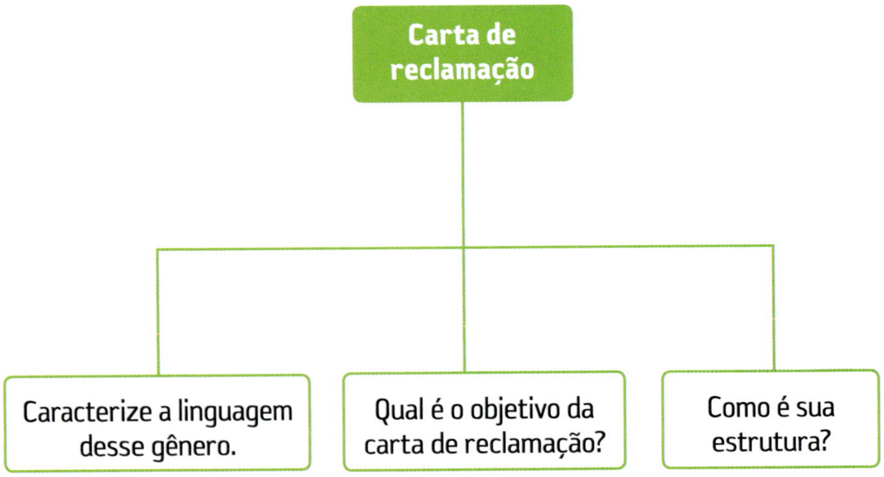

Carta de reclamação
Caracterize a linguagem desse gênero.
Qual é o objetivo da carta de reclamação?
Como é sua estrutura?

NOTIONPIC/SHUTTERSTOCK

PRODUÇÃO DE TEXTO

CARTA DE RECLAMAÇÃO

O que você vai produzir

Você vai escrever uma carta de reclamação a respeito de um problema que afeta as pessoas de seu bairro. Ela poderá ser enviada diretamente ao interlocutor ou divulgada em jornais, revistas ou na internet.

NA HORA DE PRODUZIR

1. Siga as orientações apresentadas nesta seção.
2. Lembre-se de que você já leu e analisou textos do gênero que vai produzir. Se for o caso, retome o "Estudo do texto".
3. Diante da folha em branco, persista. Nenhum texto fica pronto na primeira versão.

PLANEJE E DESENVOLVA SEU TEXTO

SUBARASHII21/SHUTTERSTOCK

1. Converse com os colegas de turma a respeito dos problemas existentes no bairro.

a) Há lixo ou entulho em local proibido?

b) Existe alguma praça que precisa ser limpa ou cuidada?

c) Falta iluminação em alguma rua do bairro?

d) Há buracos nas ruas ou calçadas?

e) Há rampas de acessibilidade nas calçadas?

f) Há latas de lixo que possam ser usadas para que a população que transita na região jogue o lixo?

g) O bairro precisa de mais segurança?

h) Os semáforos funcionam adequadamente?

i) Os motoristas respeitam as regras de trânsito e as saídas dos alunos das escolas? Param em fila única, como deve ser, ou usam fila dupla, atrapalhando o trânsito?

j) Outros problemas que você considerar importantes e urgentes em seu bairro.

2. Após a troca de ideias, o professor fará no quadro um levantamento dos problemas apontados pela classe. Escolha um deles para ser o objeto de sua reclamação.

3. Após a escolha, determine quem será o interlocutor da sua carta, isto é, quem vai ler o que você escrever.

4. Decida a quem sua carta será enviada.
   a) Ela irá diretamente para o interlocutor?
   b) Será endereçada a algum veículo de comunicação?

◉ Considere essas informações para usar a linguagem adequada ao seu texto.

5. Fundamente a reclamação por meio de argumentos. Não se esqueça de que sua intenção ao escrever o texto é ver o problema resolvido. O interlocutor deve se sentir responsável pela situação e ser convencido a solucioná-la por meio das razões apresentadas na carta.

6. Ao concluir a carta, cobre uma atitude de seu interlocutor.

7. Lembre-se de incluir em seu texto:
   a) cabeçalho;
   b) vocativo (a quem a carta será dirigida);
   c) saudação final;
   d) assinatura.

DE OLHO NA TEXTUALIDADE

Para aumentar o poder persuasivo (de convencimento) da sua carta, você pode usar termos que mostram seu posicionamento diante do assunto. Os **advérbios**, por exemplo, ajudam o autor a expressar sua opinião sobre os fatos que relata. Veja exemplos da primeira carta lida:

> "Isso porque, **absurdamente**, quando eles resolvem passar em algumas ruas, deixam de passar em outras próximas. E o resultado disso?? Um amontoado de lixo, insetos e proliferação de doenças! E quem paga c/ esse descaso?? **Obviamente**, que a população!!"

Outra forma de marcar seu posicionamento é inserir **comentários** críticos no interior das frases:

> "Sou recente moradora do bairro da Posse de Nova Iguaçu e nunca vi tamanho descaso com um serviço público (DE COLETA DE LIXO) que, **frise-se**, É ESSENCIAL e, por isso mesmo, DEVERIA SER CONTÍNUO! Porém, há 2 semanas [...] que, **acreditem**, os garis de N. Iguaçu ESCOLHEM as ruas que serão "merecedoras" das coletas de lixo residenciais."

Note que esses comentários são isolados por vírgulas. Eles também podem ser separados por outros sinais de pontuação, como os travessões.

AVALIAÇÃO E DIVULGAÇÃO

1. Antes de passar o texto a limpo, releia sua carta de reclamação e faça as alterações que forem necessárias de acordo com os itens apresentados no quadro a seguir.

Aspectos importantes em relação à proposta e ao sentido do texto
Carta de reclamação
1. A carta apresenta uma reclamação de interesse da comunidade?
2. Os argumentos apresentados são convincentes?
3. O texto está claro e objetivo?
4. A linguagem foi empregada adequadamente?
Aspectos importantes em relação à ortografia, à pontuação e às demais normas gramaticais
5. As palavras estão escritas corretamente? Se necessário, use um dicionário.
6. A pontuação está adequada?
7. Os verbos concordam com os sujeitos?
8. Os substantivos e adjetivos concordam entre si?

2. Revise o texto, fazendo as alterações necessárias, e só então passe-o a limpo.

3. Leia sua carta para os colegas e compartilhe com eles as experiências vivenciadas durante a produção.

4. Se quiser e tiver acesso ao endereço ou *e-mail* de seu destinatário, envie a carta diretamente via correio ou internet.

5. Se preferir divulgar sua reclamação, envie a carta para o endereço eletrônico do *site* escolhido ou para a seção do jornal ou da revista destinada a esse fim.

6. Acompanhe o *site* ou as publicações posteriores durante as semanas seguintes, para saber se sua reclamação foi ou não respondida.

TORWAISTUDIO/SHUTTERSTOCK

ATITUDES PARA A VIDA

QUESTIONAR E LEVANTAR PROBLEMAS

Você já notou que existem pessoas que têm o hábito de fazer perguntas sobre tudo aquilo que acontece? Elas não só levantam problemas, como buscam soluções para resolvê-los. Mas há também aquelas que, em vez de questionar e refletir, preferem reclamar de tudo e, por isso, acabam ficando sempre no mesmo lugar.

Provavelmente, na carta de reclamação que você escreveu foi decisivo questionar e levantar problemas. Pensando nisso, leia a tira a seguir.

UM SÁBADO QUALQUER — CARLOS RUAS

1. Explique o que você entendeu sobre a tira. Que palavras você usaria para descrevê-la?
2. Em sua opinião, a personagem passou por alguma mudança de atitude do primeiro ao último quadrinho? Justifique sua resposta.
3. Você já passou por alguma situação em que foi questionador? Que situação foi essa? Como você se sentiu? Qual foi a reação das pessoas diante de sua curiosidade? Compartilhe essa experiência com os colegas e o professor.

> Curiosidade e criatividade são atitudes inseparáveis. Quem pergunta quer saber! Quem pergunta quer respostas! Questionar e levantar problemas é ser crítico diante da realidade, é ser curioso e disposto a investigar o porquê das coisas, é ser criativo para desenvolver o novo conhecimento.

4. Das cartas de reclamação produzidas pelos colegas, houve alguma que lhe pareceu mais questionadora? Por quê?

> Levantar problemas é o primeiro passo para resolvê-los. Ao desenvolver essa atitude, as pessoas não apenas propõem questionamentos, mas também exercem sua autonomia na busca por respostas.

5. Você acha que a carta de reclamação que você escreveu poderia ter sido mais questionadora? Por quê?

Questionar é estar atendo às situações que nos cercam e, assim, exercer a cidadania. É buscar saber sobre nossos direitos, mas também comprometer-se com nossos deveres diante da sociedade.

6. Cite uma situação, fora do âmbito escolar, em que poderia ser importante questionar e levantar problemas.

AUTOAVALIAÇÃO

Atitudes para a vida	Sim	Não	O que melhorar
1. Você **organizou seu pensamento** e **expressou-se com clareza** por meio da carta de reclamação que produziu?			
2. Você conseguiu **pensar com flexibilidade** ao produzir sua carta de reclamação?			
3. **Pensar de maneira interdependente** foi importante na produção de sua carta de reclamação?			
4. A carta de reclamação que você escreveu foi **questionadora** e procurou **levantar problemas**?			

SYDA PRODUCTIONS/SHUTTERSTOCK

PARA SE PREPARAR PARA A PRÓXIMA UNIDADE

Na próxima unidade você vai estudar os poemas visuais, gêneros que combinam imagem e texto para criar uma relação inusitada entre a forma e o conteúdo. Veja os vídeos que indicamos para você se preparar para esse estudo. Depois, responda às perguntas do boxe "O que você já sabe?".

Pesquise sobre poemas e poemas visuais em *sites* e livros. Selecione o texto que mais chamou sua atenção e busque por mais informações a respeito de sua autoria. Depois, compartilhe essas informações e suas impressões com os colegas.

1

BRUNO POLETTI/FOLHAPRESS

Neste vídeo, o poeta, músico e compositor Arnaldo Antunes fala sobre sua relação com as palavras e o fazer poético. Você terá a oportunidade de analisar uma de suas obras na próxima unidade. Acesse: <http://mod.lk/mp58s>.

2

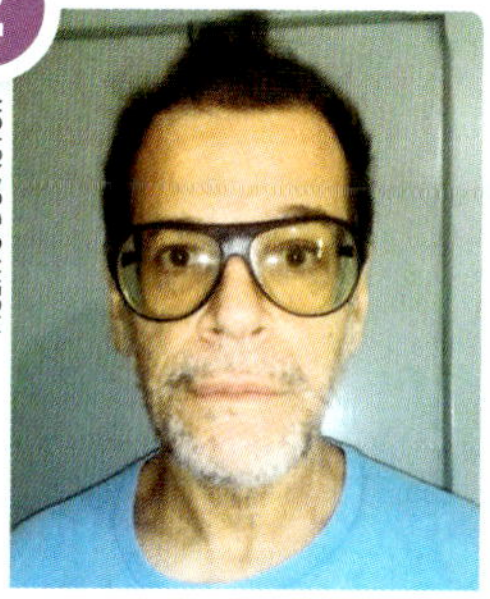
ACERVO DO AUTOR

Paulo Aquarone é um poeta multimídia brasileiro, considerado um dos precursores da poesia digital no Brasil. Conheça mais sobre seus inventivos e bem-humorados poemas aqui: <http://mod.lk/oq0vt>.

3

curta o curta

O *site Curta o curta* adaptou para a linguagem audiovisual os poemas concretos "Cinco" (de José Lino Grünewald, 1964), "Velocidade" (de Ronald Azeredo, 1957), "Cidade" (de Augusto de Campos, 1963), "Pêndulo" (de E. M. de Melo e Castro, 1961/62) e "O organismo" (de Décio Pignatari, 1960). Confira: <http://mod.lk/tnevv>.

4

Figuras de linguagem I

O objeto digital indicado aborda as figuras de linguagem, recurso muito utilizado na linguagem poética. Acesse: <http://mod.lk/7rud0>.

O QUE VOCÊ JÁ SABE?

Até este momento, você seria capaz de...	Sim	Não	Mais ou menos
... diferenciar, em textos poéticos, o sentido denotativo (ou literal) do conotativo (ou figurado) no emprego das palavras?	☐	☐	☐
... interpretar, em poemas visuais, a relação entre os diferentes elementos, como palavras, imagens e recursos gráficos?	☐	☐	☐
... criar um poema visual?	☐	☐	☐
De acordo com o conteúdo do objeto digital *Figuras de linguagem I*, você seria capaz de...	**Sim**	**Não**	**Mais ou menos**
... identificar, em um texto literário, qual figura de linguagem foi utilizada?	☐	☐	☐
... analisar em um texto os efeitos de sentido produzidos pelo uso de figuras de linguagem como a metáfora e a metonímia?	☐	☐	☐
... utilizar figuras de linguagem em suas produções?	☐	☐	☐

UNIDADE 5

IMAGENS NA POESIA

EM FOCO NESTA UNIDADE

- Poema e poema visual
- Figuras de linguagem
- Tipos de sujeito, verbo de ligação e predicativo do sujeito
- Produção: poema visual/videopoema

THIERRY ROGE/REUTERS/LATINSTOCK

Criação do artista francês Daniel Buren, exibida em abril de 2009, em uma praia de De Haan (Bélgica).

ESTUDO DA IMAGEM

- **Esta imagem faz parte de uma série de trabalhos conhecida como *Illusion of a forest on the beach* ("Ilusão de uma floresta na praia"). Que sensações e ideias ela transmite a você?**

a) Nesta unidade, você vai ler poemas que falam a respeito do vento. De que forma o vento pode ser identificado na obra de Daniel Buren?

b) Discuta com seus colegas: de que outras maneiras seria possível representar o vento?

LEITURA

CONTEXTO

Você vai ler dois poemas. Ambos tratam do vento e das mudanças que ele pode provocar na vida das pessoas.

O primeiro é "Vento perdido", escrito por Pedro Bandeira. O poema, publicado em 1984, faz parte do livro *Cavalgando o arco-íris*, direcionado ao público juvenil. O segundo poema, intitulado "Na carreira do vento", foi escrito pelo poeta Jorge de Lima, na primeira metade do século XX.

ANTES DE LER

1. Ao pensar no vento, que lembranças e sentimentos são despertados em você?
2. Para você, o que seria um "vento perdido"?

Biografia

SILVA JUNIOR/FOLHAPRESS

Pedro Bandeira em foto de 2009.

Nascido em Santos, em 1942, **Pedro Bandeira** é um dos principais autores brasileiros de literatura infantojuvenil, tendo escrito mais de 50 livros. Sua consagração como escritor foi alcançada com a publicação de *A droga da obediência*, em 1984.

Texto A

Vento perdido

Vem que vem o vento,
Vem que sopra num momento;
vou, montado num jumento,
cavalgar o arco-íris.

Vem que vem cantar,
vem que vem sobrar,
vem que vai voltar,
vem que vai trazer
tudo aquilo que eu tive
e que o vento carregou,
quando eu estava distraído
a olhar pro meu umbigo,
e o momento já passou.

Vem que o vento volta,
devolvendo o meu sonho;
Pesadelo tão medonho
que eu não quero nem lembrar.

Vem que vai ventar,
vem que vai voltar,
vento vai ventar,
apagando num momento
todo o arrependimento
de um vento tão ventado,
de um momento tão demais,
de um vento tão perdido
que não vai ventar jamais...

PEDRO BANDEIRA. *Cavalgando o arco-íris*. São Paulo: Moderna, 2002.

CARLOS CAMINHA

Texto B

Na carreira do vento

Lá vem o vento correndo
montado no seu cavalo.
Nas asas do seu cavalo
vem um mundo de **vassalos**,
vem a desgraça gemendo,
vem a **bonança** sorrindo,
vem um grito **reboando**,
reboando, reboando.

Lá vem o vento correndo
montado no seu cavalo.
Nas asas do seu cavalo
vem a tristeza do mundo,
vem a camisa molhada
de suor dos desgraçados,
vem um grito reboando,
reboando, reboando.

Lá vem o vento correndo
montado no seu cavalo.
Nas asas do seu cavalo
vem um mundo amanhecendo
vem outro mundo morrendo.
Ligando um mundo a outro mundo
vem um grito reboando,
reboando, reboando.

Lá vem o vento correndo,
os séculos correndo atrás.
Lá vem um grito de Deus
e um grito de Satanás.
Ligando um grito a outro grito
vem o vento reboando,
reboando, reboando.

Lá vem o vento reboando
com seus cavalos-motores
voando nos aviões.
Lá vem progresso, poeira,
carreira, velocidade.
Lá vem nas asas do vento
o lamento da saudade
reboando, reboando.

Lá vem o vento correndo
montado no seu cavalo.
Quem vem agora é um menino
montado no seu carneiro.
Parai, ó vento, deixai
repousar o cavaleiro.
Mas o vento vem danado
reboando, reboando.

JORGE DE LIMA. *Poesia completa*. Rio de Janeiro: Nova Fronteira, 1980. v. 1.

CARLOS CAMINHA

Glossário

Vassalos: no contexto, aqueles que são subordinados a outra pessoa.

Bonança: sossego; tranquilidade.

Reboando: ecoando com muita força; retumbando.

Biografia

REPRODUÇÃO

Jorge de Lima, um dos mais originais poetas brasileiros (foto s.d.).

Jorge de Lima (1893-1953) formou-se em medicina, mas destacou-se como poeta e pintor. Tanto na poesia como na pintura, a temática religiosa está presente em suas obras. Entre seus principais livros de poemas estão *A túnica inconsútil* (1938), *Poemas negros* (1947) e *Invenção de Orfeu* (1952).

ANTES DO ESTUDO DOS TEXTOS

1. Se não tem certeza de ter compreendido bem o texto, leia-o novamente.
2. Ao responder às questões a seguir, procure empregar o que já aprendeu ao ler outros textos e seja preciso em suas respostas.

ESTUDO DOS TEXTOS

COMPREENSÃO DOS TEXTOS

SOBRE O TEXTO A

1. Releia o poema "Vento perdido".

a) No poema, a palavra *vento* foi empregada no seu sentido literal, ou seja, no seu sentido próprio?

b) Em sua opinião, por que o eu lírico fala sobre o vento?

2. Como o eu lírico se sente em relação às transformações provocadas pelo vento? Justifique sua resposta com fragmentos do poema.

3. Na última estrofe, o que o eu lírico quer dizer com "um momento tão demais"?

4. O que os versos a seguir, da segunda estrofe, revelam sobre o eu lírico?

> "quando eu estava distraído
> a olhar pro meu umbigo,
> e o momento já passou."

CARLOS CAMINHA

5. Você já viveu a situação de ter notado a importância de um momento só depois que ele passou?

6. Após a leitura do poema, o que você entende sobre o título "Vento perdido"?

SOBRE O TEXTO B

1. A leitura do poema nos leva a pensar em algumas imagens. Explique o que as imagens apresentadas em cada item a seguir sugerem.

a) "vem um mundo de vassalos, / vem a desgraça gemendo, / vem a bonança sorrindo"

b) "vem a tristeza do mundo, / vem a camisa molhada / de suor dos desgraçados"

c) "vem um mundo amanhecendo / vem outro mundo morrendo."

d) "Lá vem o vento correndo, / os séculos correndo atrás."

e) "Lá vem um grito de Deus / e um grito de Satanás."

f) "Lá vem nas asas do vento / o lamento da saudade / reboando, reboando."

g) "Quem vem agora é um menino / montado no seu carneiro. / Parai, ó vento, deixai / repousar o cavaleiro."

2. No final das três primeiras estrofes, o eu lírico fala de um grito que vem reboando. O que esse grito pode representar?

- Nas três últimas estrofes, a saudade e o vento tomam o lugar desse grito. Por quê?

3. A palavra *carreira* tem vários significados, como: 1) caminho; 2) fileira; 3) corrida veloz; 4) correnteza. Em que sentido ela foi usada no título do poema?

SOBRE OS TEXTOS A E B

1. Observe o modo como o eu lírico de cada um dos poemas se refere ao vento.
   a) A postura deles em relação aos efeitos do vento é a mesma?
   b) Quais são as conclusões a que eles chegam sobre o vento?

2. Nos dois poemas, são construídas imagens para expressar os sentimentos do eu lírico. Em qual deles essas imagens expressam emoções pessoais? Em qual elas apresentam as mudanças que ocorrem no mundo?

DE OLHO NA CONSTRUÇÃO DOS SENTIDOS

1. Observe o seguinte fragmento do poema "Vento perdido".

> "Vem que vem cantar,
> vem que vem sobrar,
> vem que vai voltar,
> vem que vai trazer"

   a) Considerando o contexto do poema, explique qual é o efeito produzido pela repetição da expressão "vem que vem" no início dos dois primeiros versos e de "vem que vai" no início dos dois últimos.
   b) Que imagens você imagina quando lê somente esses versos?

2. No final das estrofes do poema de Jorge de Lima é repetida a palavra *reboando*.
   a) Releia a definição no glossário e diga qual é a relação existente, nesse poema, entre a palavra *reboando* e o vento.
   b) Você considera que a repetição dessa palavra foi intencional ou não? Justifique sua resposta.

3. Releia os seguintes versos do poema de Jorge de Lima:

> "Nas asas do seu cavalo
> vem um mundo amanhecendo
> vem outro mundo morrendo."

> "Lá vem o vento correndo,
> os séculos correndo atrás.
> Lá vem um grito de Deus
> e um grito de Satanás."

CARLOS CAMINHA

CARLOS CAMINHA

a) Nesses versos, o poeta trabalha com ideias opostas. Escreva as palavras que representam essa oposição.

O recurso estilístico por meio do qual se aproximam ideias de sentidos opostos é chamado de **antítese**. Pode haver antítese entre palavras, pensamentos, imagens e, de forma mais complexa, entre frases e orações.

b) Transcreva dos dois poemas outros pares de palavras que também expressem antíteses.

c) No poema "Na carreira do vento", que trata de mudanças rápidas, que impressões o uso de antíteses pode causar na leitura?

4. **No poema de Jorge de Lima, no verso "vem um mundo amanhecendo", o verbo *amanhecer* foi usado no sentido literal de "o dia surgir, ter início"? Explique sua resposta.**

5. **Nos dois poemas, alguns versos sugerem imagens por meio de palavras. Qual dessas imagens mais o impressionou? Por quê?**

Um dos recursos da poesia é trabalhar com **imagens** criadas por meio de palavras. Às vezes, a imagem é uma cena objetiva, real. Outras vezes, é uma criação poética de algo idealizado, possível apenas na imaginação.

6. **Do modo como é retratado nos dois poemas, o vento apresenta características de um ser humano.**

a) Aponte um exemplo desse recurso em cada um dos poemas.

Personificação ou **prosopopeia** é a figura de linguagem por meio da qual características humanas são atribuídas a seres inanimados ou seres irracionais (animais, objetos, elementos da natureza etc.).

b) Que sentido a personificação do vento dá aos poemas lidos?

Figuras de linguagem

De acordo com o contexto e a intenção de quem escreve, as palavras podem ser empregadas em sentido **denotativo** (ou **literal**) ou em sentido **conotativo** (ou **figurado**). O emprego de palavras em sentido conotativo é um recurso bastante utilizado para a construção de imagens. São as **figuras de linguagem**, que se dividem em figuras de palavras, figuras de pensamento, figuras de construção e figuras de som.

7. **Leia as frases a seguir e transcreva aquela em que ocorre uma comparação.**

a) O vento é veloz.

b) *O cavalo é veloz.*

c) *O cavalo é veloz como o vento.*

CARLOS CAMINHA

Comparação é um dos recursos usados para a criação de imagens. Consiste em aproximar duas ideias, dois seres ou dois objetos a partir de uma característica que lhes seja comum.

Nos exemplos acima, a primeira e a segunda frase são enunciados independentes, em que se atribui uma mesma característica (veloz) a seres diferentes (respectivamente, ao vento e ao cavalo).

Na terceira frase, o enunciado atribui uma característica a um ser em relação à mesma característica em outro ser. Nele há uma comparação explícita (*veloz como*) entre o cavalo e o vento.

8. **Você já viu que no verso "vem um mundo amanhecendo", o verbo *amanhecer* não está no seu sentido literal.**

a) Que sentido ele tem nesse verso?

b) Qual a relação desse sentido com a ideia de "amanhecer"?

Quando, por meio de uma relação de semelhança, para se referir a um objeto ou a uma qualidade dele, usa-se uma palavra que se refere a outro objeto ou qualidade, ocorre a **metáfora**.

A metáfora é quase uma comparação. Quando o eu lírico, no primeiro poema, diz "eu estava distraído / a olhar pro meu umbigo", ele faz como que uma comparação entre não ter consciência do momento vivido e estar distraído olhando para o próprio umbigo.

A metáfora também é uma criação subjetiva, isto é, depende das intenções e da imaginação do autor. Às vezes, o sentido dela é mais evidente. Mas há metáforas sobre as quais podemos fazer muitas suposições.

A metáfora no dia a dia

A metáfora não é um recurso exclusivo da literatura. Ocorre também na linguagem cotidiana, em expressões populares e em gírias. Exemplo:

*Ele é **fera** em matemática!*

9. **Releia os versos de "Na carreira do vento".**

> "vem a camisa molhada
>
> de suor dos desgraçados"

a) A que se pode associar "camisa molhada de suor"?

b) Como podemos fazer essa associação?

Metonímia é a figura de linguagem em que se emprega um termo em lugar de outro, havendo uma relação objetiva de afinidades entre o termo substituído e o termo substituto.

Na metonímia, diferentemente da metáfora, associam-se dois elementos que guardam entre si uma relação direta, objetiva. Veja um exemplo nestes versos de um poema de Fernando Pessoa.

> Vaga, no azul amplo solta,
> Vai uma nuvem errando

Cancioneiro. Ciberfil Literatura Digital. Disponível em: <http://mod.lk/dypjq>. Acesso em: 19 jan. 2018.

O termo *azul* (cor) está empregado no lugar de *céu* (objeto), uma vez que existe uma relação direta, objetiva, entre ambos.

A metonímia é um recurso de linguagem muito usado no dia a dia. Há vários tipos de metonímia. Veja os mais comuns.

- A parte pelo todo: *Comprou dez **cabeças** de gado*. (*cabeças* está no lugar do animal)
- O continente pelo conteúdo: *Estava com muita fome: comi dois **pratos** cheios*. (*pratos* está no lugar da comida)
- O efeito pela causa: *"De repente do **riso** fez-se o **pranto**"* (*riso* e *pranto*, no verso de Vinicius de Moraes, podem ser lidos respectivamente como *alegria* e *tristeza*)
- A causa pelo efeito: *Sou alérgica a **gatos***. (a alergia vem do pelo do gato)
- O autor pela obra: *Já li **Machado de Assis***. (o nome do autor é uma referência a seus livros)

10. Leia este trecho de um poema de Olavo Bilac.

A alvorada do amor

> "Rosas te brotarão da boca, se cantares!
> Rios te correrão dos olhos, se chorares!"

In: *Olavo Bilac*: obra reunida. Rio de Janeiro: Nova Aguilar, 1996. (Fragmento).

CARLOS CAMINHA

a) A que imagem o eu lírico associa o canto da amada?

b) E as lágrimas da amada, a que imagem estão associadas?

c) Como o leitor pode interpretar esse canto e esse choro a partir das imagens criadas pelo autor?

d) Que características das rosas e dos rios podem ser atribuídas ao canto e ao choro?

e) Há exagero nessas imagens propostas pelo autor?

Hipérbole é a figura de linguagem que ocorre quando expressamos uma ideia de modo exagerado.

A hipérbole no dia a dia

A hipérbole ocorre frequentemente na linguagem cotidiana, em expressões como:

- *Estou morta de fome!*
- *Já te falei isso mais de um milhão de vezes!*
- *Este calor é de derreter!*

ORGANIZAR O CONHECIMENTO

O QUE VOCÊ JÁ SABE?

Agora, você já é capaz de...	Sim	Não	Mais ou menos
... diferenciar, em textos poéticos, o sentido denotativo (ou literal) do conotativo (ou figurado) no emprego das palavras?	☐	☐	☐
... identificar, em um texto literário, qual figura de linguagem foi utilizada?	☐	☐	☐
... analisar em um texto os efeitos de sentido produzidos pelo uso de figuras de linguagem como a metáfora e a metonímia?	☐	☐	☐
... utilizar figuras de linguagem em suas produções?	☐	☐	☐

Se você marcou **não** ou **mais ou menos**, retome a leitura do tópico **De olho na construção dos sentidos**.

Junte-se a um colega e copiem o esquema a seguir, completando-o com as principais características de cada figura de linguagem.

Linguagem poética — Trabalha a construção de imagens por meio das palavras. — O sentido conotativo (ou figurado) das palavras é um recurso usado na construção de imagens.

Figuras de linguagem

- Antítese:
- Personificação (ou prosopopeia):
- Comparação:
- Metáfora:
- Metonímia:
- Hipérbole:

PURESOLUTION/SHUTTERSTOCK

E POR FALAR NISSO...

Como representar o que não é visível a olho nu? Você verá a seguir duas obras que tentam registrar de maneiras diferentes o ar em movimento. A primeira é de Edward Hopper (1882-1967), famoso pintor realista estadunidense. A segunda é do artista belga Bob Verschueren (nascido em 1945), que realiza trabalhos artísticos em paisagens. Observe-as e perceba as diferentes sensações que elas podem despertar em você.

THE HUNTINGTON LIBRARY COLLECTIONS. BRIDGEMAN IMAGES/GLOW IMAGES

HOPPER, Edward. *The long leg* [em náutica, "Longo percurso entre duas boias"], 1935. Óleo sobre tela, 20 cm × 30 cm. As obras desse artista ficaram conhecidas por sugerirem sempre uma atmosfera de solidão.

© VERSCHUEREN, BOB/AUTVIS, BRASIL, 2018 – COLEÇÃO PARTICULAR

VERSCHUEREN, Bob. *Pintura do vento VII*. Década de 1970. Óxido de ferro vermelho sobre areia da praia. O processo realizado pelo artista consiste em deixar que a ação do vento crie desenhos na paisagem.

1. **Das duas obras aqui reproduzidas, de qual você gostou mais? Qual delas você achou mais "instigante"? Por quê?**

2. **Converse com seus colegas sobre as diferenças e semelhanças entre essas duas obras. Procure levar em consideração as informações que foram apresentadas no enunciado e nas legendas.**

a) Que recursos foram utilizados pelos artistas em cada obra?

b) Que cenários ou paisagens foram representados nas obras?

c) Como o vento foi representado em cada uma delas?

3. **Tente refletir sobre as sensações que essas obras despertaram em você.**

a) Que palavras utilizaria para descrever essas sensações?

b) Você diria que essas imagens podem ser consideradas poéticas? O que haveria de comum entre elas?

ESTUDO DA LÍNGUA: ANÁLISE E REFLEXÃO

COMO VOCÊ PODE ESTUDAR

1. **Estudo da língua** não é uma seção para decorar, mas para questionar e levantar problemas.
2. O trabalho com os conhecimentos linguísticos requer persistência. Leia e releia os textos e exemplos, discuta, converse.

TIPOS DE SUJEITO, ORAÇÃO SEM SUJEITO, VERBO DE LIGAÇÃO E PREDICATIVO DO SUJEITO

TIPOS DE SUJEITO E ORAÇÃO SEM SUJEITO

1. Leia estes versos extraídos do poema "Na carreira do vento", de Jorge de Lima.

I. "Nas asas do seu cavalo / vem um mundo de vassalos"

II. "Nas asas do seu cavalo / vem a tristeza do mundo"

III. "Lá vem nas asas do vento / o lamento da saudade"

a) Copie no caderno o sujeito de cada par de versos.

b) O sujeito sempre apresenta uma palavra que é a mais significativa, ou seja, o núcleo. Aponte o núcleo do sujeito dos versos.

c) Os núcleos que você apontou pertencem à mesma classe gramatical?

2. Leia o trecho de uma reportagem.

Com reservatórios de água em níveis críticos, o Nordeste brasileiro está vivendo de vento. Desde abril, **[1]** ***a energia eólica é a principal fonte de geração naquele subsistema***, segundo dados do Operador Nacional do Sistema Elétrico (ONS).

Além de bater recordes consecutivos este ano, **[2]** ***a produção eólica, em outubro, superou a soma dos megawatts (MW) médios gerados por todos os demais tipos de usina***, considerando, inclusive, a importação de eletricidade. Na sexta-feira, **[3]** ***assegurou 52,6% da geração total do Nordeste***.

Estado de Minas. Disponível em: <http://mod.lk/krvoe>. Acesso em: 25 abr. 2018. (Fragmento adaptado).

ICEDEA/SHUTTERSTOCK

a) No início do trecho, é dito que o Nordeste brasileiro está vivendo de vento. O que isso quer dizer?

b) Qual é o sujeito das orações destacadas? Qual é o núcleo de cada sujeito?

c) O sujeito do trecho 3 não aparece na oração. Como você fez para descobri-lo?

TIPOS DE SUJEITO

MACROVECTOR/SHUTTERSTOCK

Você já aprendeu que uma oração é formada por dois termos principais:

- sujeito: aquele (coisa ou pessoa) sobre o qual se declara algo;
- predicado: aquilo que é declarado sobre o sujeito.

Exemplo:

Eu gosto de assistir a espetáculos teatrais.

sujeito (*Eu*) — predicado (*gosto de assistir a espetáculos teatrais*)

A palavra mais importante do sujeito recebe o nome de **núcleo do sujeito**. O núcleo é sempre um substantivo ou palavra com valor de substantivo (pronome, numeral, verbo no infinitivo ou qualquer palavra substantivada). É a esse núcleo que o predicado se refere.

A adequação do verbo ou locução verbal ao número e à pessoa do sujeito recebe o nome de **concordância verbal**. De modo geral, o verbo concorda em pessoa e número com o núcleo do seu sujeito:

As asas do vento espantaram *toda a tristeza do mundo.*

"Nas asas do seu cavalo / **vem um mundo amanhecendo**"

O sujeito que pode ser identificado numa oração é o **sujeito determinado**. Ele pode ser de três tipos:

- **sujeito simples**, que apresenta apenas um núcleo;
- **sujeito composto**, que apresenta mais de um núcleo;
- **sujeito oculto**, **desinencial** ou **implícito**, que não está explícito na oração, mas pode ser identificado pelo contexto ou pela desinência verbal.

Exemplos:

"Lá **vem o vento correndo**." (*O vento*: sujeito simples).

O vento e a chuva fizeram *um grande estrago nas ruas do bairro.*

(*O vento e a chuva*: sujeito composto).

No exemplo acima, o verbo concorda com o sujeito composto. Veja outro exemplo de sujeito composto: "Lá vem ***progresso***, ***poeira***, / ***carreira***, ***velocidade***". Note que o sujeito composto apresenta quatro núcleos – *progresso*, *poeira*, *carreira*, *velocidade* – e aparece na oração depois do verbo *vem*. Em casos assim, o verbo pode concordar com o núcleo mais próximo (*progresso*). O autor poderia ter colocado o verbo no plural (*vêm*), mas preferiu fazer a concordância com o núcleo mais próximo, mantendo-o no singular.

"**[eu] vou**, montado num jumento"

(*eu*: sujeito oculto – o verbo *vou* permite saber que o sujeito é *eu*)

Sujeito indeterminado é aquele que não pode ser identificado na oração. Em português, há duas maneiras de indeterminar o sujeito:

- conjugando o verbo na 3ª pessoa do plural: ***Tocaram*** *a campainha.*
- justapondo o pronome **se** ao verbo flexionado na 3ª pessoa do singular: ***Precisa-se*** *de cozinheiros.* ***Come-se*** *bem nesta casa.*

A indeterminação do sujeito geralmente é usada quando:

- não se quer revelar o autor da ação: ***Disseram-me*** *coisas horríveis sobre você.*
- não se conhece o autor da ação: ***Bateram*** *à porta.*
- não é importante revelá-lo: ***Multaram*** *seu carro.*

Como identificar o sujeito

Há duas regras práticas para identificação do sujeito: perguntar "quem?" ou "o quê?" ao verbo ou, então, identificar o predicado e, excluindo-o, localizar o sujeito.

ORAÇÃO SEM SUJEITO

Verbos que não admitem sujeito são chamados de **verbos impessoais**. As orações construídas com esses verbos são chamadas **orações sem sujeito**.

Veja, no quadro, os principais verbos impessoais.

Verbos impessoais	Sentido/ Indicação	Exemplo
chover, ventar, nevar, etc.	fenômeno da natureza	• ***Ventou*** *muito no Nordeste brasileiro.*
ser	tempo e distância	• ***É*** *muito tarde.* • ***São*** *dez quilômetros da minha casa até a sua.*
fazer	fenômeno da natureza	• ***Fez*** *noites muito frias no inverno passado.*
haver	existir ou acontecer	• *Na classe,* ***havia*** *dois meninos especiais.* • ***Haverá*** *espetáculos durante toda a semana.*
haver, fazer e ir	tempo decorrido	• ***Faz*** *dois anos que não viajo.* • ***Vai*** *para dois anos que não viajo.*

CONCORDÂNCIA DOS VERBOS IMPESSOAIS

Com exceção do verbo *ser*, os verbos impessoais são conjugados apenas na 3ª pessoa do singular. Isso vale também para as locuções verbais de que eles participam como verbos principais:

- ***Há*** *dez meninos na sala.* ***Deve haver*** *mais crianças ainda na cozinha.*

Já o verbo *ser*, quando impessoal, concorda com os outros elementos do predicado:

- ***São*** *duas horas.*

ROBUART/SHUTTERSTOCK

ATIVIDADES

ATITUDES PARA VIDA

Ao responder às questões, busque exatidão e precisão para garantir que você entendeu o que estudou.

1. Leia as manchetes abaixo e verifique quais delas podem ser classificadas como oração sem sujeito.

I. **Chove forte na região de Salvador**

Disponível em: <http://mod.lk/esajc>. Acesso em: 19 jul. 2018.

II. **Brasil 2018: Precisa-se de humanos**

Carta Capital. Disponível em: <http://mod.lk/ks3ux>. Acesso em: 27 abr. 2018.

III. **Pressão política e crise financeira deixam projeto Flu-Samorin ameaçado**

Disponível em: <http://mod.lk/xgqsd>. Acesso em: 19 jul. 2018.

IV. **ABL faz homenagem a Guimarães Rosa**

Disponível em: <http://mod.lk/oqbev>. Acesso em: 27 abr. 2018.

Glossário

ABL: Academia Brasileira de Letras.

V. **Chuva de meteoros decepciona na América do Norte**

G1. Disponível em: <http://mod.lk/uu7cp> Acesso em: 27 abr. 2018.

a) Classifique os sujeitos das demais orações. Em seguida, explique o porquê de cada classificação.

b) Note que a linguagem das manchetes é bem econômica: na maioria dos casos, o sujeito é bastante “enxuto”. Qual é a relação entre essa forma de compor as manchetes e o papel que elas desempenham em um jornal ou portal de notícias?

2. **Leia o poema abaixo.**

Brilhava alta
e bela
não era a lua
era só uma janela.

GIOVANI BAFFÔ. Brilhava alta a lua. *Pequenos golpes*. São Paulo: Edições Maloqueirista, 2012.

ROMAN MAVRIN/SHUTTERSTOCK

a) O texto fala sobre uma possível confusão quanto à identidade do sujeito da primeira oração ("Brilhava alta / e bela"). De acordo com o poema, quais seriam os possíveis sujeitos dessa oração? Por que eles poderiam ser confundidos?

b) Essa confusão é mais provável de acontecer em uma grande cidade ou no campo? Justifique sua resposta.

c) Identifique e classifique o sujeito da forma verbal *brilhava*, no primeiro verso.

d) Por que esse tipo de sujeito teria sido usado no primeiro verso?

3. **Algumas notícias têm seu texto enriquecido por fotos, acompanhadas de legendas. Leia o fragmento abaixo e observe esses elementos.**

Turismo

Acesso argentino a Cataratas do Iguaçu permanecerá fechado por mais um mês

O acesso à Garganta do Diabo, principal atração das Cataratas do Iguaçu, permanecerá fechado por pelo menos 30 dias do lado argentino devido às obras de manutenção necessárias nas passarelas após a forte cheia das águas, confirmaram nesta terça-feira à Agência Efe fontes do parque.

[...]

Terra. Disponível em: <http://mod.lk/8elhk>. Acesso em: 24 abr. 2018.

CHRISTIAN RIZZI/GAZETA DO POVO/FOLHAPRESS

As chuvas e o aumento do nível das águas nas últimas semanas fecharam o acesso das Cataratas pelo lado argentino.

a) Observe as informações próximas ao título da notícia. Por que ela foi publicada na seção de turismo do jornal?

b) A foto contribui para deixar essa notícia mais informativa? Por quê?

c) Observe novamente a foto que acompanha a notícia. Crie para ela duas novas opções de legenda com as seguintes estruturas:

- uma frase com oração com sujeito;
- uma frase com oração sem sujeito.

d) Reúna-se com alguns colegas e mostrem as frases criadas por vocês aos outros grupos. Elejam as três melhores opções de legenda, uma para cada categoria estrutural, e leiam-nas para o restante da turma.

4. Leia esta tira.

CALVIN — **BILL WATTERSON**

SRTA. WORMWOOD, MEU PAI DIZ QUE, QUANDO ESTAVA NA ESCOLA, ENSINARAM A ELE A FAZER CONTAS NUMA RÉGUA DE CÁLCULO.
ELE DIZ QUE NÃO USA UMA RÉGUA DE CÁLCULO DESDE ENTÃO, PORQUE ELE COMPROU UMA CALCULADORA DE CINCO DÓLARES QUE TEM MAIS FUNÇÕES DO QUE ELE PODERIA DECIFRAR, SE SUA VIDA DEPENDESSE DISSO.
CONSIDERANDO O PASSO DA TECNOLOGIA, EU PROPONHO DEIXARMOS A MATEMÁTICA PRAS MÁQUINAS E IRMOS BRINCAR LÁ FORA.
MEUS PROJETOS SEMPRE SÃO BLOQUEADOS NAS COMISSÕES.
11-25
WATTERSON
© 1992 Watterson/Distributed by Universal Press Syndicate

Glossário

Régua de cálculo: régua especial que permite realizar operações como multiplicação e divisão.

a) Com base no contexto, deduza quem seria a "srta. Wormwood".

b) Qual teria sido a resposta da srta. Wormwood à proposta que Calvin faz no terceiro quadro? Justifique sua resposta.

c) Em que argumento Calvin sustentava sua proposta?

d) Localize no primeiro quadrinho e copie no caderno uma oração com sujeito indeterminado. Em seguida, explique por que, nesse caso, optou-se por indeterminar o sujeito.

e) No terceiro quadrinho, há dois verbos cujo sujeito é oculto. Quais são eles e qual é o sujeito? A qual(is) pessoa(s) esse sujeito se refere na tira?

5. Leia a oração abaixo.

Choveram críticas à *performance* do músico no *show* de ontem.

a) Qual o sentido da forma verbal *choveram* nessa frase?

b) Geralmente, o verbo *chover* aparece em orações sem sujeito. Por que, neste caso, ele foi flexionado?

c) Qual é a função sintática da palavra *críticas* na oração?

VERBO DE LIGAÇÃO E PREDICATIVO DO SUJEITO

1. Releia alguns versos do poema "Vento perdido", de Pedro Bandeira, e do poema "Na carreira do vento", de Jorge de Lima.

Tipos de sujeito
Audiovisual aborda os conceitos de tipos de sujeito, orações sem sujeito, verbo de ligação e predicativo do sujeito.

Texto 1

"quando eu estava distraído
a olhar pro meu umbigo"

Texto 2

"Mas o vento vem danado
reboando, reboando"

NEVESHKIN NIKOLAY/SHUTTERSTOCK

a) No texto 1, sobre quem se declara algo? O que se declara?

b) O que se declara é uma qualidade ou um estado do sujeito?

c) No texto 2, sobre quem se declara algo? O verbo *vem* está declarando um estado do sujeito; portanto, ele funciona, nessa oração, como verbo de ligação. Explique essa afirmativa.

2. Leia a tira do Armandinho.

ARMANDINHO — ALEXANDRE BECK

ALGUNS ROBÔS PARECEM PESSOAS, ARMANDINHO!
VOCÊ NÃO TEM MEDO?
DELES? NÃO, PUDIM...
...SÓ DAS PESSOAS QUE PARECEM ROBÔS!
Alexandre Beck 2732/18

© ALEXANDRE BECK

a) De que Armandinho tem medo? Esse medo dele surpreende Pudim? Justifique sua resposta.

b) O verbo de ligação é o que relaciona o sujeito a uma característica ou estado a ele atribuído. Essa característica ou estado do sujeito classifica-se, na oração, como **predicativo do sujeito**. Sabendo disso, identifique, no primeiro quadro, o sujeito, o predicativo do sujeito e o verbo de ligação.

c) Observe estas orações: *Você é um robô. Mas parece uma pessoa.* Identifique o sujeito, o verbo de ligação e o predicativo de cada oração. Em seguida, classifique cada sujeito.

VERBO DE LIGAÇÃO

Os verbos que estabelecem uma ligação entre o sujeito e uma característica ou estado atribuído a ele são chamados **verbos de ligação**.

Os principais verbos de ligação do português são: *ser*, *estar*, *ficar*, *tornar-se*, *parecer*, *permanecer*, *continuar*, *andar*.

Observe que não é o verbo de ligação que expressa o estado ou a característica do sujeito, mas ele indica as condições dessa relação entre o sujeito e o que é atribuído a ele.

Veja no quadro a seguir as principais condições expressas pelos verbos de ligação, com alguns exemplos.

Condição	Exemplos
Estado/característica permanente	Esse homem é um profissional.
Estado/característica temporária	Esse distinto profissional está/anda meio esquecido ultimamente.
Mudança de estado/ característica	Esse distinto profissional ficou/tornou-se meio esquecido ultimamente.
Estado/característica aparente	Esse distinto profissional parece meio esquecido ultimamente.
Continuidade de estado/ característica	Esse distinto profissional continua/permanece meio esquecido ultimamente.

VERBOS QUE PODEM SER DE LIGAÇÃO OU DE AÇÃO

Existem muitos verbos que, conforme o contexto, podem funcionar como verbos de ligação ou de ação. Veja estes exemplos:

*Sem que eu percebesse, **virei** uma pessoa nova.*

(verbo de ligação)

***Virei** as batatas para que o outro lado também dourasse.*

(verbo de ação)

*Desde a viagem, a mulher **andava** saudosa e introspectiva.* (verbo de ligação)

*Sua vontade era voltar a **andar** naquelas ruas floridas.* (verbo de ação)

***Fiquei** engraçado naquela fantasia.* (verbo de ligação)

***Fiquei** na sala dos professores a manhã toda.* (verbo de ação)

MATIASDELCARMINE/SHUTTERSTOCK

Para distinguir as situações em que o verbo funciona como verbo de ligação daquelas em que funciona como verbo de ação, precisamos verificar se ele está apenas relacionando o sujeito a uma característica ou estado sem atribuir-lhe nenhuma ação ou processo. Se for esse o caso, o verbo será, naquele contexto, um verbo de ligação.

ACONTECE NA LÍNGUA

Estudos atuais apresentam controvérsias quanto à classificação "verbo de ação". Observe a manchete a seguir.

O bicho de estimação morreu. Como falar sobre isso com a criança?

Revista Crescer. Disponível em: <http://mod.lk/enrlp>. Acesso em: 23 abr. 2018.

Em "O bicho de estimação morreu", por exemplo, *morreu* é considerado tradicionalmente um verbo de ação, embora não exprima exatamente essa noção, já que o bicho de estimação não realizou o ato de morrer por vontade própria. Nessa oração, *o bicho de estimação* tem a função sintática de sujeito, mas a ação expressa pelo verbo revela que sua função temática é de paciente.

PREDICATIVO DO SUJEITO

Damos o nome de predicativo do sujeito ao termo da oração que atribui características ou estados ao sujeito, relacionando-se com ele geralmente por meio de um verbo de ligação.

O predicativo do sujeito pode estar composto de várias palavras, entre as quais há uma que é a mais importante. Essa palavra é o **núcleo** do predicativo.

predicativo do sujeito

*Tudo parece **cada vez mais complicado.***

núcleo

Palavras de diversas classes gramaticais e até mesmo uma oração inteira podem exercer o papel de núcleo do predicativo.

*A história é bem **legal**!* (adjetivo)

*Esse livro se tornou **de cabeceira** para mim, apesar de ser meio **de autoajuda**.* (locução adjetiva)

*As personagens da história são **três**.* (numeral)

*O canto dos pássaros silvestres é uma **beleza**.* (substantivo)

O link *para o livro com a história é **este**.* (pronome)

*Minha impressão é de que **a história ensina uma grande lição**.* (oração)

Dois ou mais predicativos do sujeito

Pode haver duas ou mais palavras atribuídas ao sujeito como características ou estados em uma mesma oração. Veja:

*A mulher ficou **esperançosa** e **otimista** ao ouvir o sinal de nova mensagem.*

Nesse caso, temos dois predicativos atribuídos ao mesmo sujeito.

ANDREW RYBALKO/SHUTTERSTOCK

PREDICATIVO DO SUJEITO COM VERBOS DE AÇÃO

O predicativo do sujeito não ocorre apenas com os verbos de ligação. Há orações que são construídas com um verbo de ação e um predicativo que expressa características do sujeito. Observe:

O garoto **entrou** no museu ***distraído do mundo real***.
　　　　verbo de ação　　　　predicativo do sujeito

Depois daquele sonho, a menina **acordou** ***feliz e disposta***.
　　　　　　　　　　　　verbo de ação　predicativos do sujeito

ORGANIZAR O CONHECIMENTO

O QUE VOCÊ JÁ SABE?

Agora, você já é capaz de…	Sim	Não	Mais ou menos
… definir o que é sujeito determinado e classificá-lo?	☐	☐	☐
… diferenciar sujeito indeterminado de sujeito oculto?	☐	☐	☐
… identificar orações sem sujeito?	☐	☐	☐
… distinguir os verbos de ligação dos verbos de ação?	☐	☐	☐
… citar quais são os principais verbos de ligação?	☐	☐	☐
… explicar o que é predicativo do sujeito?	☐	☐	☐

*Se você marcou não ou mais ou menos, retome a leitura de **Tipos de sujeito e oração sem sujeito**.*

*Se você marcou não ou mais ou menos, retome a leitura de **Verbos de ligação**.*

*Se você marcou não ou mais ou menos, retome a leitura de **Predicativo do sujeito**.*

◉ Junte-se a um colega, copiem e completem o esquema com orações que exemplifiquem os conceitos indicados.

Sujeito
- Determinado
  - Aquele que pode ser identificado na oração.
    - Simples: ______
    - Composto: ______
    - Oculto, desinencial ou implícito: ______
- Indeterminado
  - Aquele que não pode ser identificado na oração.

Oração sem sujeito
- Construída em torno de verbos impessoais: ______

Verbo de ligação
- Estabelece ligação entre o sujeito e um estado ou característica.
- Não atribui nenhuma ação ou processo ao sujeito.
- Exemplos: *ser*, *estar*, *ficar*, *tornar*-se, *parecer*, *permanecer*, *continuar*, *andar*.

Predicativo do sujeito
- Expressa uma característica ou estado do sujeito.
- Geralmente aparece com verbo de ligação: ______
- Também pode aparecer com verbo de ação: ______

MARCEL LISBOA

ATIVIDADES

ATITUDES PARA A VIDA

Ao responder às questões, busque exatidão e precisão para garantir que você entendeu o que estudou.

1. **Suponha que os verbos de ligação estejam extintos do português a partir de hoje. Leia a seguir o diálogo entre um médico e seu paciente. O símbolo ✦ indica a ausência do verbo de ligação em cada caso.**

— Bom dia, Caio, como você se sente?

— Então, doutor, eu ✦ doente porque ontem ✦ muito estressado no trabalho.

— Mas o que aconteceu?

— Bom, de manhã eu já ✦ nervoso com uma apresentação que ia fazer, uma apresentação que ✦ importante para minha carreira. Aí, à tarde, meu chefe falou que dois americanos iriam assistir à apresentação, e eu teria que falar inglês. Eu ✦ com dor de cabeça, febre e mal-estar... e ✦ desse jeito até agora.

— Certo...

DAVE SANTANA

a) Você conseguiu entender as principais ideias desse texto?

b) Para você, o que a ausência dos verbos de ligação provoca?

c) Por que foram usados tantos verbos de ligação?

d) Reescreva o texto em seu caderno, substituindo cada ✦ por um verbo de ligação.

2. **Volte à questão anterior e indique a condição expressa pelos verbos de ligação que você empregou. Escolha entre as opções do quadro.**

estado permanente	estado temporário	mudança de estado
continuidade de estado	estado aparente	

3. **Leia a tira.**

NÍQUEL NÁUSEA FERNANDO GONSALES

ESTOU APAIXONADO
AGORA ESTOU FURIOSO!
PREO-CUPADO!
MELAN-CÓLICO...
OOHHH ALÉM DE LINDO, É UM ÓTIMO ATOR!!
3220

a) No caderno, copie, das falas da personagem de topete, os termos que exercem a função de predicativo do sujeito.

b) Qual é o verbo de ligação que essa personagem usa e que condição ele expressa nesse contexto?

c) Qual é a relação desse verbo de ligação e dos predicativos que você copiou na questão **a** com a profissão da personagem, revelada no último quadro?

d) O comentário feito pelas fãs também contém verbo de ligação e predicativo do sujeito. Copie-os em seu caderno.

e) O comentário das fãs não é coerente com o que aparece ilustrado na tira. Explique por que e comente como essa divergência produz humor.

4. **Leia as frases a seguir e depois responda às perguntas sobre elas. Todas as suas respostas devem ser justificadas.**

I. *A equipe entrou em campo confiante.*

II. *Fiquei bem mais confiante depois de ouvir tantos elogios.*

III. *Ultimamente ando tão distraída. Nem lembro onde deixei meus óculos!*

IV. *O menino andava distraído quando tropeçou numa pedra e caiu.*

a) Em quais dessas frases há verbo de ligação e predicativo do sujeito?

b) Em quais delas há verbo de ação e predicativo do sujeito?

Mais questões no livro digital

QUESTÕES DA LÍNGUA

PLURAL DOS VERBOS *TER, VIR, VER, CRER, LER, DAR*

A seguir, você vai ver cinco listas de orações com alguns verbos que apresentam regras especiais de acentuação. Depois de ler as orações de cada lista, copie os quadros em seu caderno, completando-os com a regra que deve ser seguida.

Lista 1

a) Meus primos **vêm** do Canadá para me visitar.

b) O engenheiro **tem** um projeto interessante para a ponte.

c) Minha irmã não **vem** para casa este final de semana.

d) Aqueles bancos não **têm** assentos para idosos.

e) Os dois cachorros **têm** coleiras muito pequenas para o tamanho deles.

f) O diretor **vem** hoje para a reunião?

Ter e vir

Lista 2

a) Este frasco **contém** um dos melhores perfumes que já senti.

b) Os recipientes do laboratório **contêm** produtos muito perigosos.

c) Aqueles meninos **provêm** de uma família muito nobre.

d) Esta doença **provém** da falta de cuidados pessoais e saneamento básico.

e) Os policiais **detêm** o avanço da rebelião neste momento.

f) Ele não me **detém**!

Compostos de ter e vir

Lista 3

a) Que livro os meninos **leem**?

b) O líder da revolução **crê** que seus amigos voltarão do exílio.

c) Cachorros não **veem** todas as cores.

d) Agora o juiz **lê** o veredicto.

e) Os fiéis **creem** nas palavras do líder religioso.

f) Você **vê** o que fez de errado neste exercício?

Ver, crer e ler

Lista 4

a) Os revisores **releem** os textos antes de os aprovarem.

b) É uma emoção quando os cachorros daquela casa **reveem** seu dono.

c) Eles **descreem** das palavras do palestrante depois da denúncia.

d) Ele ainda **descrê** de você?

e) Quando não tem certeza da clareza de suas ideias, o autor **relê** todo o texto.

f) Ela não **revê** seus colegas de escola com muita frequência.

Compostos de ver, crer e ler

Lista 5

a) É preciso que ele **dê** apoio ao seu filho.

b) Quero que vocês **deem** exemplo no dia da campanha.

c) Nunca **dê** seu telefone a estranhos.

d) **Deem** esta carta ao supervisor, por gentileza.

Dar

ATIVIDADES

1. Nas manchetes a seguir, corrija a acentuação do verbo *ter* quando necessário.

a) *Vítimas do golpe não tem a quem recorrer*

b) *Preço dos carros têm novo aumento*

c) *Vereador tem contas secretas no exterior*

d) *Casal paulista têm quadrigêmeos*

MAXYM/SHUTTERSTOCK

2. Copie as frases a seguir no caderno e acentue os verbos destacados quando necessário.

a) Não se sabe ainda se o grupo **vem** para a festa.

b) As pessoas que **vem** do interior sentem-se mal com a poluição da capital.

c) Os alunos **tem** pouco tempo para estudar para a prova de Matemática.

d) A menina do coral **tem** uma bela voz.

3. Copie e complete o texto no caderno com as formas verbais de *ter*, *ver* e *crer* no presente do indicativo.

Cidades como São Paulo, por causa da poluição, não ✦ muitas noites claras, límpidas. Quase não se ✦ estrelas no céu. Alguns especialistas ✦ que o excesso de luz artificial das metrópoles também rouba a beleza do céu noturno.

4. Copie e complete as frases no caderno com o verbo indicado entre parênteses conjugado no presente do indicativo.

a) Vou sair enquanto eles ✦ as crianças. (entreter)

b) Ele nunca ✦ em nossa conversa. (intervir)

c) Não sei onde eles ✦ essas informações. (obter)

d) O sal ✦ a água do corpo. (reter)

e) Os deputados ✦ nos projetos da Câmara. (intervir)

5. Copie as frases no caderno e flexione-as no plural, acentuando os verbos corretamente quando necessário.

a) Aquele homem crê em disco voador.

b) O analista revê o resultado da avaliação.

c) A professora lê a lição em voz alta.

d) A meia mantém o pé aquecido.

e) O aluno tem o livro para o vestibular.

f) O porteiro retém a chave do edifício.

ROBSON ARAÚJO

LEITURA E PRODUÇÃO DE TEXTO

CONTEXTO

Os poemas visuais são textos que se destacam pelo modo nada convencional de dispor as palavras no espaço do papel (ou da tela do computador), explorando, além da linguagem verbal, aspectos visuais, sonoros e espaciais, em oposição aos versos tradicionais. Essas e outras características desse gênero textual, você verá nesta seção.

A PRODUÇÃO EM FOCO

- No final da unidade, você vai elaborar um poema visual. Durante a leitura dos próximos textos, fique atento:
  a) à utilização de diferentes linguagens e recursos;
  b) à combinação entre a forma do texto e seu conteúdo;
  c) à relação entre a disposição das palavras no poema e a construção de sentidos no texto.

Texto A

Bumerangue

bola
branca
vai
ping
pong
vem
branca
bola

CHACAL

CHACAL. *Drops de abril.* São Paulo: Brasiliense, 1984. p. 92.

Biografia

TASSO MARCELO/ESTADÃO CONTEÚDO

Chacal em 2010.

Ricardo de Carvalho Duarte, conhecido como **Chacal**, nasceu em 1951, no Rio de Janeiro. Além de poesias, faz trabalhos para grupos de teatro.

Texto B

sem vento, ár

vore, não

se move nem

se mover

ão

no

inver

no seus ver

melhos ver

des no ver

ão

ARNALDO ANTUNES/MARCIA XAVIER

ARNALDO ANTUNES. *Melhores poemas*: Arnaldo Antunes/Noemi Jaffe (seleção e prefácio). São Paulo: Global, 2010.

Biografia

ZANONE FRAISSAT/FOLHAPRESS

Arnaldo Antunes em São Paulo, em 2013.

O poeta, músico e compositor **Arnaldo Antunes** nasceu em São Paulo, em 1960, e tornou-se conhecido do público com a banda de *rock* Titãs, da qual foi integrante durante dez anos.

ANTES DO ESTUDO DOS TEXTOS

1. Se não tem certeza de ter compreendido bem o texto, leia-o novamente.
2. Ao responder às questões a seguir, procure empregar o que já aprendeu ao ler outros textos e seja preciso em suas respostas.

ESTUDO DOS TEXTOS

DE OLHO NAS CARACTERÍSTICAS DO GÊNERO

SOBRE O TEXTO A

1. Qual é o assunto do poema?
2. O bumerangue é conhecido por ser um objeto que, quando lançado, após descrever uma curva, retorna às mãos de quem o atirou. Considerando essas informações e a foto abaixo, responda às questões a seguir.

NIELS QUIST/ALAMY/FOTOARENA

   a) Que aspectos do bumerangue são explorados no poema?
   b) A que jogo o poema faz referência?
   c) Que movimento comum a esse jogo e ao bumerangue foi reproduzido no poema?
3. O poema parece estar "solto" na página. Tendo em vista a forma e o assunto do poema, o que pode significar esse espaço na página?
4. Leia o poema em voz alta. Que som o ritmo, a divisão dos versos e sua disposição no espaço gráfico sugerem?
5. Que movimento a inversão na ordem das palavras (de "bola / branca / vai" para "vem / branca / bola") sugere?

SOBRE O TEXTO B

1. Qual é o tema do poema de Arnaldo Antunes?
2. A divisão em versos, nesse poema, é convencional ou não? Por quê?
3. Leia o poema em voz alta. A leitura em voz alta altera o efeito que essa divisão de versos causa no leitor? Por quê?
4. O poema de Arnaldo Antunes explora a sonoridade das palavras a partir da repetição de alguns segmentos delas.
   a) Que segmentos de palavras repetem-se no poema?
   b) Qual pode ser a relação entre esses segmentos e o tema do texto?
5. As palavras *verdes* e *vermelhos* remetem a duas outras palavras, que indicam uma oposição. Quais são essas palavras?

SOBRE OS TEXTOS A E B

1. O que há de diferente na maneira como os poemas são apresentados e como ocupam o espaço na página?
2. Nos dois poemas, é possível identificar a sugestão de movimento. Explique como essa sugestão de movimento relaciona-se com a forma e o conteúdo de cada um deles.
3. Imagine que os poemas fossem escritos assim:

> "Bola branca vai
> ping
> pong
> vem branca bola."
>
> "Sem vento, árvore, não
> se move nem se moverão
> no inverno seus vermelhos
> verdes no verão"

- De que forma essa mudança na apresentação dos poemas modificaria os seus significados?

O POEMA VISUAL

1. Compare os poemas que você já leu anteriormente e os que você conheceu nesta unidade. Aponte as principais diferenças existentes entre eles em relação à forma.
2. Em sua opinião, o poema de Chacal e o de Arnaldo Antunes são apenas para serem lidos ou foram escritos para serem vistos também? Por quê?

Como você pôde perceber, diferentemente dos poemas convencionais, em que as palavras se organizam em versos e estrofes, normalmente alinhados à esquerda, os poemas visuais não apresentam versos ou os apresentam de uma maneira não usual. No poema de Arnaldo Antunes que você analisou, por exemplo, as palavras estão segmentadas e o alinhamento do texto não está definido – recurso que complementa e amplia o sentido do poema.

Além de trabalharem com a sonoridade e com os sentidos das palavras por meio de recursos como rimas, ritmo, assonâncias, aliterações, neologismos, aglutinações ou decomposições, os poemas visuais exploram o aspecto visual das palavras e sua disposição no espaço, seja no papel, seja na tela do computador, ou em outro suporte. Para isso, podem utilizar diferentes recursos gráficos (como desenhos, variados efeitos, tamanhos e cores de letras etc.) na construção de sentidos, a fim de causar emoção, reflexão ou impacto ao interlocutor.

Como a prioridade é a dimensão visual, alguns poemas visuais nem sequer fazem uso de palavras, apresentando apenas recursos gráficos, como acontece na obra reproduzida a seguir, do poeta e artista plástico espanhol Joan Brossa (1919-1998).

© DEL POEMA ESCRITO DE JOAN BROSSA, FUNDACIÓ JOAN BROSSA, 2018

Fundació Juan Brossa. Disponível em: <http://mod.lk/j7vsw>. Acesso em: 31 maio 2018.

Repare como os elementos do poema de Brossa relacionam-se e, associados, ampliam a leitura e o sentido do texto. Obras como essa reforçam a ideia de que poemas visuais são gêneros textuais que precisam necessariamente ser vistos, não apenas lidos ou ouvidos, para serem interpretados.

Além da **combinação de linguagens**, outro aspecto marcante nos poemas visuais é a **relação entre a forma e o conteúdo**. No poema de Chacal, por exemplo, o bumerangue, possível de ser visualizado graças à disposição das palavras no papel (forma), é uma referência ao movimento característico dos jogos de pingue-pongue (conteúdo).

Trilha de estudo

Vai estudar? Stryx pode ajudar! <http://mod.lk/trilhas>

O poema concreto

O Concretismo foi um movimento de vanguarda que começou no Brasil, na década de 1950, com os poetas Augusto de Campos, Haroldo de Campos e Décio Pignatari. As obras desse período influenciaram diretamente os poemas visuais, sendo possível identificar as mesmas características nessas duas maneiras de fazer poesia. Entre os principais aspectos dos poemas concretos, destacam-se: exploração das palavras a partir de uma utilização diferente do espaço gráfico, das fontes (os aspectos visuais da palavra) e da sonoridade.

ORGANIZAR O CONHECIMENTO

- Leia o texto a seguir, de autoria de Sérgio Capparelli e Ana Cláudia Gruszynski. Em seguida, explique por que esse texto é considerado um poema visual.

SÉRGIO CAPPARELLI/ANA CLÁUDIA GRUSZYNSKI

aqueles
pássaros
que morrem em pleno vôo
renascem
flechas

SÉRGIO CAPPARELLI e ANA CLÁUDIA GRUSZYNSKI. *Poesia visual*. 2. ed. São Paulo: Global, 2001. p. 28.

O QUE VOCÊ JÁ SABE?

Agora, você já é capaz de...	Sim	Não	Mais ou menos
... interpretar, em poemas visuais, a relação entre os diferentes elementos, como palavras, imagens e recursos gráficos?	☐	☐	☐
... criar um poema visual?	☐	☐	☐

Se você marcou não ou mais ou menos, retome a leitura do boxe O gênero em foco: poema visual.

ANDRES MONCAYO/SHUTTERSTOCK

- Junte-se a um colega e montem o esquema a seguir, no caderno, com as respostas a estas questões. Ao final, vocês terão um resumo com as principais características do poema visual.

Poema visual

- Como é a estrutura do poema visual em relação aos poemas convencionais?
- Ele destina-se a ser visto ou declamado?
- Que aspectos prioriza?
- Como as palavras do poema visual são dispostas no espaço do texto?
- Que linguagens utiliza?
- A fim de explorar a sonoridade e os diferentes sentidos, que usos o poema visual faz das palavras?
- Como um poema visual trabalha a forma e o conteúdo?
- Que tipo de leitura ele proporciona?

E POR FALAR NISSO...

Como você percebeu a partir da leitura dos poemas desta unidade, a poesia visual dialoga diretamente com outras artes. Os poetas concretos brasileiros chegaram a assumir num manifesto a influência do pintor holandês Piet Mondrian (1872-1944). Conheça duas obras desse artista.

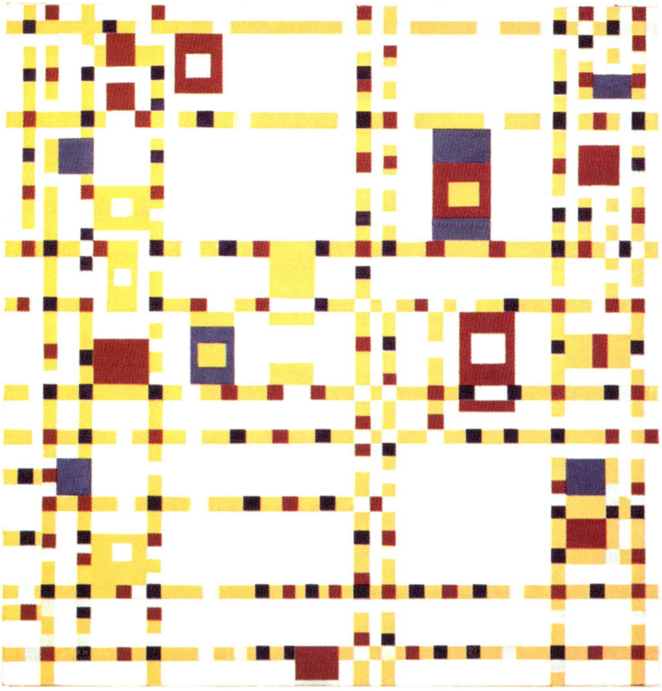
ALBUM/AKG-IMAGES/FOTOARENA – MUSEU DE ARTE MODERNA, DE NOVA YORK

MONDRIAN, Piet. *Broadway Boogie Woogie*. 1942-1943. Óleo sobre tela, 127 cm × 127 cm.

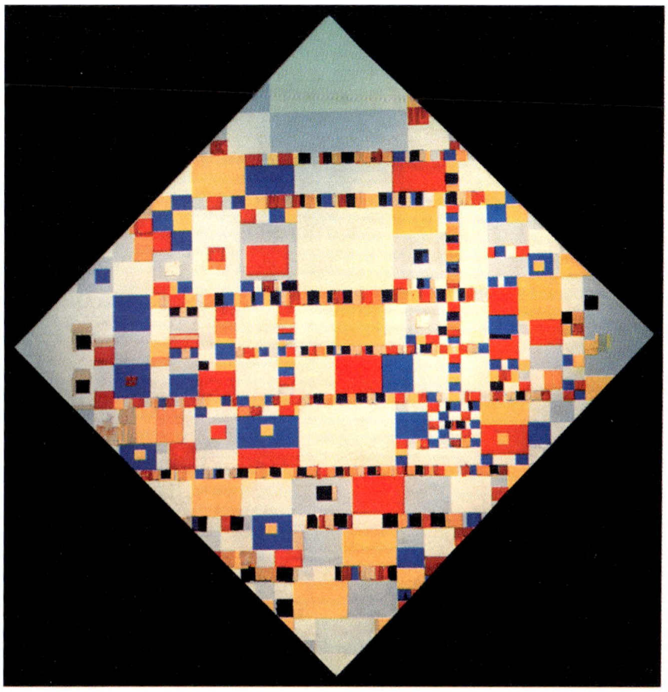
ALBUM/AKG-IMAGES/FOTOARENA – GEMEENTEMUSEUM DEN HAAG, HAIA

MONDRIAN, Piet. *Victory Boogie Woogie*. 1942-1944. Óleo, carvão e lápis sobre tela, 127,5 cm × 127,5 cm.

1. Observe atentamente a composição das obras de Mondrian e indique os aspectos semelhantes entre elas.

2. *Boogie woogie* foi um estilo musical muito popular nas décadas de 1930 e 1940, caracterizado pela repetição de um padrão rítmico: uma batida de fundo, em geral executada ao piano com a mão esquerda, é acompanhada por uma melodia mais frenética, executada ao piano com a mão direita. Observando os títulos das obras e as datas em que foram feitas, fica claro que o artista quis dialogar de alguma forma com esse gênero de música. Que elementos das obras você acha que poderiam ser associados ao *boogie woogie*?

3. Poetas que se inspiram nas artes visuais, pintores que se inspiram na música... Você acha que deve haver fronteira entre as artes? Que outras obras você conhece que dialogam com diferentes obras de arte? Debata com seus colegas de classe.

PRODUÇÃO DE TEXTO

POEMA VISUAL

O que você vai produzir

Você vai criar um poema visual, que poderá ser exposto no mural da classe, ou um videopoema, para ser produzido em vídeo e apresentado aos colegas.

Para isso, irá explorar as relações entre imagem e texto verbal e utilizar outros recursos visuais e sonoros.

NA HORA DE PRODUZIR

1. Siga as orientações apresentadas nesta seção. Seu texto deve ser coerente com a proposta.
2. Lembre-se de que você já leu e analisou textos do gênero que vai produzir. Se for o caso, retome a seção **Estudo do texto**.
3. Diante da folha em branco, persista. Nenhum texto fica pronto na primeira versão.

PLANEJE E DESENVOLVA SEU TEXTO

1. Para criar seu poema visual, ou videopoema, escolha um dos temas abaixo.

tempo	amor	saudade	medo	sonho	alegria	tristeza

2. Converse com seus colegas.

a) O que esse tema representa para você?

b) Que importância ele tem em sua vida?

c) Como você se relaciona com esse tema? Como ele aparece em seu cotidiano?

d) Que forma usaria para representar o tema escolhido?

3. Agora pense em ideias que você gostaria de expressar a respeito desse tema.

a) Escreva essas ideias no papel.

b) Escolha palavras que poderiam expressá-las.

c) Imagine como poderia dispor essas palavras no papel para que formem a imagem que você considera adequada para representar o tema.

4. Escreva seu poema baseando-se nas orientações a seguir.

a) Use o espaço de uma página para dar forma ao seu texto.

b) Lembre-se de relacionar a forma e o espaço ao conteúdo do poema.

c) Solte sua imaginação! Use, se for o caso, palavras em letras maiúsculas e minúsculas; em letras com diferentes tamanhos e tipologias (manuscritas e de imprensa, por exemplo); palavras escritas em diversas cores ou com variações do claro para o mais escuro de uma mesma cor etc.

d) Se quiser, crie um título que desperte a curiosidade de seus leitores.

5. **Caso escolha produzir um videopoema a partir do texto que você criou, em vez de usar o papel como suporte, utilize, por exemplo, o PowerPoint, o Windows Live Movie Maker ou filme seu texto utilizando a câmera de uma máquina fotográfica ou do celular. Nesse caso, imagine:**

   a) Há algum ruído ou alguma música? Existe uma voz de fundo que, se você acrescentasse ao poema, intensificaria a ideia daquilo que você tem intenção de dizer?

   b) Dependendo de como você montou seu poema na página, das imagens e palavras que usou, esse texto pode ser apresentado em partes? Por exemplo, como ficaria se você incluísse uma foto, uma pessoa ou um animal em movimento na passagem, na transição de um quadro (*slide*, página) para outro?

AVALIE E APRESENTE

1. **Antes de passar seu poema ou videopoema a limpo, peça a um colega que o leia e avalie de acordo com os critérios a seguir. Faça o mesmo com o poema dele.**

Aspectos importantes em relação à proposta e ao sentido do texto
Poema visual e videopoema
1. Foram empregados recursos gráficos no poema?
2. Pela forma do poema é possível depreender o tema?
3. O conteúdo do poema está adequado ao espaço e à forma?
4. Você entendeu o conteúdo do poema?
5. Que sentimentos o poema desperta no leitor?
Videopoema
1. Que outras sensações a forma escolhida para o videopoema produz em relação ao conteúdo da produção do poema?
2. Que elementos do viedopoema você acha que ajudaram a criar essas sensações?

MARCEL LISBOA

2. **Refaça seu poema ou passe-o a limpo, se necessário. Depois, afixe-o no mural da classe. Se optou por fazer um videopoema, apresente-o para os colegas.**

   - Analise os poemas e os videopoemas dos colegas e observe como a produção de sentido está atrelada à interação entre o significado da palavra, sua forma e o modo como ela é disposta no espaço do papel.

ESFORÇAR-SE POR EXATIDÃO E PRECISÃO

Esforçar-se por exatidão e precisão é buscar bons resultados em nossas atividades, das mais simples às mais complexas, seja na escola, seja fora dela. Certamente, desenvolver sua produção buscando excelência e qualidade foi fundamental para o resultado do seu poema visual, não é mesmo? Pensando nisso, leia o texto a seguir.

Se até o corpo precisa
Repetir,
Repetir,
Repetir
Para aprender...
Imagine a mente.

ARLETH RORIGUES

ARLETH RODRIGUES. *Ilustre sentimento*. São Paulo, 2016.

1. Sobre o que fala esse poema visual? Que palavras poderiam representar a figura de uma bailarina?
2. Em sua opinião, que relação o poema estabelece entre a figura da bailarina e a aprendizagem? Por quê?

3. Você já passou por alguma situação em que, apesar de ter se esforçado muito para realizar algo com exatidão e precisão, não viu seu esforço ser reconhecido? Qual foi sua reação? Como você se sentiu? Compartilhe suas experiências com os colegas e o professor.

Quando nos esforçamos para fazer algo e vemos o resultado desse esforço, nos sentimos orgulhosos e nos tornamos mais confiantes e dispostos a novos desafios. Quando, apesar do nosso esforço e trabalho, não somos reconhecidos, precisamos persistir e jamais desistir de tentar.

4. Dos poemas visuais que foram produzidos, algum chamou mais sua atenção por apresentar-se com exatidão e precisão?

Ser criterioso na escolha das palavras é um exemplo de como buscar exatidão e precisão ao desenvolver um texto. E como aprimorar essa atitude? Praticando!

5. Você acha que poderia ter se esforçado mais na busca por exatidão e precisão na produção do seu poema visual?

Para chegar à excelência, é preciso insistir, persistir, repetir e não ter medo de errar! Dessa forma, é possível aprender cada vez mais. O esforço por exatidão e precisão leva à busca pelo aperfeiçoamento contínuo e possibilita o crescimento.

6. Em que outras situações, fora da escola, é importante esforçar-se por exatidão e precisão? Essa atitude fez a diferença nessas outras situações?

AUTOAVALIAÇÃO

Atitudes para a vida	Sim	Não	O que melhorar
1. Você **organizou seu pensamento** e **expressou-se com clareza** por meio do poema visual que produziu?			
2. Você conseguiu **pensar com flexibilidade** ao produzir seu poema visual?			
3. Pensar de maneira interdependente foi importante na produção de seu poema visual?			
4. Você procurou ser **questionador** e **levantar problemas** durante a produção de seu poema visual?			
5. O seu poema visual foi escrito com **exatidão** e **precisão**?			

LEITURA DA HORA

A seguir, apresentamos dois poemas visuais para você curtir e refletir sobre o que o eu lírico de cada um expressa para o seu leitor. Observe como os autores — Libério Neves, Sérgio Capparelli e Ana Cláudia Gruszynski — utilizam os recursos visuais e verbais na construção do texto no espaço da folha de papel. Leia os poemas e deixe fluir seus pensamentos, relacionando a forma com o conteúdo.

***SOS*, de Augusto de Campos**
Assista ao vídeo-poema no livro digital ou no Portal Araribá.

SÉRGIO CAPPARELLI/ANA CLÁUDIA GRUSZYNSKI

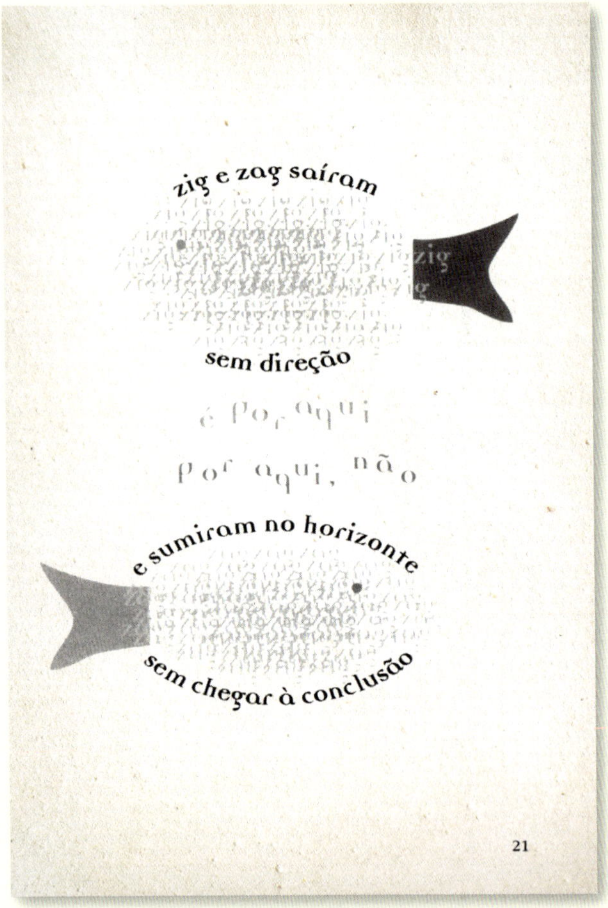
zig e zag saíram
sem direção
é por aqui
por aqui, não
e sumiram no horizonte
sem chegar à conclusão
21

Sérgio Capparelli e Ana Cláudia Gruszynski. *Poema visual*. São Paulo: Global, 2000. p. 19.

© LIBÉRIO NEVES

Pássaro em vertical

Cantava o pássaro e voava
cantava para lá
voava para cá
voava o pássaro e cantava
de
repente
um
tiro
seco
penas fofas
leves plumas
mole espuma

e um risco
surdo

n
o
r
t
-
s
u
l

Libério Neves. *Pedra solidão*. Belo Horizonte: Edições M. P. da Imprensa Oficial do Estado de Minas Gerais, 1965.

FUNDO DE PAPEL: MAXYM/SHUTTERSTOCK

PARA SE PREPARAR PARA A PRÓXIMA UNIDADE

Na próxima unidade, você vai estudar os textos teatrais e ficar por dentro de alguns recursos para produzir e encenar um texto assim. Veja os *links* que indicamos para você se preparar para essa tarefa.

Pesquise, na biblioteca ou na internet, peças teatrais escritas por William Shakespeare, Bertolt Brecht, Ariano Suassuna, Jorge Andrade e Maria Clara Machado. Escolha um trecho de uma peça e compartilhe o resultado de sua pesquisa com os colegas.

1 O teatro grego

Saiba mais sobre as origens e características do teatro grego, que nasceu há cerca de 2.500 anos e foi, durante muito tempo, uma das principais formas de expressão da civilização grega. Acesse: <http://mod.lk/xskgr>.

MIKE KEMP/PICTURES LTD./CORBIS/GETTY IMAGES

2

REPRODUÇÃO

O primeiro episódio da série *Tudo o que é sólido pode derreter* baseia-se na peça teatral *Auto da barca do inferno*, de Gil Vicente (1465-1536). Assista: <http://mod.lk/kgenh>.

3

BORTONIA/DIGITALVISION VECTORS/GETTY IMAGES

Nesta reportagem, a atriz Denise Fraga fala sobre a combinação entre a reflexão e a arte proposta por Bertolt Brecht, dramaturgo que você estudará na próxima unidade. Confira: <http://mod.lk/wv38a>.

4 Transitividade verbal

Este objeto digital apresenta explicações sobre transitividade verbal e sua aplicação. Acesse: <http://mod.lk/s7wt2>.

O QUE VOCÊ JÁ SABE?

Até este momento, você seria capaz de...	**Sim**	**Não**	**Mais ou menos**
... identificar os elementos e a organização típicos dos textos teatrais: personagem, cena, ato, fala, enredo, conflito etc.?			
... reconhecer, em uma encenação, a importância de outras linguagens além da verbal, como as relacionadas ao cenário, ao figurino e aos efeitos sonoros?			
... perceber que o texto teatral só se realiza plenamente no momento de sua encenação?			
De acordo com o conteúdo do objeto digital *Transitividade verbal*, você seria capaz de...	**Sim**	**Não**	**Mais ou menos**
... diferenciar verbos transitivos de verbos intransitivos?			
... distinguir verbos transitivos diretos de verbos transitivos indiretos?			
... explicar o que são verbos transitivos diretos e indiretos?			

UNIDADE

6 DILEMAS EM CENA

EM FOCO NESTA UNIDADE

- **Texto teatral**
- **Tipos de predicado e transitividade verbal**
- **Emprego de ç, c, ss e s**
- **Produção: texto teatral em um ato**

ESTUDO DA IMAGEM

- Observe a cena da peça teatral *Galileu Galilei*, escrita por Bertolt Brecht, e leia o boxe **Saiba +** para responder às questões.

a) Que sensação essa imagem transmite para você?

b) Em sua opinião, qual dilema essa personagem estaria enfrentando ao se curvar para beijar a mão do sacerdote?

c) Discuta com seus colegas sobre o questionamento de Galileu: "Até que ponto posso ser fiel ao que penso sem sucumbir ao poder vigente?". O que vocês pensam a respeito disso?

JOÃO CALDAS

SAIBA +

A peça teatral *Galileu Galilei* foi escrita entre 1937, 1938 e 1943 pelo dramaturgo alemão Bertolt Brecht. O texto apresenta episódios da vida do reconhecido físico, matemático, astrônomo e filósofo italiano. Na Itália do século XVII, Galileu é perseguido pela Inquisição – tribunal que julgava e punia pessoas que se desviavam das doutrinas católicas – e obrigado a negar publicamente seus estudos de que a Terra orbitava em torno do Sol. Caso confirmasse sua teoria, seria condenado à morte. Denise Fraga, atriz que interpretou Galileu Galilei nos palcos, explica: "Galileu carrega em si todas as contradições. É herói e anti-herói. E lança uma pergunta: Até que ponto posso ser fiel ao que penso sem sucumbir ao poder vigente?".

LEITURA

CONTEXTO

O texto a seguir faz parte da peça *Aquele que diz sim e Aquele que diz não*, escrita por Bertolt Brecht em 1929-1930, encenada pela primeira vez em junho de 1930, em Berlim, Alemanha. Ela conta a história de um menino que coloca seu professor e mais três estudantes diante de um terrível dilema, exigindo de todos os envolvidos muita reflexão e a revisão de conceitos.

A peça está dividida em dois atos: "Aquele que diz sim" – que você vai ler nesta seção – e "Aquele que diz não" – que você vai ler na seção "Leitura e produção de texto" desta unidade.

ANTES DE LER

1. Você já leu um texto escrito para ser representado?
2. Qual é a diferença entre um texto escrito com essa intenção e um romance escrito para ser lido?
3. Considerando o título *Aquele que diz sim e Aquele que diz não*, qual você imagina que seja o dilema apresentado nessa peça?

Aquele que diz sim e Aquele que diz não

Personagens

O PROFESSOR
O MENINO
A MÃE
OS TRÊS ESTUDANTES
O GRANDE CORO

AQUELE QUE DIZ SIM

1

O GRANDE CORO — O mais importante de tudo é aprender a estar de acordo.
Muitos dizem sim, mas sem estar de acordo.
Muitos não são consultados, e muitos
Estão de acordo com o erro. Por isso:
O mais importante de tudo é aprender a estar de acordo.

O professor está no plano 1; a mãe e o menino, no plano 2.

O PROFESSOR — Eu sou o professor. Eu tenho uma escola na cidade e tenho um aluno cujo pai morreu. Ele só tem a mãe, que cuida dele. Agora, eu vou até a casa deles para me despedir, porque estou de partida para uma viagem às montanhas. É que surgiu uma epidemia entre nós, e na cidade, além das montanhas, moram alguns grandes médicos.

Bate na porta. Posso entrar?

O MENINO *passando do plano 2 para o plano 1* — Quem é? Oh, o professor está aqui! O professor veio nos visitar!

O PROFESSOR — Por que faz tanto tempo que você não vai à escola na cidade?

O MENINO — Eu não podia ir porque minha mãe ficou doente.

O PROFESSOR — Eu não sabia que ela também estava doente. Por favor, vá logo dizer a ela que eu estou aqui.

O MENINO *grita em direção ao plano 2* — Mamãe, o professor está aqui.

A MÃE *sentada no plano 2* — Mande entrar.

CARLOS CAMINHA

O PROFESSOR — A subida foi rápida. Lá está a primeira cabana. Lá nós vamos parar um pouco.

OS TRÊS ESTUDANTES — Nós obedecemos.

Eles sobem num estrado no plano 2. O menino detém o professor.

O MENINO — Eu tenho que dizer uma coisa.

O PROFESSOR — O que é?

O MENINO — Eu não me sinto bem.

O PROFESSOR — Pare! Quem faz uma viagem como esta não pode dizer essas coisas. Talvez você esteja cansado por não estar acostumado a subir montanhas. Pare e descanse um pouco.

Ele sobe no estrado.

OS TRÊS ESTUDANTES — Parece que o menino está cansado por causa da subida. Vamos perguntar ao professor.

O GRANDE CORO — Sim. Perguntem!

OS TRÊS ESTUDANTES *ao professor* — Nós ouvimos que o menino está cansado por causa da subida. O que há com ele? Você está preocupado com ele?

O PROFESSOR — Ele não está se sentindo bem, é só isso. Ele está só cansado por causa da subida.

OS TRÊS ESTUDANTES — Então você não está preocupado com ele?

Longa pausa.

OS TRÊS ESTUDANTES *entre eles* — Vocês ouviram?
O professor disse
Que o menino está somente cansado por causa da subida.
Mas ele não está ficando com uma aparência muito estranha?
Logo depois da cabana vem a passagem estreita.
Só se pode passar por ela
Agarrando-se à rocha com as duas mãos.
Tomara que ele não esteja doente,
Porque, se ele não puder continuar, nós vamos ter que
Deixar o menino aqui.

Eles gritam em direção ao plano 1, com as mãos em concha:

Você está doente? — *Ele não responde.* — Vamos perguntar ao professor.

Ao professor: Quando há pouco perguntamos pelo menino, você disse que ele estava simplesmente cansado por causa da subida, mas agora ele está com uma aparência muito estranha. Olhe, ele até está sentado.

O PROFESSOR — Estou vendo que ele ficou doente. Tentem carregá-lo na passagem estreita.

OS TRÊS ESTUDANTES — Vamos tentar.

Os três estudantes tentam atravessar a "passagem estreita" carregando o menino. A "passagem estreita" deve ser construída pelos atores com estrados, cordas, cadeiras etc., de tal forma que os três estudantes possam passar sós, mas não carregando o menino.

OS TRÊS ESTUDANTES — Não podemos passar com ele e também não podemos ficar com ele. Aconteça o que acontecer, nós temos que continuar porque uma cidade inteira está esperando o remédio que nós viemos buscar. É terrível ter que dizer isto, mas, se ele não pode vir conosco, nós vamos ter que deixar o menino aqui, nas montanhas.

O PROFESSOR — É verdade, talvez tenham que fazer isto. Eu não posso me opor a vocês. Mas eu acho justo que se pergunte àquele que ficou doente se se deve voltar por sua causa. Meu coração tem pena dessa pessoa. Eu vou até ele e, com o maior cuidado, vou prepará-lo para o seu destino.

OS TRÊS ESTUDANTES — Faça isso, por favor.

Eles se colocam frente a frente.

OS TRÊS ESTUDANTES E O GRANDE CORO — Nós vamos lhe perguntar (eles lhe perguntaram) se ele quer
Que se volte (que voltem) por sua causa.
Porém, mesmo se ele quiser,
Nós não vamos (eles não iam) voltar,
E sim deixá-lo aqui e continuar.

O PROFESSOR, *que foi até o menino no plano 1* — Presta atenção! Como você ficou doente e não pode continuar, vamos ter que deixar você aqui. Mas é justo que se pergunte àquele que ficou doente se se deve voltar por sua causa. E o costume exige que aquele que ficou doente responda: vocês não devem voltar.

O MENINO — Eu compreendo.

O PROFESSOR — Você exige que se volte por sua causa?

O MENINO — Vocês não devem voltar!

O PROFESSOR — Então você está de acordo em ser deixado aqui?

O MENINO — Eu quero pensar. *Pausa para reflexão.* Sim, eu estou de acordo.

O PROFESSOR *grita em direção ao plano 2* — Ele respondeu conforme a necessidade!

O GRANDE CORO E OS TRÊS ESTUDANTES *no momento em que os três estudantes descem ao plano 1* — Ele disse sim. Continuem!

Os três estudantes param.

O PROFESSOR — Agora continuem, não parem,
Porque vocês decidiram continuar.

Os três estudantes não se movem.

O MENINO — Eu quero dizer uma coisa: eu peço que não me deixem aqui, e sim me joguem no vale, porque eu tenho medo de morrer sozinho.

OS TRÊS ESTUDANTES — Nós não podemos fazer isso.

O MENINO — Parem! Eu exijo.

O PROFESSOR — Vocês decidiram continuar e deixá-lo aqui.
É fácil decidir o seu destino,
Mas difícil executá-lo.
Estão prontos para jogá-lo no vale?

CARLOS CAMINHA

Os três estudantes — Sim.

Os três estudantes levam o menino para o estrado no plano 2.

Encoste a cabeça em nossos braços.
Não faça força.
Nós levamos você com cuidado.

Os três estudantes colocam o menino na parte posterior do estrado e, de pé a sua frente, escondem-no do público.

O menino *invisível* — Eu sabia muito bem que nesta viagem
Arriscava perder minha vida.
Foi pensando em minha mãe
Que me fez partir.
Tomem meu cantil,
Ponham o remédio nele
E levem para minha mãe,
Quando vocês voltarem.

O grande coro — Então os amigos pegaram o cantil
E deploraram os tristes caminhos do mundo
E suas duras leis amargas,
E jogaram o menino.
Pé com pé, um ao lado do outro,
Na beira do abismo,
De olhos fechados, eles jogaram o menino,
Nenhum mais culpado que o outro.
E jogaram pedaços de terra
E umas pedrinhas
Logo em seguida.

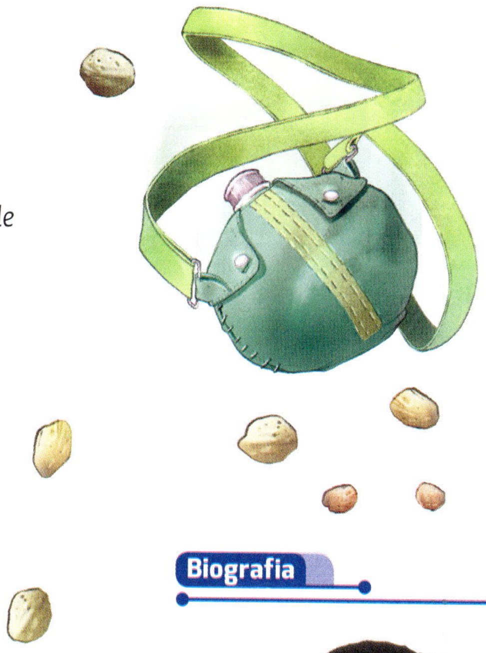

CARLOS CAMINHA

(Baseada na adaptação inglesa de Arthur Waley do teatro Nô japonês *Taniko*. Colaboradores: E. Hauptmann e Kurt Weill.)

Bertolt Brecht. In: *Teatro completo*: Bertolt Brecht. Trad. Wolfgang Bader, Marcos Roma Santa e Wira Selanski. 2. ed. Rio de Janeiro: Paz e Terra, 1992. v. 3. p. 215-224. (Fragmento).

SAIBA +

Muito antes de a telenovela ser o gênero mais popular do país, era o teatro que preenchia o horário nobre da TV. A apresentação de peças teatrais foi comum nos primórdios da televisão brasileira, entre as décadas de 1950 e 1960, nas antigas TV Tupi, Excelsior, TV Rio e TV Record.

Nos anos 1970, o formato que ficou conhecido como *teleteatro* foi apresentado em emissoras como a TV Cultura, que levou para o vídeo clássicos da dramaturgia brasileira e estrangeira.

ANTES DO ESTUDO DO TEXTO

1. Se não tem certeza de ter compreendido bem o texto, leia-o novamente.
2. Ao responder às questões a seguir, procure empregar o que já aprendeu ao ler outros textos e seja preciso em suas respostas.

Biografia

DB/PICTURE-ALLIANCE/DPA/AP IMAGES/GLOW IMAGES

Brecht em 1935.

Bertolt Brecht nasceu na cidade de Augsburg, Alemanha, em 1898. Poeta, dramaturgo e contista reconhecido internacionalmente, desde cedo começou a escrever e a questionar os padrões sociais da época.

Em 1933, devido à perseguição nazista, Brecht exilou-se em vários países europeus e nos Estados Unidos. Em 1948, retornou à Europa e, no ano seguinte, fundou a companhia de teatro Berliner Ensemble, com o apoio do governo da Alemanha Oriental. Morreu em Berlim em 1956.

ESTUDO DO TEXTO

COMPREENSÃO DO TEXTO

1. Copie o quadro em seu caderno e preencha-o de acordo com o texto.

	Cena 1	Cena 2
Personagens		
Espaço		
Tempo		
O que ocorre na cena?		

2. O professor vai fazer uma viagem.
   a) Qual é a finalidade dessa viagem?
   b) Por que o professor vai à casa do menino?

3. Na cena 1, ao saber que o professor vai viajar em busca de tratamento para a doença, a mãe pergunta se ele levaria o menino.
   a) Qual é a preocupação da mãe nesse momento? Justifique com uma passagem do texto.
   b) O menino decide ir. Que argumentos a mãe utiliza para tentar fazê-lo mudar de ideia?
   c) E quais argumentos o professor utiliza para convencer o menino a não viajar?

4. O professor e a mãe não conseguem convencer o menino.
   - Por que o menino faz questão de ir com o professor?

5. Na cena 2, os três estudantes zelam pelas regras.
   a) No caderno, copie do texto a frase dita por eles, no início da cena 2, que destaca essa característica.
   b) Quando percebem que o menino começa a ficar doente, os estudantes ficam agitados e questionam o professor. Por que eles parecem incomodados com a doença do menino?

6. O professor, em um primeiro momento, não admite que o menino esteja doente.
   a) Por que ele reage dessa forma? Justifique sua resposta com uma passagem do texto.
   b) Pela fala a seguir, é possível imaginar que o professor não concorda que o menino seja deixado para trás, mas também que não se sente responsável pelo que vai ser feito dele. Por quê?

   > "É verdade, talvez tenham que fazer isto. Eu não posso me opor a vocês. Mas eu acho justo que se pergunte àquele que ficou doente se se deve voltar por sua causa. [...]"

   c) Em sua opinião, os estudantes poderiam quebrar a regra se não concordassem com ela? E o professor, poderia se opor à regra e aos estudantes? Por quê?

7. O professor pergunta ao menino se ele concorda em ser deixado para trás, conforme o costume.
   a) O menino responde de acordo com o costume, como recomendado pelo professor?

CARLOS CAMINHA

SAIBA +

Na época em que Shakespeare viveu, os textos dramáticos eram escritos em versos. Foram os gregos que iniciaram essa tradição.

Atualmente, os textos teatrais, em sua maioria, são escritos em prosa e, muitas vezes, procuram reproduzir a oralidade, ou seja, o modo como se fala. Mas ainda são escritas peças em versos, como a premiada *Morte e vida severina*, do brasileiro João Cabral de Melo Neto.

CARLOS CAMINHA

b) Quando os estudantes se preparam para deixá-lo nas montanhas, o menino faz um pedido: deseja ser jogado no vale. Por que os estudantes relutam em fazer o que ele pede, embora o destino do menino, de qualquer modo, seja morrer?

c) Que frase do professor pode comprovar que sua resposta ao item **b** está correta?

d) Releia a última fala do grande coro e explique: ao garantir que o destino do menino fosse o previsto pelas regras, os estudantes ficaram satisfeitos? Por quê?

8. **Releia a última fala do menino e responda às questões.**

a) A atitude final do menino foi coerente com a motivação que o levou a fazer a viagem? Justifique.

b) O menino desejava corrigir um erro e assim perdeu a vida. Responda com base no texto: ele se arrependeu de seu esforço? Justifique sua resposta.

9. **Agora reflita: você concorda com os estudantes que o mundo tem caminhos tristes e leis amargas? Por quê? Se concorda, o que é possível fazer a respeito dessas regras?**

DE OLHO NA CONSTRUÇÃO DOS SENTIDOS

1. **Releia este trecho, no qual o professor conversa com a mãe.**

> "[...] *O menino escuta à porta.*
>
> O PROFESSOR — Estou aqui de novo. Seu filho diz que quer vir conosco. Eu expliquei que ele não poderia deixar a senhora sozinha e doente e que, além disso, é uma viagem difícil e perigosa. É absolutamente impossível você vir conosco, eu lhe disse. Mas ele respondeu que tem que ir à cidade, além das montanhas, buscar remédios e instruções para a sua doença."

- **Dê cinco exemplos de palavras relacionadas à personagem do garoto, exceto pronomes possessivos.**

2. **Leia novamente o trecho a seguir.**

> "O MENINO, A MÃE E O PROFESSOR — Eu vou (ele vai) fazer a perigosa caminhada
> E buscar remédios e instruções
> Para a sua (a minha) doença,
> Na cidade além das montanhas."

a) O emprego dos parênteses indica que outra pessoa do discurso é empregada. Com que objetivo esse recurso foi usado nesse trecho?

b) Estabeleça uma relação entre a importância dessa fala e o emprego do recurso que você identificou no item **a**.

ATENÇÃO!

Os **parênteses** geralmente destacam informações complementares.

3. **Leia este trecho da mesma cena.**

"O MENINO — Eu quero ir com o senhor para as montanhas.
O PROFESSOR — Como eu já disse à sua mãe,
É uma viagem difícil e
Perigosa. Você não
Vai conseguir nos acompanhar.Além disso: Como
você pode querer abandonar
Sua mãe, que está doente?
Fique. É absolutamente
Impossível você vir conosco.

O MENINO — É porque minha mãe está doente que
Eu quero ir com você, para
Buscar para ela remédios e instruções
Com os grandes médicos, na cidade além das montanhas.

[...]

O PROFESSOR — Estou aqui de novo. Seu filho diz que quer vir conosco. Eu expliquei que ele não poderia deixar a senhora sozinha e doente e que, além disso, é uma viagem difícil e perigosa. É absolutamente impossível você vir conosco, eu lhe disse. Mas ele respondeu que tem que ir à cidade, além das montanhas, buscar remédios e instruções para a sua doença."

a) A repetição de frases e explicações deixa o texto prolixo e confuso? Justifique sua resposta.

b) Essa peça tem apenas a finalidade de entreter? Por quê?

c) Encontre no trecho a frase em que são usados dois-pontos. Explique esse uso considerando o contexto da frase.

d) Na frase abaixo, também foram usados os dois-pontos. Por que seu emprego difere do que ocorre na frase encontrada no item **c**?

"Entram no plano 1: o professor, os três estudantes e, por último, o menino trazendo um cantil!"

4. **Observe a pontuação destas falas do texto que você leu.**

Trecho A | "O MENINO — Eu não podia ir porque minha mãe ficou doente."

Trecho B | "O GRANDE CORO — Sim. Perguntem!"

Trecho C | "O PROFESSOR — Então você está de acordo em ser deixado aqui?"

Trecho D | "O MENINO — Vocês não devem voltar!"

a) Que sinais de pontuação foram empregados?

b) Que efeito de sentido esses sinais de pontuação produzem?

c) Cite outra fala para cada um desses sinais de pontuação.

SAIBA +

Na Grécia antiga, o teatro era representado por duas máscaras: a da tragédia e a da comédia.

- **Tragédia:** considerada um gênero nobre, tinha como intenção principal despertar no público sentimentos como o terror e a piedade e apresentar conflitos de personagens relacionados aos deuses, ao destino, às leis e à sociedade.
- **Comédia:** tida como um gênero popular, sua intenção principal era divertir o público e criticar aspectos da vida cotidiana, pelo tratamento cômico de situações e personagens.

CARLOS CAMINHA

5. **As aspas são bastante utilizadas em gêneros jornalísticos, como notícias, reportagens e resenhas críticas. Leia este trecho de uma resenha.**

Espetáculo com textos de Brecht estreia em Brasília

Depois de uma bem-sucedida temporada em São Paulo, a montagem de *Quanto custa?* — uma junção de *Dansen* e *Quanto custa o seu ferro?*, do dramaturgo alemão Bertolt Brecht, escritas em 1939 e nunca montadas no Brasil — chega aos palcos de Brasília.

O diretor Pedro Granato conta que, neste espetáculo, queria manter a emoção aliada à reflexão, típica do trabalho de Brecht, fugindo do que ele chama de “esfriamento” produzido pelas leituras contemporâneas das obras do alemão.

“Ele não é apenas cerebral, mas também muito passional. As pessoas confundem distanciamento com frieza”, diz o diretor, que inclui referências cinematográficas, musicais e das artes plásticas para “tirar a repetição” que diz sentir em montagens de Brecht.

Disponível em: <http://mod.lk/xaz2t>. Acesso em: 23 jan. 2018. (Fragmento).

CARLOS CAMINHA

a) De acordo com o diretor do espetáculo *Quanto custa*?, a “emoção aliada à reflexão” é uma marca típica do trabalho de Brecht. Essa característica também pode ser observada na primeira parte de *Aquele que diz sim e Aquele que diz não*? Justifique.

b) Explique o emprego das aspas nesse fragmento inicial da resenha.

c) Em alguma dessas ocorrências, as aspas poderiam ter sido dispensadas? Se sim, explique por que o autor da resenha pode ter preferido usá-las.

d) No texto de Brecht, a expressão “passagem estreita” aparece entre aspas. Por quê?

6. **Observe o uso dos dois-pontos nestas orações. Depois, leia o boxe ao lado e relacione-o a cada trecho.**

Trecho A | “E o costume exige que aquele que ficou doente responda: vocês não devem voltar.”

Trecho B | “Por isso eu vim me despedir de vocês: amanhã eu vou partir para uma viagem através das montanhas em busca de remédios e instruções.”

Alguns usos dos dois-pontos

Os **dois-pontos** são usados principalmente para introduzir:

- uma fala, uma citação ou um pensamento;
- uma informação que esclarece, explica ou desenvolve uma ideia anterior.

7. **Releia estas orações do mesmo texto teatral, prestando atenção às formas verbais destacadas.**

Trecho A | “Seu filho **diz** que quer vir conosco.”

Trecho B | “E não **duvido** do que o menino diz [...]”

Trecho C | “As pessoas **começaram** a viagem para as montanhas.”

a) Copie no caderno o sujeito de cada verbo em destaque e também os complementos verbais (objetos diretos ou indiretos).

b) Agora, compare as falas originais com as reformulações abaixo e explique o que você conclui quanto ao emprego da vírgula.

Trecho D | *Seu filho, apesar de todos os perigos da viagem, diz que quer vir conosco.*

Trecho E | *E eu não duvido, em absoluto, do que o menino diz.*

Trecho F | *As pessoas começaram, logo ao raiar do dia, a viagem para as montanhas.*

8. **Leia os trechos abaixo, em que a vírgula é empregada de várias maneiras.**

Trecho A | "Mamãe, o professor está aqui."

Trecho B | "Na alvorada, ao pé das montanhas, ele quase não conseguia mais arrastar seus pés cansados."

Trecho C | *"Entram no plano 1: o professor, os três estudantes e, por último, o menino trazendo um cantil."*

a) Explique o emprego da vírgula em cada caso.

b) Agora, leia os boxes "Alguns empregos da vírgula", nesta página, e "Atenção!", na página seguinte, e corrija o que for necessário na sua resposta ao item anterior.

9. **Observe esta rubrica do texto teatral de Bertolt Brecht.**

"O professor está no plano 1; a mãe e o menino, no plano 2."

a) Por que a vírgula foi empregada na rubrica?

b) Reescreva a frase sem usar a vírgula. O que você observou?

CARLOS CAMINHA

Alguns empregos da vírgula

Não se separam por vírgula:

- o sujeito e o verbo, bem como o verbo e seus complementos, inclusive os representados por oração.

Separam-se ou isolam-se por vírgula(s) em geral:

- a expressão intercalada entre esses elementos (sujeito e verbo; verbo e complementos);
- os itens de uma enumeração;
- o adjunto adverbial colocado no início do período;
- os termos de função sintática equivalente, inclusive os representados por oração (se o último for antecedido da conjunção **e**, não há vírgula antes dele);
- a expressão intercalada depois da conjunção.

ATENÇÃO!

Se a expressão intercalada for curta, não é obrigatório usar vírgulas:

Ele ***às vezes*** *saía.*

No entanto, se for colocada uma das vírgulas, será necessário colocar a outra, senão se estará separando o sujeito do verbo ou o verbo dos complementos:

Ele, ***às vezes*** *saía.*

pontuação incorreta

Alguns exemplos do ponto e vírgula

O **ponto e vírgula** normalmente é usado para separar:

- orações com a mesma estrutura, especialmente quando uma delas (ou todas) já tem uma divisão interna indicada por vírgula;
- orações relacionadas o suficiente para figurarem no mesmo período, mas que pedem uma divisão mais intensa do que aquela indicada pela vírgula.

O TEXTO TEATRAL

1. **Nos textos narrativos, como crônicas, contos, romances etc., há uma entidade literária que raramente aparece no texto teatral.**

a) Que entidade é essa? E por que ela é rara no texto teatral?

b) Essa entidade literária aparece no texto de Bertolt Brecht que você leu? Justifique sua resposta.

2. **A seguir, *dizer* funciona como verbo de elocução ou *dicendi* (utilizado em textos narrativos anunciando como a personagem vai se expressar em um diálogo).**

> "O GRANDE CORO — Eles viram que nenhum argumento
> Podia demovê-lo.
> Então o professor e a sua mãe **disseram**
> Numa só voz:
>
> O PROFESSOR E A MÃE — Muitos estão de acordo com o erro [...]."

a) Qual fala é introduzida por esse verbo de elocução?

b) Encontre no texto outra fala em que esse verbo seja usado com a mesma função.

3. **Observe os trechos e responda às questões a seguir.**

Trecho A

> "O MENINO *grita em direção ao plano 2* — Mamãe, o professor está aqui."

Trecho B

> "O PROFESSOR — Eu tenho que falar com sua mãe novamente."

Trecho C

> *"Entram no plano 1: o professor, os três estudantes e, por último, o menino trazendo um cantil."*

a) No texto teatral escrito, de que maneira são indicadas as personagens?

b) As personagens não têm nomes próprios. Em sua opinião, por que o autor fez essa escolha?

c) Que informações o texto em itálico apresenta?

CARLOS CAMINHA

4. **Os trechos abaixo indicam dois planos diferentes na mesma cena. Observe-os.**

Trecho A

> *"O professor está no plano 1; a mãe e o menino, no plano 2."*

Trecho B

> "O MENINO *passando do plano 2 para o plano 1* — Quem é? Oh, o professor está aqui! O professor veio nos visitar!"

Trecho C

> "O PROFESSOR — Agora eu tenho que ir embora. Adeus.
> *Sai para o plano 1.*"

- **Considerando o texto que você leu, explique o que significa cada plano nesse momento da narrativa.**

5. **Leia a descrição abaixo sobre a "passagem estreita".**

> *"Os três estudantes tentam atravessar a 'passagem estreita' carregando o menino. A 'passagem estreita' deve ser construída pelos atores com estrados, cordas, cadeiras etc., de tal forma que os três estudantes possam passar sós, mas não carregando o menino."*

a) Retire do texto a fala dos três estudantes que explica como se consegue passar pela "passagem estreita".

b) Com base no trecho citado acima e na resposta do item **a**, como é a "passagem estreita"? Descreva-a com suas palavras.

SAIBA +

Nas representações teatrais e festividades religiosas da Grécia antiga, havia um grupo de dançarinos e cantores mascarados chamado **coro**. O coro – que de início era parte principal da trama – tornou-se parte secundária do texto dramático. Foi perdendo sua configuração e importância original de personagem coletiva para um só cantor, e sua função foi enfraquecendo e desaparecendo à medida que os atores no palco tornavam-se o centro da ação.

Atualmente, o coro pode ser encontrado em óperas, comédias musicais, teatros comunitários, entre outros.

CARLOS CAMINHA

O GÊNERO EM FOCO: TEXTO TEATRAL

O texto teatral *Aquele que diz sim e Aquele que diz não* está dividido em dois atos. Cada ato, por sua vez, está subdividido em duas cenas e recebe um subtítulo. Você leu o primeiro ato: "Aquele que diz sim".

Os **textos de teatro** (ou **textos dramáticos**) são escritos para serem encenados – e só assim atingem toda a sua potencialidade.

São organizados em **atos**, que estabelecem uma progressão temática importante para cada conflito apresentado. Cada ato contém diferentes **cenas**, determinadas pelas entradas e saídas das personagens.

No texto dramático, é importante que tanto as falas das personagens quanto as rubricas estejam bem delineadas.

As **falas** estão em discurso direto. Cada fala é antecedida do nome da personagem que fala.

A linguagem empregada nas falas deve estar de acordo com o modo como é caracterizada cada personagem. Por exemplo: um jovem conversando com seu amigo pode usar gírias e expressões mais informais, enquanto um súdito conversando com seu rei deve usar expressões mais elaboradas e formais.

Quando as falas são de apenas uma personagem, sem um interlocutor, é um **monólogo**; quando duas ou mais personagens conversam, estabelece-se um **diálogo**, como na peça que você leu.

Outra característica importante do texto teatral escrito são as **rubricas**, também chamadas de **notações cênicas**. São palavras ou frases que indicam o modo como o ator pode posicionar-se, movimentar-se, expressar-se (seu tom de voz, seus gestos etc.). Também podem dar indicações a respeito do cenário, do figurino, da música ou dos efeitos sonoros (sonoplastia) e da iluminação.

As rubricas não precisam ser seguidas à risca; servem como sugestões para a encenação. Alguns autores optam por não incluí-las em seus textos. Observe os trechos a seguir.

nome da personagem — fala da personagem

"O PROFESSOR — Eu tenho que falar com sua mãe novamente.
Ele volta ao plano 2. O menino escuta à porta."

rubrica indicando personagens (professor e menino), local da cena (plano 2) e movimentação de personagens (voltar e escutar à porta)

"*O professor está no plano 1; a mãe e o menino, no plano 2.*"

rubrica indicando posição de cada personagem na cena (uma no plano 1 e as outras no plano 2)

"*Os três estudantes levam o menino para o estrado no plano 2.*"

rubrica indicando movimentação de personagens na cena (levar ao plano 2) e elemento do cenário (o estrado)

"*Entram no plano 1: o professor, os três estudantes e, por último, o menino trazendo um cantil.*"

rubrica indicando personagens (professor, três estudantes e menino), local da cena (plano 1) e movimentação de personagens (entrar e trazer cantil)

O texto teatral se realiza plenamente na **encenação**. Nela, estão presentes os elementos importantes da arte do teatro: ator, texto e público. Apesar dessa singularidade, muitas peças foram publicadas em formato de livro, o que permite a divulgação do texto e o acesso do público à peça e às ideias do autor.

ORGANIZAR O CONHECIMENTO

O QUE VOCÊ JÁ SABE?

Agora você já é capaz de...	Sim	Não	Mais ou menos
... identificar os elementos e a organização típicos dos textos teatrais: personagem, cena, ato, fala, enredo, conflito etc.?	☐	☐	☐
... reconhecer, em uma encenação, a importância de outras linguagens além da verbal, como as relacionadas ao cenário, ao figurino e aos efeitos sonoros?	☐	☐	☐
... perceber que o texto teatral só se realiza plenamente no momento de sua encenação?	☐	☐	☐

Se você marcou não ou mais ou menos, retome a leitura do boxe O gênero em foco: texto teatral.

Junte-se a um colega e, numa folha avulsa ou no caderno, copiem e completem o esquema a seguir, substituindo as perguntas pelas respectivas respostas. As questões apresentadas servem para orientar a elaboração do esquema, mas vocês podem incluir outras características.

MATIASDELCARMINE/SHUTTERSTOCK

Texto teatral
- Com que finalidade o texto teatral é escrito?
- Como ele é organizado?
- Como as falas são apresentadas?
- Para que servem as rubricas?
- Qual é a linguagem apresentada pelo texto teatral?

E POR FALAR NISSO...

William Shakespeare (1564-1616), considerado um dos maiores dramaturgos de todos os tempos, é autor, entre outras peças, de *Romeu e Julieta*, *Sonhos de uma noite de verão*, *Hamlet*, *Rei Lear* e *Otelo*. A peça *Macbeth* é uma de suas famosas tragédias e teve encenações bem diferentes. Observe as imagens a seguir.

LENISE PINHEIRO/ FOLHAPRESS

O ator Marcello Antony em montagem de 2012 de *Macbeth*.

ROBBIE JACK/CORBIS/GETTY IMAGES

Cena da ópera *Macbeth*, baseada na peça de Shakespeare. Londres, 2011.

Nessa peça sobre a luta pelo poder, ocorre o seguinte: na Escócia, o general Macbeth e seu amigo Banquo encontram três bruxas que lançam uma profecia. Segundo elas, Macbeth se tornará rei e Banquo será pai de muitos reis. Instigado por sua ambiciosa mulher, Macbeth vai eliminar quem ameace seu domínio no reino.

1. **Considerando as duas fotos, qual dessas montagens mais instigou você? Converse com seus colegas a respeito.**

2. **Os diretores e os cenógrafos das duas montagens partiram do mesmo texto de Shakespeare, mas o resultado de cada trabalho foi bastante diferente. Compare as duas imagens considerando as semelhanças e as diferenças nos seguintes aspectos: o figurino e o fato de uma imagem representar uma peça, e a outra, uma ópera.**

3. **O diretor Aderbal Freire Filho disse, certa vez, que o teatro só se completa com a imaginação do espectador. Imagine que você e seus colegas fossem montar *Macbeth*. Como realizariam essa peça? Procurem pensar nos atores que escolheriam, no figurino, no cenário, na iluminação etc. Depois, apresentem para a sala o projeto idealizado por vocês. Lembrem-se de escutar com atenção e de expressar-se com clareza.**

Este texto teatral relaciona-se à queda da Bolsa de Nova York em 1929 e à grave crise que isso provocou na produção de café no Brasil. Um grande fazendeiro proprietário de cafezais fica endividado e corre o risco de perder suas terras. Vê-se, então, obrigado a mudar para a cidade com a família e passa a ser sustentado principalmente pela filha, que se torna costureira. Na primeira cena, ele ainda mora na fazenda e a família descobre que terão de se mudar. Na segunda, ele acaba descobrindo que terminou a moratória, isto é, o prazo para que quitasse suas dívidas, e que perdeu tudo.

ILUSTRAÇÕES: DAVE SANTANA

A moratória

Segundo plano

[...]

LUCÍLIA: Bom dia.

OLÍMPIO: (*Voz*) Bom dia.

HELENA: (*Temerosa*) Quem é? Quem é que está aí, minha filha?

LUCÍLIA: É... é o Olímpio.

HELENA: (*Controla-se*) Mande entrar, Lucília.

LUCÍLIA: Desculpe-me. Faça o favor de entrar.

(*Olímpio aparece; atrapalha-se ligeiramente, quando vê Helena.*)

OLÍMPIO: Bom dia.

HELENA: Bom dia. (*Momento de embaraço*) Não quer se sentar?

OLÍMPIO: Obrigado. (*Senta-se*)

HELENA: (*Pausa*) O senhor veio da cidade?

OLÍMPIO: Vim.

HELENA: Não viu meu marido?

OLÍMPIO: (*Embaraçado*) Não! Não!

HELENA: (*Pausa*) Espero que o senhor não repare, mas é que estamos preocupados. O momento é bastante difícil para todos.

LUCÍLIA: Mamãe!

HELENA: (*Mais rápido*) O senhor compreende, estamos lutando para salvar a fazenda e é natural que...

LUCÍLIA: (*Com orgulho*) De qualquer maneira, saberemos enfrentar a situação.

OLÍMPIO: Não duvido. (*Momento de embaraço*)

[...]

OLÍMPIO: Combinamos ficar noivos, não foi?

LUCÍLIA: É muito amável de sua parte fingir que ignora a situação.

OLÍMPIO: Lucília! Eu compreendo que o momento é difícil, mas acho que nossos sentimentos devem estar acima de tudo.

LUCÍLIA: É que não estou bem certa disto.

Olímpio: (*Pausa*) Acha que eu não devia ter vindo?

Lucília: Acho.

Olímpio: (*Embaraçado*) Neste caso... (*Dirige-se para a porta*)

Lucília: Espero que compreenda.

Olímpio: Compreender o quê?

Lucília: Tudo.

Olímpio: Para mim nada mudou.

[...]

Lucília: É muito mais grave do que parece. Você está pensando na situação financeira em que vamos ficar e eu não. Sinto que todos nós vamos ser envolvidos e, depois, não poderemos mais ser os mesmos. Não é só a fazenda que estamos ameaçados de perder.

Olímpio: Seu pai é um homem forte.

Lucília: Forte! Diante de certas coisas, que adianta ser forte?

Olímpio: Só assim podemos enfrentar o que nos ameaça.

Lucília: Tenho observado papai. Aquela calma não me engana. Há qualquer coisa atrás de seu silêncio que me assusta. Tenho visto papai andando pela fazenda como um animal acuado. Olha tudo demoradamente.

Parece dizer adeus até às pedras, às árvores. Subitamente, parece que tudo adquiriu vida, sentido. O menor objeto, o movimento de um galho, os animais, as plantas, os gestos, tudo! Tudo passou a ter um significado diferente. Ontem...

Olímpio: Fale, Lucília. Desabafe.

Lucília: Ontem, encontrei papai no meio das jabuticabeiras, olhando-as, quase acariciando-as. Passava de uma para outra, examinando com ansiedade, como se todas estivessem doentes. Por um momento me deu a impressão de estar perdido, sem poder sair do meio delas. Quando me viu, apressou o passo, fugiu de mim, como se eu fosse demais. (*Pausa*) Foi ele quem plantou todas!

Olímpio: Compreendo o que ele sente.

Lucília: É o que gostaria de saber: até que ponto ele é forte. Se eu pudesse encontrar um meio de ajudá-lo. Essa calma, esse silêncio do papai me apavoram. Eu sofreria tudo por ele.

[...]

Primeiro plano

Lucília: (*Primeiro plano*) Com certeza, desencontramos.

Helena: Procurei o Quim e não consegui encontrar.

Lucília: Deve estar com o Olímpio.

Helena: Fui ao empório onde ele costuma ir, à igreja, a toda parte!

Lucília: A senhora não devia andar assim.

Helena: Se ele pelo menos não fosse tão violento.

Lucília: Precisamos deixar o papai protestar à vontade, e ficar quietas. É um direito que ele tem. Não pense mais nisto.

Helena: (*Aflita*) Você sabe como é seu pai, Lucília! Como não hei de pensar?

Lucília: Não vai acontecer nada, mamãe. Acalme-se.

Helena: Ele já não tem idade para enfrentar essas coisas.

Lucília: Mais uma razão para nos mantermos calmas. (*Impaciente*) Não podemos nos descontrolar. Assim ele não sofrerá tanto. (*Volta à costura*)

HELENA: (*Olhando os objetos em cima da mesa*) Não seria melhor guardar tudo isto?

LUCÍLIA: Por quê? Não foi ele mesmo quem pôs aí?

HELENA: Foi, mas agora... pode ser que...

LUCÍLIA: Ele terá que ver um dia; é preferível que veja de uma vez. (*Pausa*)

HELENA: Meu Deus! Por que é que demoram tanto?!

LUCÍLIA: Mamãe! Tenha calma.

HELENA: (*Entregando-se ao desespero*) Não aguento mais. Não aguento mais, minha filha.

LUCÍLIA: (*Abraça Helena*) Não se preocupe. O Olímpio saberá dar a notícia.

HELENA: (*Aflita*) Preferia... Preferia...

LUCÍLIA: O quê? Diga, mamãe.

HELENA: Gostaria que o Olímpio mentisse.

LUCÍLIA: Não! Chega! Vamos enfrentar de uma vez a realidade.

HELENA: Tenho medo, Lucília!

LUCÍLIA: Precisamos aceitar e não pensar mais nisto.

HELENA: Uma pessoa como seu pai não vive sem esperança. E era a única coisa que lhe restava.

[...]

LUCÍLIA: (*Temerosa*) Que foi, mamãe?

HELENA: Chegaram!

LUCÍLIA: Por favor, acalme-se.

HELENA: Mãe de Deus, rogai por nós!

MARCELO: (*Voz*) Sente-se, papai, vou chamar a mamãe.

JOAQUIM: (*Voz*) Não.

(*Ouve-se o barulho de alguma coisa que cai no chão. Lucília fica imóvel, tesa, olhando para o corredor. Percebe-se que Helena continua rezando. Joaquim aparece no corredor, para e fica com os olhos presos em Helena. Faz um gesto como se pedisse desculpa; há nele uma angústia inexprimível.*)

LUCÍLIA: (*Amargurada*) Papai!

HELENA: Quim!

(*Joaquim vai até a mesa e encosta-se*)

LUCÍLIA: Sente-se, papai.

HELENA: Quim, meu velho! Que fizeram com você?

LUCÍLIA: (*Procurando se conter*) Papai! (*Marcelo e Olímpio aparecem no corredor*)

HELENA: Sente-se, Quim. Não quer se sentar?

JOAQUIM: (*Tentando ser violento*) Por que é que todos querem que eu me sente?

HELENA: Por nada, nada!

(*Joaquim, depois de pegar um trapo na mesa, senta-se, lentamente. Pausa longa. Joaquim começa a desfiar o trapo.*)

LUCÍLIA: (*Avança na direçao do pai*) Não! Isso não! Papai! Proteste, grite, fale alguma coisa. Não fique assim! Não fique assim, pelo amor de Deus!

HELENA: Lucília!

LUCÍLIA: É isso mesmo. Proteste. Proteste, papai. O senhor tem direito. As terras são nossas, sempre foram nossas. Ninguém pode nos tomar. Papai! Ainda há esperança, daremos um jeito; é preciso que o senhor não aceite, nós não podemos aceitar.

OLÍMPIO: (*Tenta segurar Lucília*) Lucília!

LUCÍLIA: (*Repele Olímpio*) Deixe-me.

HELENA: Minha filha! Respeite o sofrimento de seu pai.

LUCÍLIA: Não! Não quero ver meu pai assim. Não quero, não quero. Deve haver um jeito. Olímpio! Diga que há. Minta. É preciso que você minta!

OLÍMPIO: Mentir como, Lucília?

LUCÍLIA: Não quero que meu pai fique sem esperança. Não quero. (*Bate com as mãos no peito de Olímpio*) Não quero! Não...

(*Lucília cai sentada à máquina, ainda repetindo "NÃO". Pouco a pouco, começa a soluçar.*)

JOAQUIM: (*Olha para Lucília*) Eu... eu não sofro mais, não sofro mais, minha filha. Não precisa ter medo. Eu... eu...

(*Lucília não resiste mais e começa a soluçar fortemente. Todo seu corpo é sacudido pela explosão do desespero e ela se agarra em Olímpio. Olímpio leva-a para fora da sala. Helena caminha lentamente e vai ficar atrás da cadeira de Joaquim; põe a mão em seu ombro. Marcelo senta-se no banco.*)

JOAQUIM: (*Subitamente aflito*) Helena! E as minhas jabuticabeiras?

HELENA: Não pense, Quim, não pense mais nisto. Não faltará chuva.

JOAQUIM: (*Pausa*) Em que mês estamos?

MARCELO: Em abril.

JOAQUIM: Abril! (*Pausa*) O café está sendo arruado!

(*As luzes vão abaixando lentamente.*)

MARCELO: Já não se ouve o canto das cigarras!

JOAQUIM: O feijão da seca começa a soltar vagens!

HELENA: Os que plantaram... vão começar a colher!

(*As vozes se transformam num murmúrio e as luzes apagam definitivamente.*)

JORGE ANDRADE. *Marta, a árvore e o relógio*. São Paulo: Perspectiva, 1986. p. 185-187. (Fragmento).

ESTUDO DA LÍNGUA: ANÁLISE E REFLEXÃO

COMO VOCÊ PODE ESTUDAR

1. **Estudo da língua** não é uma seção para decorar, mas para questionar e levantar problemas.
2. O trabalho com os conhecimentos linguísticos requer persistência. Leia e releia os textos e exemplos, discuta, converse.

TIPOS DE PREDICADO E TRANSITIVIDADE VERBAL: VERBO INTRANSITIVO E VERBO TRANSITIVO

TIPOS DE PREDICADO

- Observe algumas frases retiradas da peça teatral *Aquele que diz sim e Aquele que diz não*. Você vai analisar cada uma delas.

Eu sou o professor.

O professor veio nos visitar.

Eu ouvi suas palavras.

Talvez você esteja cansado.

Meu coração tem pena dessa pessoa.

O menino ficou doente por causa da subida.

Tomem meu cantil.

KOMLEVA/SHUTTERSTOCK

a) Copie a tabela no caderno e organize as frases que você leu.

Sujeito	Predicado

Lembre-se

O sujeito pode estar **oculto**, ou seja, identificável apenas pelo contexto ou pela desinência. Ex.: *Dormi bem esta noite.* (sujeito oculto = eu)

MARCEL LISBOA/FOTOS: SHUTTERSTOCK

b) Quais frases apresentam verbo de ligação? E quais contêm verbo de ação? Escreva e classifique os verbos no caderno.

c) Copie as tabelas no caderno, reorganizando as frases que você analisou.

Sujeito	Predicado	
	Verbo de ligação	Predicativo do sujeito

Sujeito	Predicado	
	Verbo de ação	Outros elementos que não são predicativos

TIPOS DE PREDICADO

Como você viu, os predicados apresentam diferentes estruturas:

- Verbo de ligação + predicativo:

  "Eu **sou** **o professor**."
  (**sou**: verbo de ligação; **o professor**: predicativo)

- Verbo de ação:

  "Eu **ouvi** suas palavras."
  (**ouvi**: verbo de ação)

- Verbo de ação + predicativo:

  *Ele **começou** a caminhar **animado**.*
  (**começou**: verbo de ação; **animado**: predicativo do sujeito)

Nas orações, o **predicado** classifica-se de acordo com essa estrutura, ou seja, conforme o tipo de verbo e a presença ou não de predicativo.

- O predicado formado com *verbo de ligação + predicativo* é classificado como **predicado nominal**.
- O predicado formado com *verbo de ação sem predicativo* classifica-se como **predicado verbal**.
- E o predicado que se constrói com *verbo de ação + predicativo do sujeito* é classificado como **predicado verbo-nominal**.

ORGANIZAR O CONHECIMENTO

O QUE VOCÊ JÁ SABE?

Agora, você já é capaz de...	Sim	Não	Mais ou menos
... distinguir verbos de ligação de verbos de ação?	☐	☐	☐
... reconhecer o predicativo do sujeito?	☐	☐	☐
... diferenciar os predicados verbal, nominal e verbo-nominal?	☐	☐	☐

Se você marcou não ou mais ou menos, retome a leitura do boxe Tipos de predicado.

◉ Junte-se a um colega e, no caderno, copiem e completem o esquema com orações que exemplifiquem os conceitos indicados.

LORELYN MEDINA/SHUTTERSTOCK

Predicado
- **Nominal**: verbo de ligação + predicativo. → ____
- **Verbal**: verbo de ação, sem predicativo. → ____
- **Verbo-nominal**: verbo de ação + predicativo do sujeito. → ____

ATIVIDADES

ATITUDES PARA A VIDA

Ao responder às questões, busque exatidão e precisão para garantir que você entendeu o que estudou.

1. Leia estas manchetes.

I.

Crânio revela convivência entre humanos e neandertais no Oriente Médio

Disponível em: <http://mod.lk/kuvu3>. Acesso em: 20 mar. 2018.

II.

Candidatos chegam atrasados para o Enem e culpam o trânsito em Cuiabá

Disponível em: <http://mod.lk/vdja1>. Acesso em: 20 mar. 2018.

III.

Com calor e falta de chuvas, Parque Nacional de Brasília fica lotado

Disponível em: <http://mod.lk/1xygw>. Acesso em: 20 mar. 2018.

a) Qual é o sujeito e qual é o predicado de cada manchete?

b) Quais são os verbos de ação e quais são os verbos de ligação que aparecem nessas manchetes?

c) Como você observou, nessas manchetes há mais verbos de ação do que de ligação. Isso ocorre também nos jornais. Considere o que você aprendeu a respeito dos gêneros notícia e reportagem e responda: por que nas manchetes de notícias e reportagens predominam os verbos de ação?

2. Leia um verbete de enciclopédia escolar.

Bússola

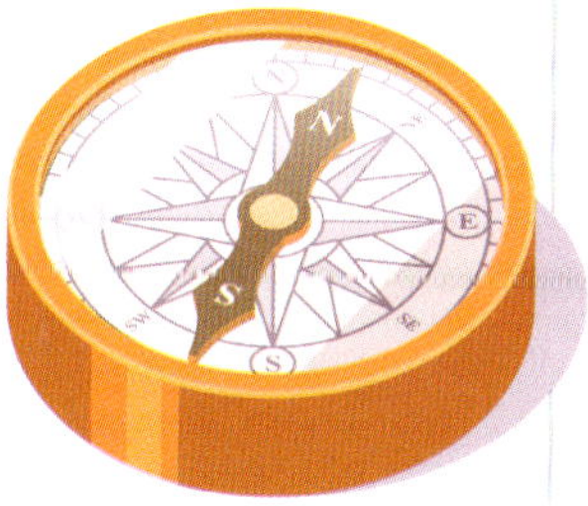

VECTORPIXELSTAR/SHUTTERSTOCK

A bússola é um instrumento para descobrir as direções. Uma bússola simples é uma agulha magnética sobre um pivô, ou pino curto. A agulha, que pode girar livremente, sempre aponta o norte quando se estabiliza. O pivô fica preso sobre o desenho de uma rosa dos ventos, que marca as direções dos pontos cardeais. Para usar uma bússola é preciso alinhar a agulha com a marcação do norte. A partir daí, é possível saber todas as outras direções dos pontos cardeais: sul, leste e oeste.

A bússola funciona porque **a Terra é um imenso ímã**. Um ímã tem dois centros de força chamados polos, um de cada lado ou em cada ponta. Linhas de força magnética ligam esses polos. Pedaços de metal perto de um ímã sempre se posicionam ao longo dessas linhas. A agulha da bússola, que opera como esses pedaços de metal, aponta o norte porque se alinha com as linhas de força magnética da Terra.

Os polos magnéticos da Terra não são os polos geográficos Norte e Sul que podemos ver no topo e na base de um globo. Os polos magnéticos ficam perto dos polos geográficos, mas não exatamente nos mesmos lugares. A bússola aponta o polo Norte magnético, não o polo Norte geográfico. Portanto, quem usa uma bússola precisa fazer ajustes para achar o verdadeiro norte.

A chamada bússola giroscópica aponta o verdadeiro norte usando um instrumento chamado giroscópio, que sempre aponta a mesma direção. Hoje, navios grandes utilizam bússolas magnéticas e também as giroscópicas.

Chineses e europeus foram pioneiros na produção de bússolas magnéticas, respectivamente no início e no final do século XII. Eles descobriram que um pedaço de ferro imantado, ao flutuar na água, apontava o norte. Marinheiros logo começaram a usar bússolas para navegar, ou seja, achar seu caminho no mar.

Britannica Escola Online. *Enciclopédia Escolar Britannica*, 2015. Disponível em: <http://mod.lk/7vz77>. Acesso em: 20 mar. 2018.

a) Com que intenção comunicativa foi produzido esse verbete?

b) Que tempo e modo verbal predominam no texto? Por que há esse predomínio de modo e tempo?

c) Observe as frases destacadas no texto. Copie no caderno a opção que reflete melhor a função dessas frases.

- Elas fazem questionamentos.
- Elas fazem descrições.
- Elas dão definições.

d) Qual o tipo de predicado predominante nessas frases: verbal, nominal ou verbo-nominal? Relacione esse tipo de predicado à função das frases que você identificou no item **c**.

3. Leia a tira.

GARFIELD — JIM DAVIS

a) Explique o que acontece na tira.

b) O que Jon, o dono de Garfield, quer dizer com "você já não é mais um gatinho"?

c) Na frase abaixo, há dois predicados: um verbal e um nominal. Qual é o predicado nominal?

> "Reconheça, Garfield... você já não é mais um gatinho."

d) Como esse predicado nominal contribui para a construção do humor? Justifique sua resposta.

4. Copie as orações, completando-as com predicativos.

a) Ela virou uma ✦ quando descobriu que havia sido enganada.

b) Todos ficaram ✦ com a má notícia; só Pedro permaneceu ✦.

c) A mulher telefonou ✦ para a escola quando percebeu que havia se esquecido de apanhar o filho.

d) Aquele dia amanheceu ✦. Fazia frio e caía uma garoa fina, insistente.

TRANSITIVIDADE VERBAL: VERBO INTRANSITIVO E VERBO TRANSITIVO

GRAPHICREPUBLIC/SHUTTERSTOCK

Releia um trecho da peça *Aquele que diz sim e Aquele que diz não*.

> "Eu sou o professor. Eu tenho **uma escola na cidade** e tenho um aluno cujo pai morreu. Ele só tem a mãe, que cuida **dele**."

a) Identifique todos os verbos que indicam ação nesse trecho.

b) Observe os termos em destaque. Eles complementam informações de quais verbos?

- Qual desses verbos precisa de uma preposição para acompanhar o complemento?

c) No trecho, há um verbo que não precisa de nenhum complemento para que a mensagem possa ser compreendida. Que verbo é esse?

Verbo auxiliar e verbo principal

Há casos em que um verbo auxiliar se une a um verbo principal, formando uma **locução verbal**. Observe:

"O senhor pretende levar meu filho?"

pretende: verbo auxiliar; levar: verbo principal

Nas locuções verbais, o verbo principal é que é o objeto de estudo da transitividade.

TRANSITIVIDADE VERBAL: VERBO INTRANSITIVO E VERBO TRANSITIVO

Você já estudou os verbos de ligação (isto é, aqueles que ligam o predicativo ao sujeito, como *ser*, *estar*, *parecer* etc.). Agora, vai conhecer mais a respeito dos verbos de ação. Como você observou ao responder às questões, há dois tipos de verbo de ação: o que precisa e o que não precisa de complemento para que a mensagem seja compreendida.

A propriedade que os verbos de ação têm de exigir ou não complemento denomina-se **transitividade verbal**.

O verbo de ação que não precisa de complemento para compreensão da mensagem da oração é chamado **verbo intransitivo** (VI). Aquele que precisa de um ou mais complementos para que a mensagem seja compreendida é chamado **verbo transitivo** (VT).

Uma sequência só é considerada complemento de um verbo de ação se for necessária para a compreensão do sentido desse verbo no contexto da mensagem.

O prefixo *trans-*

O prefixo **trans-**, presente em algumas palavras da língua portuguesa, deriva da preposição latina *trans*, que significa "para além de". Assim, verbo **transitivo** é aquele cujo sentido vai além dele.

A transitividade verbal deve ser analisada no contexto, pois o mesmo verbo pode ser transitivo ou intransitivo, dependendo do contexto em que está inserido. Observe:

*O ano mal **começou** e as inscrições para o curso de teatro já estavam esgotadas.*

Na oração, o verbo *começar* é intransitivo, porém, dependendo do contexto em que ele está inserido, pode ser transitivo. Veja:

"As pessoas ***começaram*** a viagem para as montanhas."

No exemplo acima, o verbo *começar* é transitivo. O complemento é *a viagem para as montanhas*.

OBJETO DIRETO E OBJETO INDIRETO

Alguns verbos transitivos não exigem preposição para se ligar a seu complemento. Dizemos que se ligam diretamente ao complemento. Esses verbos são chamados **verbos transitivos diretos** (VTD).

Há verbos que exigem preposição para ligar-se ao seu complemento. São chamados **verbos transitivos indiretos** (VTI).

O complemento que se liga ao verbo sem preposição, ou seja, diretamente, é chamado **objeto direto** (OD). O complemento que se liga ao verbo por meio de preposição é chamado **objeto indireto** (OI).

Ele acessou o site.

acessou – VTD; o site – OD

preposição: de

Os jovens gostam de novidades tecnológicas.

gostam – VTI; de novidades tecnológicas – OI

Há verbos transitivos que podem ter dois complementos, um objeto direto e um objeto indireto. Quando tem os dois tipos de complemento, o verbo transitivo é chamado **verbo transitivo direto e indireto** (VTDI).

Carlos enviou uma mensagem de texto à namorada.

enviou – VTDI; uma mensagem de texto – OD; à namorada – OI

Os **pronomes pessoais** do caso reto desempenham geralmente a função de **sujeito**, enquanto os **pronomes oblíquos** exercem, comumente, a função de **objeto direto** ou **indireto**. Entre os pronomes oblíquos átonos, **o**, **a**, **os**, **as** exercem a função de **objeto direto**, e **lhe**, **lhes**, de **objeto indireto**. Veja os exemplos a seguir.

ANDREW RYBALKO/SHUTTERSTOCK

Ivan acabou excluindo seu colega de sua lista de amigos na rede social.

*Ivan acabou excluindo-**o** de sua lista de amigos na rede social.*

A rede social vai pedir que seus usuários listem as empresas de notícias em que confiam.

*A rede social vai pedir-**lhes** que listem as empresas de notícias em que confiam.*

Os demais pronomes oblíquos átonos (**me**, **te**, **se**, **nos**, **vos**) exercem qualquer das duas funções, dependendo do contexto.

*Só você **me** dá alegria!* – objeto **indireto** (dar alegria a/para alguém)

*Você **me** conquistou!* – objeto **direto** (conquistar alguém)

Lembre-se

Pronomes pessoais retos e oblíquos

Retos: eu, tu, ele, ela, nós, vós, eles, elas.

Oblíquos: me, mim, comigo, te, ti, contigo, o(s), a(s), lhe(s), se, si, consigo, nos, conosco, vos, convosco.

Em orações construídas com verbos **transitivos** ou **intransitivos**, o **verbo** é o **núcleo do predicado**, isto é, a parte mais importante. Nesse caso, tem-se um **predicado verbal**.

Nas orações a seguir, os núcleos dos predicados estão destacados. Observe.

- O ano **começou**.
- O ano **trará** novidades tecnológicas.
- O curso de atuação **custa** caro.

ACONTECE NA LÍNGUA

ARMANDINHO — ALEXANDRE BECK

ASSISTIU UM FILME DE TERROR E AGORA ESTÁ COM MEDO, NÉ?
NÃO!
FILME EU SEI QUE É TUDO DE MENTIRINHA!
EU ASSISTI AOS NOTICIÁRIOS!
beckilustras@gmail.com

© ALEXANDRE BECK

De acordo com a norma padrão, o verbo **assistir**, quando utilizado no sentido de presenciar, é transitivo indireto e o seu complemento deve, portanto, ser precedido de preposição. Observe a fala de Armandinho no último quadrinho:

> "Eu assisti aos noticiários!"

A expressão "aos noticiários" é precedida pela preposição **a**.

No entanto, a mãe do garoto não utilizou a mesma regência em "Assistiu um filme de terror e agora está com medo, né?". O verbo **assistir**, quando transitivo direto, tem sentido de dar assistência, socorrer. Será então que Armandinho e a mãe estavam falando sobre coisas diferentes? O contexto da tirinha deixa claro que não!

O que ocorre é que o uso do verbo **assistir** sem preposição, ou seja, como transitivo direto, é cada vez mais comum entre os falantes. Veja mais alguns exemplos:

Que tal assistirmos a novela?

Assisti o show *da minha banda favorita.*

ORGANIZAR O CONHECIMENTO

O QUE VOCÊ JÁ SABE?

Agora, você já é capaz de...	Sim	Não	Mais ou menos
... diferenciar verbos transitivos de verbos intransitivos?	☐	☐	☐
... distinguir verbos transitivos diretos de verbos transitivos indiretos?	☐	☐	☐
... explicar o que são verbos transitivos diretos e indiretos?	☐	☐	☐

Se você marcou não ou mais ou menos, retome a leitura do boxe Transitividade verbal: verbo intransitivo e verbo transitivo.

Junte-se a um colega e, no caderno, copiem e completem o esquema com verbos que exemplifiquem os conceitos indicados.

Transitividade verbal

- **Verbo intransitivo**: tem sentido completo. Exemplos:
- **Verbo transitivo direto**: liga-se ao **objeto direto** sem preposição. Exemplos:
- **Verbo transitivo indireto**: liga-se ao **objeto indireto** com o acréscimo de uma preposição. Exemplos:
- **Verbo transitivo direto e indireto**: liga-se ao objeto direto ou indireto de acordo com o contexto. Exemplos:

TARAS DUBOV/SHUTTERSTOCK

Pronomes oblíquos como objeto

- **Direto**: representado por pronomes oblíquos **o**, **a**, **os**, **as**, **me**, **te**, **nos** e **vos**.
- **Indireto**: representado por pronomes oblíquos **lhe**, **lhes**.

ATIVIDADES

1. O texto abaixo é trecho de uma letra de canção.

Conversa de botequim

Seu garçom faça o favor de me trazer depressa
Uma boa média que não seja requentada
Um pão bem quente com manteiga à beça
Um guardanapo e um copo d'água bem gelada
Feche a porta da direita com muito cuidado
Que eu não estou disposto a ficar exposto ao sol
Vá **perguntar** ao seu freguês do lado
Qual foi o resultado do futebol
Se você ficar limpando a mesa
Não me levanto nem pago a despesa
Vá **pedir** ao seu patrão
Uma caneta, um tinteiro, um envelope e um cartão
[...]

DAVE SANTANA

VADICO E NOEL ROSA. In: Vários autores. *Trem de Alagoas e outros poemas*. São Paulo: Martins Fontes, 2003. p. 53. (Fragmento).

a) Nessa letra de canção, há versos que são objetos diretos de alguns verbos. Copie no caderno os verbos e os versos que os complementam.

b) Os verbos *perguntar* e *pedir* são complementados por objetos indiretos. Que objetos indiretos os complementam e que preposição os acompanha?

ATITUDES PARA A VIDA

Ao responder às questões, busque exatidão e precisão para garantir que você entendeu o que estudou.

2. Leia a tirinha abaixo do questionador e inquieto Calvin.

CALVIN

BILL WATTERSON

TÔ COM FOME. POSSO FAZER UM LANCHE?
CLARO, SIRVA-SE.
PODE PEGAR UMA MAÇÃ OU UMA LARANJA NA GELADEIRA.
EMBORA USEMOS O MESMO IDIOMA, NÃO FALAMOS A MESMA LÍNGUA.
6·12 ©1987 Universal Press Syndicate
CALVIN & HOBBES, BILL WATTERSON © 1987 WATTERSON/ DIST. BY ANDREWS MCMEEL SYNDICATION

a) A personagem Calvin e sua mãe têm o mesmo conceito sobre o que significa "fazer um lanche"? Explique.

b) O humor das tirinhas geralmente reside na quebra de expectativa do leitor. Em qual quadrinho a expectativa do leitor é quebrada? Por quê?

c) No primeiro quadrinho, Calvin omite um pronome que exerce a função do sujeito de *tô* e *posso fazer*. Qual é esse pronome?

d) O mesmo acorre no último quadrinho com os verbos *usemos* e *falamos*. Qual pronome foi omitido?

e) Qual é a transitividade de: *posso fazer*, *pode pegar*, *usemos* e *falamos*?

f) Quais são seus complementos e suas classificações?

3. Leia a notícia abaixo, publicada no jornal *on-line Correio*.

Jovens brasileiros são os mais dependentes das redes sociais

Dentre os aplicativos, os brasileiros também são os maiores usuários do Facebook (94%), Youtube (85%) e WhatsApp (84%)

ANDREW RYBALKO/SHUTTERSTOCK

Os adolescentes brasileiros passam cada vez mais tempo hipnotizados pelos dispositivos móveis. Uma pesquisa realizada pela Amdocs em dez países aponta que os jovens entre 15 e 18 anos do país não desgrudam do celular: 64% costumam checar as redes sociais assim que acordam.

"O brasileiro é um povo que gosta muito de novidade. Hoje, os jovens têm mais opções, já que existem várias plataformas diferentes. A gente vê um movimento de crescimento, que só tem aumentado", afirma Kan Wakabayashi, diretor da Amdocs Brasil.

Dentre os entrevistados no Brasil, 55% acreditam que seu smartphone os tornam mais espertos e legais. [...]

MARIANA SALES. Disponível em: <http://mod.lk/1i4sk>. Acesso em: 22 mar. 2018. (Fragmento).

a) Você se considera parte das estatísticas apontadas no texto?

b) Identifique no texto dois verbos cujos complementos são introduzidos por preposição. Em seguida, classifique-os e transcreva seus complementos.

c) No período "Hoje, os jovens têm mais opções, já que existem várias plataformas diferentes.":
- As orações têm verbos transitivos diretos?
- Qual é o sujeito de *existem*?
- Qual é o objeto direto de *têm*?

4. Leia os textos a seguir.

Texto 1

Amor é fogo que arde sem se ver,
é ferida que dói, e não se sente;
é um contentamento descontente,
é dor que desatina sem doer.

É um não querer mais que bem querer;
é um andar solitário entre a gente;
é nunca contentar-se de contente;
é um cuidar que ganha em se perder.
[...]

LUÍS DE CAMÕES. *Sonetos*. Disponível em: <http://mod.lk/8q8to>. Acesso em: 27 abr. 2018.

Texto 2

[...] E Luísa tinha suspirado, tinha beijado o papel devotamente! Era a primeira vez que lhe escreviam aquelas sentimentalidades, e o seu orgulho dilatava-se ao calor amoroso que saíam delas, como um corpo ressequido que se estira num banho tépido: sentia um acréscimo de estima por si mesma, e parecia-lhe que entrava enfim numa existência superiormente interessante [...]

EÇA DE QUEIRÓS. *O primo Basílio*. Disponível em: <http://mod.lk/xvfc0>. Acesso em: 27 abr. 2018.

a) Em qual texto o verbo de ligação é extremamente marcado? Por que isso ocorre?

b) Que tipos de verbos predominam no texto 2? Por que isso ocorre?

c) Identifique e classifique as locuções verbais e seus complementos no texto 2, se houver.

d) Dê a função sintática do pronome oblíquo **lhe** em: "Era a primeira vez que **lhe** escreviam aquelas sentimentalidades".

Mais questões no livro digital

QUESTÕES DA LÍNGUA

EMPREGO DE Ç/C E SS/S

Observe as placas a seguir e como estão grafadas as palavras.

TEMOS MEL E SERA DE ABELHA.
NÃO PISE NA CALSADA. SIMENTO FRESCO!
PROIBIDO CONVERSÃO À DIREITA.
ELEVADOR EM MANUTENSÃO.
VAGA PARA ANALISTA. ADMISÃO IMEDIATA.
AGRADEÇO PELA GRAÇA ALCANSADA.

MARCEL LISBOA

a) Junte-se com um colega. Identifiquem os equívocos na ortografia dessas placas e reescrevam, no caderno, as frases de forma correta.

b) Todas as placas apresentam problemas de ortografia?

c) Por que ocorre essa confusão entre as letras empregadas equivocadamente nas placas e aquelas que vocês substituíram no item **a**?

Você deve ter notado que o que causou essa confusão nas placas foi a possibilidade de representar o mesmo fonema com diferentes letras. Vamos recordar algumas regras para facilitar a escrita das palavras que apresentam esse fonema.

EMPREGO DE Ç/C E SS/S

QUANDO USAR Ç

- Nos sufixos **-aço**, **-aça**, **-uço** e **-uça**, que indicam aumento ou abundância:

  rico → ricaço | barca → barcaça

  magro → magruço(a) | dente → dentuço(a)

- Nos sufixos **-ança** e **-ença**, que formam substantivos abstratos:

  mudar → mudança | lembrar → lembrança

  crer → crença | diferir → diferença

- No sufixo *-ção*, que indica ação ou resultado dela, sempre que precedido por *a-* ou duas vogais (em hiato ou ditongo). Nesses casos, se tirarmos o sufixo e acrescentarmos *-r*, normalmente teremos o verbo no infinitivo:

acusar → acusação trair → traição
diminuir → diminuição nomear → nomeação

- Nos substantivos formados a partir do verbo *ter* e seus derivados:

manter → manutenção deter → detenção
reter → retenção conter → contenção

- Nas palavras pertencentes à mesma família de outras que apresentam a letra **t** na última sílaba:

exceto → exceção ato → ação
isento → isenção canto → canção

- Nas palavras de origem indígena, africana e árabe: Paiçandu, açaí, Iguaçu, paçoca, babaçu, caiçara, jaçanã, açafrão, muçulmano, açúcar, açude, açucena.
- Após ditongo (observe que, se a letra seguinte for *e* ou *i*, usa-se *c*): louça, rejeição; foice, coice.

Lembre-se

- Não se inicia palavra com **ç**.
- Escreve-se **ç** apenas antes de **a**, **o**, **u** e nunca antes de **e** e **i**: caçador, braço, açúcar; bracelete, tecido, precisar, decisão.

QUANDO USAR *C*

- Na terminação *-ice*, formadora de substantivos:

menino → meninice tolo → tolice

QUANDO USAR *SS*

- No sufixo *-ssão* dos substantivos derivados de verbos que apresentem na última sílaba as consoantes *d*, *m* ou *t*, seguidas de *-er* ou *-ir*:

admitir → admissão comprimir → compressão
agredir → agressão remeter → remissão

- Nos substantivos que pertencem à mesma família de outras palavras grafadas com *ss*:

travessa → travessão confessar → confissão
pressionar → pressão arremessar → arremesso

Lembre-se

- Escreve-se **ss** entre duas vogais, nunca entre consoante e vogal: *nisso*, *nossa*, *passar*; *cansadas*, *ensino*, *discurso*.

QUANDO USAR *S*

- Nos substantivos derivados de verbos que apresentem na última sílaba as consoantes *d*, *m* ou *t*, seguidas de *-er* ou *-ir* e antecedidas por *n-* ou *r-*:

apreender → apreensão expandir → expansão
converter → conversão apreender → apreensão

- No sufixo *-ense*, formador de adjetivos pátrios:

Atenas → ateniense Alfenas → alfenense
Tocantins → tocantinense Santa Catarina → catarinense

AIKSTUDIO/SHUTTERSTOCK

ATIVIDADES

1. No caderno, copie e complete as palavras com C, Ç, S ou SS.

CARLOS CAMINHA

a) Nesse pa✦o, você não parece ter a inten✦ão de chegar logo ao servi✦o!

b) Os alunos pediram a inter✦e✦ão dos profe✦ores para obterem a aten✦ão da dire✦ão da escola em rela✦ão às preten✦ões esportivas.

c) Haverá exce✦ão apenas para os a✦inantes que fizeram a suspen✦ão antecipada da a✦inatura do jornal.

2. No caderno, copie apenas as frases que têm palavras com ortografia incorreta, corrigindo-as.

a) O acessor refez o cabeçalho de todos os formulários do calhamasso.

b) Os colegas caçoaram do garoto quando ele tropeçou no cadarço.

c) Os alisserces do edifício eram de aço macisso.

d) O juiz adiou a seção e rechassou a objeção do advogado.

3. No caderno, copie e corrija a única frase que apresenta erro de ortografia.

a) Ele almejava maior pretensão salarial e pediu demissão da empresa.

b) A professora pediu que lêssemos poemas e fizéssemos uma discussão sobre o tema.

c) Só há uma possibilidade para nós: a reconciliação.

d) Aquelas famílias conseguiram sair da situa-ção de opresão e explorassão em que se encontravam naquele trabalho escravo.

4. Observe a grafia destas palavras e alguns de seus significados.

> **Seção.** 1. Ação de cortar. 2. Parte de um todo. 3. Divisão ou subdivisão de uma obra. 4. Corte vertical.
> **Sessão.** Tempo de duração de um filme, uma reunião, um espetáculo, uma assembleia ou um trabalho.
> **Cessão.** Ato de ceder, isto é, transferir a outro direitos ou posse de alguma coisa.

- **No caderno, copie e complete as frases a seguir com uma das palavras destacadas acima.**

  a) A ✦ dos arquivos para pesquisa foi aprovada pela diretoria.

  b) Não chegue atrasado para a ✦ das oito no cinema.

  c) Nossos colegas da ✦ de crediário trabalham demais.

5. No caderno, copie e complete o texto abaixo com SS, S, C ou Ç. Consulte o dicionário sempre que tiver dúvidas.

Em um dia en✦olarado, o ca✦ique Aimberé qui✦ fazer uma nova casa para morar. Ficou imaginando as coisas ne✦e✦árias para a constru✦ão da palho✦a: palmeira de a✦aí, de baba✦u, ✦ipó para as amarra✦ões e peda✦os de casca de árvore para fazer a parede. Além di✦o, folhas bonitas para fazer a cobertura e folhas de a✦aí para fechar a frente. Tinha de tran✦ar as folhas... Aimberé ficou can✦ado só de pen✦ar. Foi ver a mulher. Ela estava agachada, socando milho para fazer pa✦oca. Deixou-a sozinha e foi para a beira do rio, ab✦orto, matutando sobre a casa.

CARLOS CAMINHA

LEITURA E PRODUÇÃO DE TEXTO

A PRODUÇÃO EM FOCO

- Ao final da unidade, você e seus colegas vão escrever um texto teatral em um ato. Durante a próxima leitura, fiquem atentos:
  - **a)** aos elementos do texto teatral: o espaço cênico, as falas, as personagens e o acontecimento principal em cada cena.
  - **b)** ao desenvolvimento da dramaticidade nas cenas.
  - **c)** ao dilema das personagens e a sua solução.

CONTEXTO

Você vai ler agora o segundo ato da peça *Aquele que diz sim e Aquele que diz não*. Durante a leitura, é importante considerar que, para Brecht, o autor dramático deveria ter como objetivo elaborar uma obra voltada para a sociedade de seu tempo e com uma função social transformadora, na qual o palco mostrasse a vida real e levasse o público a refletir sobre ela.

Aquele que diz sim e Aquele que diz não

AQUELE QUE DIZ NÃO

1

O GRANDE CORO — O mais importante de tudo é aprender a estar de acordo.
Muitos dizem sim, mas sem estar de acordo.
Muitos não são consultados, e muitos
Estão de acordo com o erro. Por isso:
O mais importante de tudo é aprender a estar de acordo.

O professor está no plano 1; a mãe e o menino, no plano 2.

O PROFESSOR — Eu sou o professor. Eu tenho uma escola na cidade e tenho um aluno cujo pai morreu. Ele só tem a mãe, que cuida dele. Agora, eu vou até a casa deles para me despedir, porque estou de partida para uma viagem às montanhas. *Bate na porta.* Posso entrar?

O MENINO *passando do plano 2 para o plano 1* — Quem é? Oh, o professor está aqui! O professor veio nos visitar!

O PROFESSOR — Por que faz tanto tempo que você não vai à escola na cidade?

O MENINO — Eu não podia ir porque minha mãe ficou doente.

O PROFESSOR — Eu não sabia. Por favor, vá logo dizer a ela que eu estou aqui.

O MENINO *grita em direção ao plano 2* — Mamãe, o professor está aqui.

CARLOS CAMINHA

A MÃE *sentada numa cadeira de madeira no plano 2* — Mande entrar.

O MENINO — Entre, por favor.

Os dois entram no plano 2.

O PROFESSOR — Faz muito tempo que eu não venho aqui. Seu filho diz que a senhora tem estado doente. Está melhor agora?

A MÃE — Não se preocupe com a minha doença, não há de ser nada.

O PROFESSOR — Fico contente de ouvir isto. Eu vim me despedir de vocês, porque amanhã eu estou de partida para as montanhas numa viagem de estudos, porque na cidade, além das montanhas, moram os grandes mestres.

A MÃE — Uma viagem de estudos nas montanhas! É verdade, eu ouvi dizer que os grandes médicos moram lá, mas também ouvi dizer que é uma caminhada perigosa. O senhor pretende levar meu filho?

O PROFESSOR — Numa viagem como esta, não se levam crianças.

A MÃE — Bom, espero que o senhor volte com saúde.

O PROFESSOR — Agora eu tenho que ir embora. Adeus. *Sai para o plano 1.*

O MENINO *seguindo o professor, no plano 1* — Eu tenho que dizer uma coisa.

A mãe escuta à porta.

O PROFESSOR — O que é?

O MENINO — Eu quero ir com o senhor para as montanhas.

O PROFESSOR — Como eu já disse à sua mãe,
É uma viagem difícil e
Perigosa. Você não
Vai conseguir nos acompanhar. Além disso:
Como você pode querer abandonar
Sua mãe, que está doente?
Fique. É absolutamente
Impossível você vir conosco.

O MENINO — É porque minha mãe está doente que
Eu quero ir com você, para
Buscar para ela remédios e instruções
Com os grandes médicos, na cidade além das montanhas.

O PROFESSOR — Mas você estaria de acordo com todos os imprevistos que lhe poderiam surgir durante a viagem?

O MENINO — Sim.

O PROFESSOR — Eu tenho que falar com sua mãe novamente.

Ele volta ao plano 2. O menino escuta à porta.

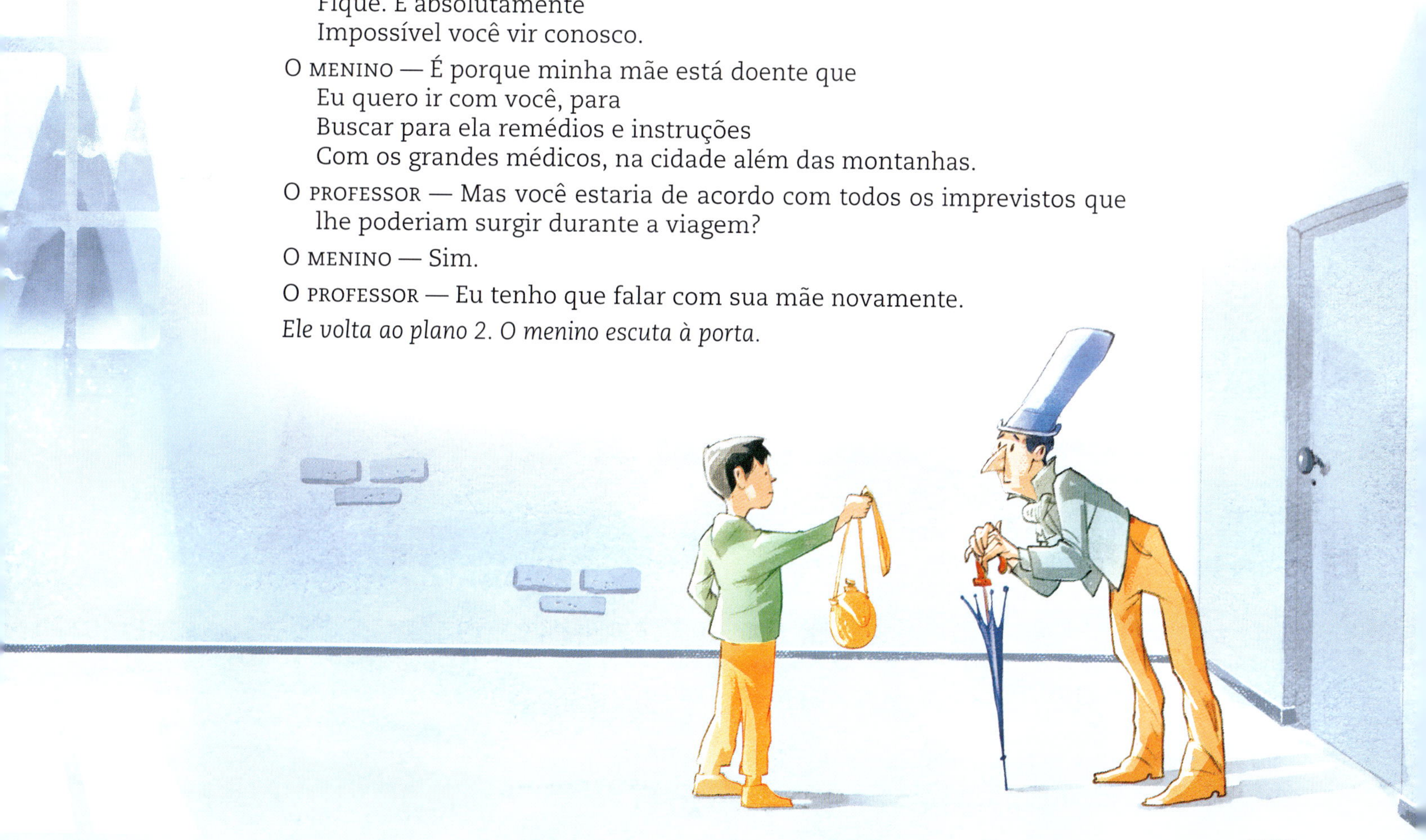

Estou aqui de novo. Seu filho diz que quer vir conosco. Eu expliquei que ele não poderia deixar a senhora sozinha e doente e que, além disso, é uma viagem difícil e perigosa. É absolutamente impossível você vir conosco, eu lhe disse. Mas ele respondeu que tem que ir à cidade além das montanhas, buscar remédios e instruções para a sua doença.

A MÃE — Eu ouvi suas palavras. E não duvido do que o menino diz — que ele gostaria de fazer a caminhada perigosa com o senhor. Meu filho, venha cá.

O menino entra no plano 2.

Desde o dia em que
Seu pai nos deixou,
Eu não tenho ninguém
A não ser você do meu lado.
Você nunca saiu
De minha vista nem do meu pensamento
Por mais tempo que eu precisasse
Para fazer sua comida,
Arrumar suas roupas e
Ganhar dinheiro.

O MENINO — É como a senhora diz. Mas apesar disso nada vai poder me desviar do que eu pretendo.

O MENINO, A MÃE E O PROFESSOR — Eu vou (Ele vai) fazer a perigosa caminhada
E buscar remédios e instruções
Para a sua (a minha) doença,
Na cidade além das montanhas.

O GRANDE CORO — Eles viram que nenhum argumento
Podia demovê-lo.
Então o professor e a mãe disseram
Numa só voz:

O PROFESSOR E A MÃE — Muitos estão de acordo com o erro, mas ele
Não está de acordo com a doença, e sim
Em acabar com a doença.

O GRANDE CORO — A mãe ainda disse:

A MÃE — Eu já não tenho mais forças.
Se assim tem que ser,
Vá com o professor,
Mas volte logo.

CARLOS CAMINHA

2

O GRANDE CORO — As pessoas começaram a viagem
Para as montanhas.
Entre elas estavam o professor,
E o menino.
Mas o menino não podia suportar tanto esforço:
Ele forçou demais seu coração,
Que pedia retorno imediato.
Na alvorada, ao pé das montanhas,
Ele quase não conseguia mais
Arrastar seus pés cansados.

Entram no plano 1: o professor, os três estudantes e, por último, o menino trazendo um cantil.

O PROFESSOR — A subida foi rápida. Lá está a primeira cabana. Lá nós vamos parar um pouco.

OS TRÊS ESTUDANTES — Nós obedecemos.

Ele sobem num estrado do plano 2. O menino detém o professor.

O MENINO — Eu tenho que dizer uma coisa.

O PROFESSOR — O que é?

O MENINO — Eu não me sinto bem.

O PROFESSOR — Pare! Quem faz uma viagem como esta não pode dizer essas coisas. Talvez você esteja cansado por não estar acostumado a subir montanhas. Pare e descanse um pouco. *Ele sobe no estrado.*

OS TRÊS ESTUDANTES — Parece que o menino ficou doente por causa da subida. Vamos perguntar ao professor.

O GRANDE CORO — Sim. Perguntem!

OS TRÊS ESTUDANTES *ao professor* — Nós ouvimos que o menino ficou doente por causa da subida. O que há com ele? Você está preocupado com ele?

O PROFESSOR — Ele não está se sentindo bem, é só isso. Ele está só cansado por causa da subida.

OS TRÊS ESTUDANTES — Então você não está preocupado com ele?

Longa pausa.

CARLOS CAMINHA

OS TRÊS ESTUDANTES *entre eles* — Vocês ouviram?
O professor disse
Que o menino está somente cansado por causa da subida.
Mas ele não está ficando com uma aparência estranha?
Logo depois da cabana vem a passagem estreita.
Só se pode passar por ela
Agarrando-se à rocha com as duas mãos.
Nós não podemos carregar ninguém.
Devemos então seguir o grande costume e
Jogar o menino no vale?

Eles gritam em direção ao plano 1, com as mãos em concha:
A subida da montanha lhe fez mal?

O MENINO — Não.
Vejam, eu estou em pé.
Eu não estaria sentado
Se estivesse doente?

Pausa. O menino senta-se.

OS TRÊS ESTUDANTES — Vamos falar com o professor. Mestre, quando há pouco perguntamos pelo menino, você disse que ele estava simplesmente cansado por causa da subida. Mas agora ele está com uma aparência muito estranha. Olhe, ele até está sentado. É terrível ter que dizer isto, mas há muito tempo reina um grande costume entre nós: aquele que não pode continuar será jogado no vale.

O PROFESSOR — Como, vocês querem jogar este menino no vale?

OS TRÊS ESTUDANTES — Sim. É a nossa intenção.

O PROFESSOR — É um grande costume. Eu não posso me opor a ele. Mas o grande costume também exige que se pergunte àquele que ficou doente se se deve voltar por sua causa. Meu coração tem muita pena dessa pessoa. Eu vou até ele e, com o maior cuidado, vou lhe falar do grande costume.

OS TRÊS ESTUDANTES — Faça isso, por favor.

Eles se colocam frente a frente.

OS TRÊS ESTUDANTES E O GRANDE CORO — Nós vamos lhe perguntar (eles lhe perguntaram) se ele quer
Que se volte (que voltem) por sua causa.
Porém, mesmo se ele quiser,
Nós não vamos (eles não iam) voltar,
E sim jogá-lo no vale.

O PROFESSOR, *que foi até o menino no plano 1* — Presta atenção! Há muito tempo existe a lei que aquele que fica doente numa viagem como esta tem que existe a lei que aquele que fica doente numa viagem como esta tem que ser jogado no vale. A morte é imediata. Mas o costume também exige que se pergunte àquele que ficou doente se se deve voltar por sua causa. E o costume exige que aquele que ficou doente responda: Vocês não devem voltar. Se eu estivesse em seu lugar, com que prazer eu morreria!

CARLOS CAMINHA

O MENINO — Eu compreendo.

O PROFESSOR — Você exige que se volte por sua causa? Ou está de acordo em ser jogado no vale como exige o grande costume?

O MENINO, *depois de um tempo de reflexão* — Não. Eu não estou de acordo.

O PROFESSOR *grita em direção ao plano 2* — Desçam até aqui. Ele não respondeu de acordo com o costume.

OS TRÊS ESTUDANTES *descendo em direção ao plano 1* — Ele disse não. *Ao menino*: Por que você não responde de acordo com o costume? Aquele que disse a também tem que dizer b. Naquele tempo quando lhe perguntavam se você estaria de acordo com tudo que esta viagem poderia trazer, você respondeu que sim.

O MENINO — A resposta que eu dei foi falsa, mas a sua pergunta, mais falsa ainda. Aquele que diz a não tem que dizer b. Ele também pode reconhecer que a era falso. Eu queria buscar remédio para minha mãe, mas agora eu também fiquei doente, e, assim, isto não é mais possível. E diante desta nova situação, quero voltar imediatamente. Eu peço a vocês que também voltem e me levem para casa. Seus estudos podem muito bem esperar. E se há alguma coisa a aprender lá, o que eu espero, só poderia ser que, em nossa situação, nós temos que voltar. E quanto ao antigo grande costume, não vejo nele o menor sentido. Preciso é de um novo grande costume, que devemos introduzir imediatamente: o costume de refletir novamente diante de cada nova situação.

OS TRÊS ESTUDANTES *ao professor* — O que fazer? O que o menino disse não é nada heroico, mas faz sentido.

O PROFESSOR — Eu deixo com vocês a decisão do que fazer. Mas tenho que lhes dizer uma coisa: se vocês voltarem, vão ser cobertos de zombaria e vergonha.

OS TRÊS ESTUDANTES — Não é vergonha ele falar a favor de si próprio?

O PROFESSOR — Não. Eu não vejo nisso nenhuma vergonha.

OS TRÊS ESTUDANTES — Então nós queremos voltar. Não vai ser a zombaria e não vai ser o desprezo que vão nos impedir de fazer o que é de bom senso, e não vai ser um antigo costume que vai nos impedir de aceitar uma ideia justa.
Encoste a cabeça em nossos braços.
Não faça força.
Nós levamos você com cuidado.

O GRANDE CORO — Assim os amigos levaram o amigo
E eles criaram um novo costume,
E uma nova lei,
E levaram o menino de volta.
Lado a lado, caminharam juntos
Ao encontro do desprezo,
Ao encontro da zombaria, de olhos abertos,
Nenhum mais covarde que o outro.

(Baseada na adaptação inglesa de Arthur Waley do teatro Nô japonês *Taniko*. Colaboradores: E. Hauptmann e Kurt Weill.)

BERTOLT BRECHT. In: *Teatro completo*: Bertolt Brecht. Trad. Wolfgang Bader, Marcos Roma Santa e Wira Selanski. 2. ed. Rio de Janeiro: Paz e Terra, 1992. v. 3. p. 225-232. (Fragmento).

ANTES DO ESTUDO DO TEXTO

1. Se não tem certeza de ter compreendido bem o texto, leia-o novamente.
2. Ao responder às questões a seguir, procure empregar o que já aprendeu ao ler outros textos e seja preciso em suas respostas.

ESTUDO DO TEXTO

DE OLHO NAS CARACTERÍSTICAS DO GÊNERO

1. Você certamente percebeu que há grande semelhança entre o primeiro e o segundo ato do texto. O esquema abaixo apresenta os elementos da narrativa relacionados ao primeiro ato. Faça, no caderno, outro esquema apresentando os elementos da narrativa do segundo ato.

Situação inicial	→ Conflito	→ Clímax	→ Desfecho
O professor comunica ao menino e à mãe doente que buscará a cura para uma epidemia. O menino parte com o professor e os três estudantes.	O menino fica doente, impossibilitado de prosseguir.	O professor apresenta o costume e pergunta ao menino se ele concorda com o costume. O menino concorda, mas pede para ser jogado no vale.	Os três estudantes levam o menino até o vale. Eles escutam o último pedido dele, pegam o cantil e jogam o menino no abismo.

2. No primeiro ato, há uma epidemia e, por isso, a mãe do menino está doente.

a) No segundo ato não há uma epidemia. Encontre no texto as falas do professor e da mãe que permitem perceber isso. Em seguida, copie-as no caderno.

b) Duas falas do professor permitem perceber que o segundo ato ocorre em um tempo diferente em relação ao primeiro ato: aquela em que ele informa os objetivos da viagem e aquela em que explica o costume ao menino. Por que essas falas indicam que os acontecimentos ocorrem em tempos distintos?

c) O tempo da narrativa, portanto, não é o mesmo nos dois atos. O espaço, ao menos aparentemente, é o mesmo. E quanto às personagens, elas são as mesmas? Por quê?

d) Considerando a resposta ao item **c**, como você imagina que, no contexto da história, são formados os costumes ou as tradições?

3. Releia os trechos a seguir.

Primeiro ato

> "Os três estudantes — Não podemos passar com ele e também não podemos ficar com ele. Aconteça o que acontecer, nós temos que continuar porque uma cidade inteira está esperando o remédio que nós viemos buscar. É terrível ter que dizer isto, mas, se ele não pode vir conosco, nós vamos ter que deixar o menino aqui, nas montanhas.
>
> O professor — É verdade, talvez tenham que fazer isto. Eu não posso me opor a vocês. Mas eu acho justo que se pergunte àquele que ficou doente se se deve voltar por sua causa. Meu coração tem pena dessa pessoa. Eu vou até ele e, com o maior cuidado, **vou prepará-lo para o seu destino**."

Segundo ato

> "O professor — Como, vocês querem jogar este menino no vale?
>
> Os três estudantes — Sim. É a nossa intenção.
>
> O professor — É um grande costume. Eu não posso me opor a ele. Mas o grande costume também exige que se pergunte àquele que ficou doente se se deve voltar por sua causa. Meu coração tem muita pena dessa pessoa. Eu vou até ele e, com o maior cuidado, **vou lhe falar do grande costume**."

a) No primeiro ato, a presença do advérbio *talvez* sugere que o professor está ou não convicto de que o costume deve ser cumprido?

b) No segundo, a atitude do professor é a mesma ao afirmar "É um grande costume"? Por quê?

c) Nos dois atos, o professor afirma que não pode se opor ao costume. Que papel a figura do professor exerce em relação aos costumes nos dois momentos?

d) Também nos dois atos, o professor afirma que tem pena do menino. O que isso permite imaginar a respeito da opinião dele sobre os costumes?

e) Compare agora as duas últimas frases destacadas em cada parte. Qual delas dá a entender que não será possível evitar a morte do menino? Qual permite imaginar que o menino possa ter alguma reação no que se refere ao costume?

f) Explique: o que aconteceu no primeiro ato que fez com que o professor desse uma resposta diferente no segundo ato?

4. O menino, no segundo ato, não age de acordo com o esperado.

a) O que se esperava que ele fizesse?

b) Que argumento os estudantes apresentam para justificar essa expectativa em relação ao menino?

c) Em resposta a esse argumento, o menino afirma que a resposta que dera era falsa, mas que a pergunta dos estudantes havia sido ainda mais falsa. Por quê?

5. Ainda no segundo ato, o menino propõe o estabelecimento de um novo costume.

a) Que costume é esse?

b) O que os estudantes acham dessa proposta?

c) O professor os alerta então de que enfrentarão desprezo e zombaria. Por que isso aconteceria?

d) Por que os estudantes preferem voltar para a cidade com o menino, mesmo nessas condições bastante desfavoráveis?

6. Compare as frases a seguir.

Primeiro ato

"Nenhum mais **culpado** que o outro."

Segundo ato

"Nenhum mais **covarde** que o outro."

a) A mudança no adjetivo que caracteriza o sujeito em cada caso reflete a mudança de postura dos estudantes. Explique essa mudança.

b) Você acha que a população da cidade iria compreender a atitude dos estudantes? Por quê?

7. O título da peça é *Aquele que diz sim e Aquele que diz não*.

a) No contexto da história, por que Aquele que diz sim e Aquele que diz não têm tamanha importância?

b) E o que você faria: diria sim ou diria não? Por quê?

c) Para Brecht, o teatro não era apenas entretenimento, mas uma maneira de levar as pessoas à reflexão. E você, o que pensa sobre isso?

CARLOS CAMINHA

SAIBA +

O teatro moderno no Brasil teve entre seus maiores representantes:

- **Os Comediantes** (1938-1947), fundado por Brutus Pedreira, Tomás Santa Rosa e Luiza Barreto Leite. Antes dessa companhia, predominavam montagens de comédias de costumes. Ela mudou o panorama teatral e inaugurou a modernidade no teatro brasileiro.
- **Teatro Experimental do Negro** (1944-1961), fundado por Abdias do Nascimento. O TEN também contribuiu com o surgimento do teatro moderno, trazendo novos atores e textos, a valorização do negro no teatro e a necessidade de uma nova dramaturgia.
- **Teatro Brasileiro de Comédia** (1948-1964), fundado por Franco Zampari, que importou diretores e técnicos da Itália, como Ziembinski. O TBC se caracterizava por repertório eclético, profissionalização de atores, junção entre divertimento e cultura.
- **Teatro de Arena** (1953-1972), liderado por Renato José Pécora, conhecido como José Renato. Com um teatro político e social, encenava peças sobre a realidade social e política brasileira.
- **Opinião** (1964-1982), fundado por Oduvaldo Vianna Filho, Ferreira Gullar e Denoy de Oliveira, entre outros. Nasceu do *show* musical "Opinião", com Zé Kéti. Com um teatro de protesto e resistência, o grupo privilegiava a arte popular e disseminava a cultura da periferia para os grandes centros.
- **Teatro Popular do Nordeste** (1960-1975), liderado por Hermilo Borba Filho. O objetivo do TPN era buscar uma maneira nordestina de encenar e oferecer ao público do Recife, sobretudo aos mais pobres, um teatro profissional de qualidade. Sua dramaturgia moderna era centrada no teatro popular e não apenas em temas da cultura regional.
- **Teatro Oficina** (1958-1973), desde a fase amadora até a profissional, com José Celso Martinez Corrêa à frente. Referência na cultura dos anos 1960, manteve uma posição de vanguarda com mudanças constantes. Em 1984, foi reformulado sob a denominação de Oficina Usyna Uzona e permanece em atividade até os dias atuais.

Trilha de estudo

Vai estudar? Stryx pode ajudar! <http://mod.lk/trilhas>

CARLOS CAMINHA

PRODUÇÃO DE TEXTO

TEXTO TEATRAL EM UM ATO

O que você vai produzir

Você e outros três colegas vão produzir um texto teatral em um ato, que vai tratar de um dilema. O texto será encenado para a comunidade escolar.

NA HORA DE PRODUZIR

1. Siga as orientações apresentadas nesta seção. Seu texto deve ser coerente com a proposta.
2. Lembre-se de que você já leu e analisou textos do gênero que vai produzir. Se for o caso, retome o **Estudo do texto**.
3. Diante da folha em branco, persista. Nenhum texto fica pronto na primeira versão.

SELECIONEM O DILEMA DO GRUPO

1. Vocês vão pensar em alguns dilemas que viveram na escola, em casa ou em outro lugar, e conversar sobre eles. Cada membro do grupo vai contar um dilema que achar mais interessante e como ele foi solucionado.
2. Vocês vão escolher um deles para ser o dilema do grupo. Respondam às perguntas seguintes e registrem por escrito as respostas.
   a) Qual é o dilema escolhido pelo grupo?
   b) Quais são as pessoas envolvidas nesse dilema?
   c) Quais foram as sensações e os sentimentos de quem contou o dilema?
   d) Qual foi a solução dada para esse dilema?
   e) Há outras formas de solução para esse dilema? Quais?

PLANEJEM O TEXTO

1. Façam um esboço da história utilizando as respostas relacionadas ao dilema escolhido. Se preferirem, podem alterar os nomes verdadeiros de quem vivenciou o dilema e dos demais envolvidos. Também podem mudar algum detalhe, desde que a história fique coerente.
2. Sigam um roteiro e registrem por escrito as respostas. Vejam esta sugestão, que pode ter algum item alterado ou acrescentado.
   a) Qual a situação inicial?
   b) O que determina o conflito?
   c) Qual o desfecho da história?
   d) Onde ela ocorre?
   e) Quando ela ocorre?
3. Criem as personagens: as principais e as secundárias. Descrevam-nas e demonstrem como elas se relacionam.
4. Organizem a representação.
   a) Em quantas cenas a história será apresentada?
   b) O que ocorrerá em cada cena?
   c) Que personagens estarão em cada cena?
   d) Como será a posição e a movimentação das personagens nas cenas?
   e) Quais elementos devem aparecer no cenário?
   f) Quais elementos devem fazer parte do figurino?
   g) Haverá efeitos de sonoplastia, iluminação e música de fundo?
5. Pensem nas falas. Façam um esboço da fala de cada personagem em cada cena.
   a) Fiquem atentos para enfatizar o dilema com expressões e falas que mostrem o impasse entre as personagens, contribuindo para tornar o texto mais reflexivo.
   b) Verifiquem se o público será capaz de compreender a história por meio das falas que vocês imaginaram.

ESCREVAM O TEXTO

1. Ao escreverem o texto, vocês vão considerar o que foi definido em "Planejem o texto": o dilema; a situação inicial, o conflito e o desfecho; as indicações nas rubricas, como o espaço cênico, o tempo, os elementos do cenário, a posição e a movimentação das personagens; as falas nos diálogos; entre outros.
2. Empreguem nas falas uma linguagem adequada ao contexto em que estão inseridas as personagens.

AVALIEM E APRESENTEM O TEXTO

1. Avaliem seu texto teatral conforme os critérios do quadro.

EGUDINKA/SHUTTERSTOCK

Aspectos importantes em relação à proposta e ao sentido do texto
1. Contém os elementos da narrativa para o enredo da peça (situação inicial, conflito, clímax e desfecho)?
2. Apresenta informações da época, do lugar e do espaço onde acontece a história?
3. Permite entender o que acontece em cada cena?
4. Contém algum trecho marcado pela dramaticidade?
5. Indica adequadamente a fala de cada personagem?
6. Apresenta rubricas com informações sobre as personagens (falas, comportamentos, sentimentos e movimentações em cena)?
7. Apresenta descrição de elementos do figurino ou do cenário da história?
8. Caracteriza bem cada personagem?
9. Traz indicação de sonoplastia, iluminação e música de fundo?
10. Contém nas falas uma linguagem coerente com o perfil das personagens apresentadas?
11. Apresenta situações em que o dilema aparece de forma clara?
Aspectos importantes em relação à ortografia, à pontuação e às demais normas gramaticais
1. Está livre de problemas de ortografia relacionados a regras já estudadas?
2. Está com a pontuação correta?
3. Está livre de problemas de concordância entre as palavras?

2. Troquem seu texto com o de outro grupo.

a) O outro grupo vai ler várias vezes o texto de vocês e encená-lo (com o papel na mão). Isso permitirá que vocês verifiquem o que está bom e o que precisa ser melhorado.

b) Vocês também vão fazer a mesma coisa para que os outros colegas tenham uma avaliação do texto deles.

3. Agora, juntem as respostas com base no quadro e na encenação feita pelo outro grupo, para que vocês tenham uma avaliação mais completa do texto teatral produzido.

4. Passem o texto a limpo fazendo as modificações necessárias.

5. Cada um vai decorar sua fala e ensaiar bastante com todo o grupo que encenará a peça teatral.

6. Com a ajuda do professor, organizem a apresentação para a comunidade escolar. Se necessário, chamem colegas de outras equipes para interpretar papéis secundários ou para a figuração.

Dicas para uma boa apresentação

- Saber o texto completo para que haja integração entre as personagens.
- No primeiro ensaio, fazer a leitura dramática do texto com todo o grupo, ou seja, cada um lerá a sua fala no momento correto, em voz alta, obedecendo à pontuação e aplicando a entonação e a expressão corporal adequadas. Nessa primeira etapa não é necessário memorizar o texto, mas compreendê-lo.
- Memorizar e ensaiar as falas para garantir a expressão mais precisa das reações e dos sentimentos das personagens.
- Ensaiar em grupo para que cada um saiba o momento de falar e de se movimentar no palco.

ATITUDES PARA A VIDA

IMAGINAR, CRIAR E INOVAR

Impossível não relacionar arte e criatividade. A criação possibilita o exercício imaginativo, e por meio dela é possível expressar emoções e compreender melhor o mundo.

Provavelmente, exercitar a criatividade foi importante para a produção e a encenação da peça teatral do seu grupo. Pensando nisso, leia a notícia a seguir.

MARCO AURELIO OLIMPIO

Objetos abandonados são inspiração em peça gratuita "Escombros"

Espetáculo do Grupo Sobrevento cumpre temporada na sede do grupo, na Zona Leste de São Paulo

Com mais de 30 anos de trajetória, o Grupo Sobrevento faz uma nova temporada de seu espetáculo **Escombros** entre 21 de abril e 27 de maio. [...]

Com direção de Sandra Vargas e Luiz André Cherubini e música de Arrigo Barnabé, o espetáculo explora a linguagem do teatro de objetos e trata da aniquilação dos relacionamentos e dos seres em um mundo que está desabando.

Objetos encontrados no entorno da sede da companhia, na zona leste de São Paulo, bem como outros doados por moradores dos bairros Brás e Belenzinho, são **catalisadores** da dramaturgia.

Na encenação, pessoas que perderam tudo andam sobre escombros e tentam, apesar de toda a desesperança que paira no ar, compreender como tudo se perdeu sem que se dessem conta. Mesmo incapazes de recompor um mundo que não existe mais, elas resistem e insistem em manter-se de pé.

Catraca livre. Disponível em: <http://mod.lk/tj0mj>. Acesso em: 25 abr. 2018.

Glossário

Catalisadores: impulsionadores; que ajudam na criação.

1. **Qual é o assunto da notícia?**

2. **As pessoas envolvidas na montagem da peça *Escombros* encontraram uma alternativa diferente para enriquecer a cenografia do espetáculo. Qual seria essa alternativa?**

a) Você achou essa escolha criativa? Por quê?

b) Como essa escolha se relaciona com o enredo da peça?

3. **Releia o último trecho da notícia:**

> "Mesmo incapazes de recompor um mundo que não existe mais, elas resistem e insistem em manter-se de pé."

- **Converse com os colegas: por que imaginar, criar e inovar seriam atitudes importantes a serem desenvolvidas pelas personagens?**

4. Das encenações teatrais apresentadas por seus colegas houve alguma que chamou mais a sua atenção? Por quê?

Não ter medo de errar, dispor-se a experimentar e arriscar são atitudes importantes para despertar nossa criatividade. Para ser criativo, também é preciso ser corajoso!

5. Você acha que seu grupo conseguiu apresentar uma encenação teatral criativa? Por quê? Justifique sua resposta.

Evitar conflitos não faz com que as pessoas se tornem mais criativas. Muitas vezes, a criatividade é motivada ao ouvirmos e dialogarmos com quem pensa de maneira diferente.

6. Em algum momento, durante a produção, vocês precisaram ser criativos para contornar alguma situação entre os componentes do grupo? Como?

7. Compartilhe com os colegas uma situação, dentro ou fora da escola, em que você teve de usar a imaginação e ser criativo para resolver algum problema.

AUTOAVALIAÇÃO

Atitudes para a vida	Sim	Não	O que melhorar
1. Você **organizou seu pensamento** e **expressou-se com clareza** na encenação teatral que produziu com seu grupo?			
2. Ao trabalhar em grupo na produção e encenação de um texto teatral, você conseguiu **pensar com flexibilidade**?			
3. Você conseguiu **pensar de maneira interdependente** ao trabalhar em grupo na produção e encenação do texto teatral?			
4. No momento de produção do texto teatral você procurou **questionar e levantar problemas** em grupo?			
5. O texto teatral foi redigido com **exatidão** e **precisão**?			
6. A encenação teatral do seu texto foi **criativa**?			

DO TEXTO AO PALCO

Abrem-se as cortinas! É hora do espetáculo!
Veja as orientações de um grupo de teatro para dar vida ao texto dramático.

1 A escolha da história

Toda peça de teatro começa pela escolha da história que será levada ao palco. Um dos papéis do diretor é procurar histórias que mexam com as pessoas, que as façam pensar.

O texto deve dialogar com as emoções do público e fazê-lo refletir sobre a própria vida.

LUCÍLIA: Bom dia.

OLÍMPIO: (voz) Bom dia.

HELENA: (temerosa) Quem é?
Quem é que está aí, minha filha?

LUCÍLIA: É... é o Olímpio.

HELENA: (controla-se) Mande entrar, Lucília.

LUCÍLIA: Desculpe-me. Faça o favor de entrar.
(Olímpio aparece; atrapalha-se ligeiramente, quando vê Helena)

OLÍMPIO: Bom dia.

HELENA: Bom dia. (momento de embaraço)
Não quer se sentar?

OLÍMPIO: Obrigado. (senta-se)

HELENA: (pausa) O senhor veio da cidade

OLÍMPIO: Vim.

HELENA: Não viu meu marido?

OLÍMPIO: (embaraçado) Não! Não!

HELENA: (pausa) Espero que o senhor
mas é que estamos preocu
é bastante difícil para todos

Fragmento de *A moratória*, de Jorge Andrade

2 A leitura do texto

Antes de encenar a história, os atores dedicam muito tempo ao estudo do texto para entender seus significados.

Primeiramente, nós, atores, lemos o texto várias vezes para compreendê-lo e para entender qual a intenção do autor ao escrever a peça.

Se não conhecemos alguma palavra, procuramos por seu significado no dicionário. Eu preciso saber exatamente o que estou dizendo no palco.

3 Rubricas orientam a montagem

No texto teatral, as rubricas indicam os locais nos quais ocorrem as cenas, os movimentos coletivos e individuais dos atores e o estado emocional ou o tom de fala das personagens.

As rubricas revelam situações, atitudes e emoções. Esses elementos são importantes para os atores na composição das personagens. Mas, no palco, não precisamos seguir essas orientações ao pé da letra.

4 O processo de criação

Diretor e atores reúnem-se para ler o texto em voz alta, debater e descobrir novos sentidos por meio das falas e das rubricas. É nesse processo que as cenas e as personagens começam a ganhar vida.

A partir dessa leitura, idealizamos e construímos as cenas. Os atores contribuem com ideias, e o papel do diretor é decidir o que será feito e orientar o elenco em todo o processo.

ILUSTRAÇÕES: ANDRÉ TOMA

5 O texto ganha vida!

Além do elenco e do diretor, há vários profissionais envolvidos na realização de uma peça: figurinistas, cenógrafos, coreógrafos, músicos, sonoplastas, iluminadores e assistentes. Todos eles participam dos ensaios e fazem os ajustes necessários. Depois desse período de preparação, chega o momento tão esperado por toda a equipe: a estreia do espetáculo e os aplausos do público.

PROJETO EM EQUIPE

FESTIVAL DE ESQUETES HUMORÍSTICOS

O que você vai aplicar do que aprendeu:

- estrutura do texto teatral;
- adaptação de textos narrativos para teatro.

O que você vai aprender:

- produção de esquetes humorísticos.

1. Lembre-se: é importante escutar com atenção e expressar-se com clareza.
2. Busque exatidão e precisão nas tarefas individuais: isso é essencial para garantir um resultado final adequado.
3. Faça escolhas responsáveis: qualquer uma delas terá impacto no trabalho de todos.
4. O resultado final depende mais de transpiração do que de inspiração. Persista!

VISÃO GERAL – O QUE VAMOS FAZER

A palavra *esquete* vem do inglês *sketch*, que significa "esboço, desenho preliminar". Esquete é uma representação dramática curta, muitas vezes composta de apenas uma cena (mas com começo, meio e fim), e geralmente de caráter humorístico. Na atualidade, vários programas de humor da TV são baseados em uma sequência de esquetes. Nos palcos de teatro, os esquetes também aparecem há muito tempo, compondo espetáculos leves e divertidos.

Sob a coordenação do professor, você e a turma vão organizar um Festival de Esquetes Humorísticos, que será apresentado a toda a comunidade escolar, amigos, familiares e outros convidados. Para preparar os esquetes, usem, com as devidas adaptações, os textos teatrais produzidos nesta unidade (ou outros à escolha de cada grupo).

ACERVO ICONOGRAPHIA

Os esquetes eram uma das atrações do teatro de revista, um tipo de espetáculo com música, dança e muito bom humor, comum no Brasil durante a primeira metade do século XX. Na foto, cena do teatro de revista, Companhia Walter Pinto, 1940.

VAMOS ANALISAR TEXTOS HUMORÍSTICOS

Estamos acostumados a rir com textos humorísticos em programas de TV e de rádio, em *sites* da internet, em filmes ou mesmo em uma roda de piadas com os amigos. Nem sempre, porém, refletimos sobre o que produz humor nesses textos, ou seja, o que os torna engraçados.

Para ajudar nessa reflexão, reúna-se em grupo sob a coordenação do professor. Você e seus colegas vão ler as piadas a seguir e, depois, responder às questões.

1

— Como se escrevia farmácia antigamente?

— Com ph.

— E hoje?

— Com f.

— Não, "hoje" se escreve com h.

2

Um banqueiro telefona para o seu cliente para avisá-lo de que o seu saldo está negativo. O cliente pergunta se o gerente pode informar como estava a conta no mês anterior. O gerente consulta a ficha e responde que estava com um bom saldo positivo. Então, o cliente pergunta:

— E eu liguei pra você?

3

Duas pessoas contemplam o céu numa noite estrelada.

— Como nós somos pequenos e insignificantes!

— Você e quem?

FOTOS: SHUTTERSTOCK

SÍRIO POSSENTI. *Os humores da língua*: análises linguísticas de piadas. Campinas: Mercado de Letras, 1998. p. 31 e 40.

1. **Vocês entenderam qual a graça de cada uma das piadas? Expliquem.**

2. **Cada uma das anedotas lidas recorre a uma estratégia diferente para construir o humor. No caderno, façam a correspondência adequada entre as anedotas e as estratégias listadas abaixo.**

a) Quebra de expectativas por meio de um desfecho surpreendente.

b) Jogo de palavras envolvendo uma palavra com mais de um sentido.

c) Exploração de estereótipos, isto é, imagens preconcebidas de certos grupos de pessoas.

D.J.MCGEE/SHUTTERSTOCK

VAMOS PLANEJAR O ESQUETE

1. **Agora, discutam em grupo e com o professor:**

a) qual será o tempo máximo e o mínimo para cada esquete;

b) onde e quando será realizado o festival.

2. **Decidam: a) quem será o diretor, ou seja, o responsável por coordenar a ação dos demais; b) quem serão os atores; c) quem cuidará da parte técnica (preparação do cenário, da iluminação e dos efeitos sonoros).**

VAMOS ESCREVER O ROTEIRO

1. Para iniciar a produção propriamente dita, recuperem os textos teatrais que escreveram nesta unidade.
2. Discutam: algum deles poderia ser transformado em um esquete cômico? Em caso positivo, quais alterações deveriam ser feitas?
3. Se preferirem usar um texto novo, selecionem uma piada, uma história em quadrinhos, uma crônica humorística ou qualquer outra história divertida que conheçam para servir de base à criação do esquete.
4. Identifiquem as ações a serem representadas, o cenário, as personagens, as falas e os possíveis efeitos de sonoplastia e iluminação.
5. Escrevam o roteiro definitivo do esquete, com todas as indicações que já aprenderam a fazer.
6. Levem em consideração os limites de tempo previamente estabelecidos, para que a ação não fique curta nem longa demais. Também tomem cuidado para adequar o cenário, os efeitos sonoros e a iluminação aos materiais e ao espaço de que dispõem.

VAMOS ENSAIAR O ESQUETE

Durante os ensaios, observem estes itens: a) se o esquete está dentro do limite de tempo estabelecido; b) se o cenário, a iluminação e os efeitos sonoros estão adequados ao texto; c) se a fala dos atores está clara (boa dicção) e em um volume agradável (nem alto nem baixo demais); d) se a atuação dos atores está adequada.

VAMOS APRESENTAR O ESQUETE

Agora é só esperar o dia do festival e apresentar um esquete bem divertido para a plateia. Seria ótimo se alguém pudesse filmar o espetáculo e, depois, juntos, vocês revissem a apresentação de cada grupo.

HILL STREET STUDIOS/BLEND IMAGES/GETTY IMAGES

Assim como outras habilidades artísticas, a da representação pode ser desenvolvida por meio de estudo e de exercícios.

PARA SE PREPARAR PARA A PRÓXIMA UNIDADE

Na próxima unidade, você vai analisar textos jornalísticos sobre um tema importante para os jovens de sua geração: a atual onda de ofensas publicadas em redes sociais, incluindo o *cyberbullying*. Para saber mais sobre esse assunto, acesse os *links* que indicamos a seguir. Depois, leia as orientações do boxe "O que você já sabe?".

> Pesquise — em jornais — revistas ou *sites* sobre diferentes textos jornalísticos que apresentem o *bullying* ou o *cyberbullying* como tema. Depois, converse com os colegas sobre as matérias interessantes que vocês encontraram e como é a abordagem desse assunto nos textos.

1 Na próxima unidade, você vai ler a transcrição de um trecho de uma reportagem **sobre** *bullying* nas redes sociais, que foi ao ar em um telejornal na TV Cultura. Veja o vídeo entre os minutos 6'24" e 9'30": ‹http://mod.lk/pgxsb›.

2 Assista a uma breve entrevista com a psicóloga Mariana Harumi, que comenta sobre a lei contra *bullying*, em vigor desde 2016. Confira: ‹http://mod.lk/k0gse›.

3 Não basta saber ler e compreender uma notícia. É preciso avaliar a abordagem dada pelo veículo que a publica, porque nem tudo na mídia tem compromisso com a verdade dos fatos. O vídeo a seguir mostra na prática o tipo de manipulação que pode ser feita em uma notícia. Assista: ‹http://mod.lk/osxlt›.

4 **Emprego da vírgula nas orações coordenadas**

Acesse o objeto digital e tire suas dúvidas sobre o emprego da vírgula nas orações coordenadas: ‹http://mod.lk/jopid›.

O QUE VOCÊ JÁ SABE?

Até este momento, você seria capaz de...	Sim	Não	Mais ou menos
... diferenciar se a proposta editorial de um texto jornalístico é séria e investigativa, ou sensacionalista, sem compromisso com a verdade dos fatos?	☐	☐	☐
... comparar diversos textos jornalísticos em variadas mídias, analisando as diferenças entre eles?	☐	☐	☐
... planejar e preparar um roteiro para realizar uma entrevista oral, levantando informações prévias sobre o entrevistado e o tema?	☐	☐	☐
De acordo com o conteúdo do objeto digital *Emprego da vírgula nas orações coordenadas*, você seria capaz de...	**Sim**	**Não**	**Mais ou menos**
... concluir que as orações coordenadas, por manterem uma relação de independência sintática, podem ser comparadas aos itens de uma enumeração?	☐	☐	☐
... perceber que as orações coordenadas geralmente são separadas por vírgula, exceto quando antecedidas pelas conjunções *e*, *ou* ou *nem*?	☐	☐	☐

UNIDADE 7

ÓDIO NAS REDES

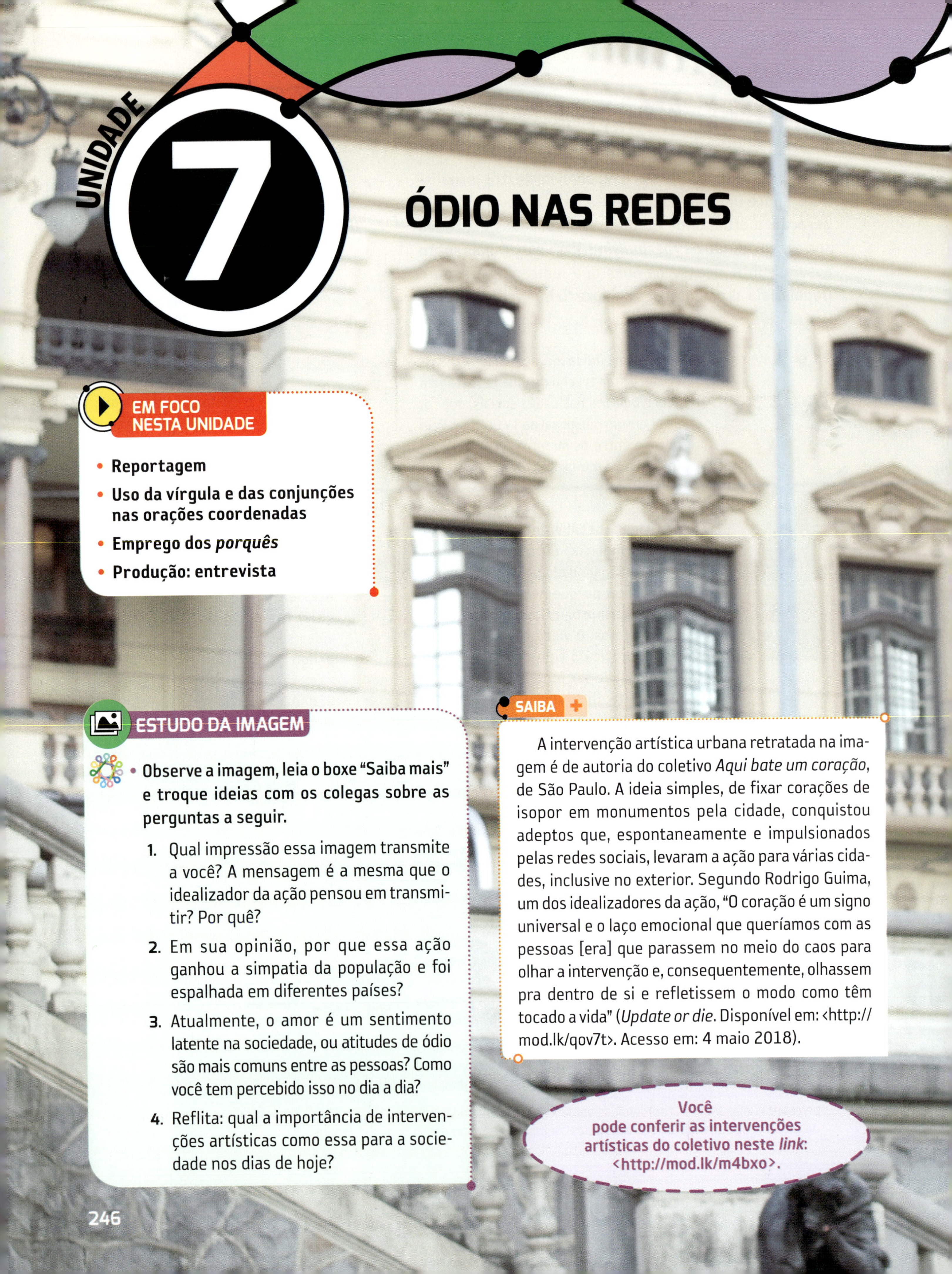

EM FOCO NESTA UNIDADE

- **Reportagem**
- **Uso da vírgula e das conjunções nas orações coordenadas**
- **Emprego dos *porquês***
- **Produção: entrevista**

ESTUDO DA IMAGEM

- **Observe a imagem, leia o boxe "Saiba mais" e troque ideias com os colegas sobre as perguntas a seguir.**

1. Qual impressão essa imagem transmite a você? A mensagem é a mesma que o idealizador da ação pensou em transmitir? Por quê?
2. Em sua opinião, por que essa ação ganhou a simpatia da população e foi espalhada em diferentes países?
3. Atualmente, o amor é um sentimento latente na sociedade, ou atitudes de ódio são mais comuns entre as pessoas? Como você tem percebido isso no dia a dia?
4. Reflita: qual a importância de intervenções artísticas como essa para a sociedade nos dias de hoje?

SAIBA +

A intervenção artística urbana retratada na imagem é de autoria do coletivo *Aqui bate um coração*, de São Paulo. A ideia simples, de fixar corações de isopor em monumentos pela cidade, conquistou adeptos que, espontaneamente e impulsionados pelas redes sociais, levaram a ação para várias cidades, inclusive no exterior. Segundo Rodrigo Guima, um dos idealizadores da ação, "O coração é um signo universal e o laço emocional que queríamos com as pessoas [era] que parassem no meio do caos para olhar a intervenção e, consequentemente, olhassem pra dentro de si e refletissem o modo como têm tocado a vida" (*Update or die*. Disponível em: <http://mod.lk/qov7t>. Acesso em: 4 maio 2018).

Você pode conferir as intervenções artísticas do coletivo neste *link*: <http://mod.lk/m4bxo>.

ACERVO DO ARTISTA

LEITURA

CONTEXTO

Os textos que você vai ler a seguir representam dois gêneros jornalísticos – notícia e reportagem – e foram divulgados em diferentes mídias. A notícia (texto A) foi publicada em um *blog* de tecnologia, e a primeira reportagem (texto B), em um tradicional jornal do Rio de Janeiro. O texto C, por sua vez, é a transcrição de um trecho de uma reportagem televisiva veiculada em uma emissora de TV.

ANTES DE LER

1. Você sabe dizer qual a diferença entre uma notícia e uma reportagem?
2. Leia o título do texto A. Você já ouviu a expressão "discurso de ódio"? Se sabe o que ela significa, explique para os colegas. Se não sabe, o que você acha que essa expressão quer dizer?

Texto A

Alemanha tem multa pesada para *sites* que não removerem discurso de ódio

As redes sociais terão que agir mais rapidamente para remover discursos de ódio: na Alemanha, uma nova lei entrou em vigor no primeiro dia de 2018, estabelecendo multas de até 50 milhões de euros (o equivalente a R$ 193 milhões) para quem não cumprir os prazos.

LAGARTO FILM/SHUTTERSTOCK

A NetzDG, como a lei é conhecida, define que conteúdos como ameaças de violência, calúnia e difamação devem ser removidos em até 24 horas após o recebimento de uma denúncia. Em "casos legalmente mais complexos", o prazo pode ser estendido para sete dias.

A regra vale para qualquer plataforma de internet com mais de 2 milhões de usuários, como Facebook, Twitter, YouTube e Instagram, mas exclui redes profissionais (como o LinkedIn) e aplicativos de mensagens. Os *sites* terão que divulgar um relatório anual com a quantidade e o motivo das publicações excluídas.

Mas é claro que a lei é polêmica: a *Deutsche Welle* mostra que os *sites* podem excluir conteúdos sem informar as autoridades (deixando o dono da publicação impune) e que há *posts* inofensivos sendo excluídos. Além disso, ativistas e organizações jornalísticas dizem que ela pode ser utilizada como instrumento de censura.

A Alemanha não é a única a adotar uma lei contra discursos de ódio na internet: a União Europeia propõe que as empresas invistam em tecnologias de detecção automática de *posts* racistas ou violentos, como informa o *Engadget*. No Brasil, uma emenda na reforma eleitoral previa que publicações contra políticos fossem removidas em 24 horas; ela chegou a passar pelo Senado, mas foi vetada [...].

PAULO HIGA. *Tecnoblog*. Disponível em: <http://mod.lk/62mxv>. Acesso em: 28 fev. 2018. (Fragmento).

Texto B

Um ano de fúria nas redes sociais

*Com eleições, 2018 poderá ser o ano mais **bélico** nas redes sociais*

[...]

"Feminazi" foi o termo que um colega de pré-vestibular usou para atacar a assistente social L. S., de 29 anos. Representou a gota d'água que a fez abandonar o grupo de WhatsApp da turma, onde se deu a confusão. E este não foi o único rompimento pelo qual ela passou: L. também deu fim a uma amizade de 14 anos por causa de brigas em redes sociais. [...] Resultado: amizade desfeita. O desafeto fez questão de bloqueá-la no WhatsApp, ela devolveu na mesma moeda, excluindo-o de sua lista de amigos no Facebook. Agora, a assistente social jura que vem tentando ficar longe de discussões virtuais.

Brasileiro é agressivo nas redes

FIZKES/SHUTTERSTOCK

Uma pesquisa feita pelo projeto "Comunica que muda" em 2016 mostra que o Brasil tem uma tendência a cultivar o ódio nas redes. A análise de publicações no Twitter, Instagram e Facebook revelou que, entre 393.284 postagens que faziam menções a temas como racismo, homofobia e política, 84% eram negativas. Ou seja, expressavam intolerância em relação a minorias ou a opiniões divergentes.

Em seu segundo *post* do ano, o **CEO** do Facebook, Mark Zuckerberg, afirmou que sua meta para 2018 seria "consertar" a plataforma. O tempo gasto pelos dois bilhões de usuários na rede social, disse ele, tem que ser bem aproveitado: "O mundo se sente ansioso e dividido, e o Facebook tem muito trabalho pela frente". Dias depois, deu mais um passo: revelou uma mudança no algoritmo da rede, para priorizar postagens de amigos e parentes, **em detrimento** de publicações de marcas e celebridades. Atualmente, o mecanismo seleciona publicações que aparecem no *feed* de acordo com as interações do usuário, o que pode transformar a experiência em uma enorme "câmara de eco". Na última sexta-feira, o Facebook anunciou outra iniciativa. Vai pedir que seus usuários listem as empresas de notícias em que confiam. As respostas darão origem a um *ranking*. A partir daí, a rede social de Zuckerberg vai priorizar as histórias das fontes de notícias mais confiáveis.

PATHDOC/SHUTTERSTOCK

Glossário

Bélico: relativo à guerra; conflituoso.

CEO: sigla em inglês para *Chief Executive Officer*; pessoa que tem autoridade máxima na hierarquia de uma organização.

Em detrimento: em prejuízo.

A maneira como essa rede social é estruturada, de fato, tem o poder de potencializar conflitos, apontam especialistas. A existência de uma linha do tempo, onde aparecem as publicações dos usuários, força o contato das pessoas com determinados conteúdos.

— O *feed* de notícias do Facebook pula na sua frente, mesmo que você não queira ver aquele conteúdo — afirma Laura Tresca, diretora de projetos da ONG Artigo 19, que atua na defesa da liberdade de expressão e do direito à informação. — Com o WhatsApp é diferente. Se você é muito bombardeado no grupo de família, é só sair.

Foi o que fez Fernanda* (nome fictício) para fugir dos sogros. Seu objetivo principal ao sair do grupo? Um 2018 mais leve, que ela acredita que será infernal nas redes sociais, já pensando em uma disputa presidencial [...].

— Eram sempre aquelas mensagens de corrente, papos moralistas. Morava longe, e a nossa comunicação acontecia basicamente por ali. Quando vieram nos visitar, percebi que presencialmente ficava tudo bem, mas no grupo sempre aproveitavam para me alfinetar com assuntos em que discordamos. Abandonei essa convivência virtual com eles, que se julgam os detentores da moral e da justiça — conta ela.

ANTONIO SCORZA/AGÊNCIA O GLOBO

Amizade suspensa. L. S. deixou de ser amiga de uma pessoa que conhecia há 14 anos e abandonou um grupo de WhatsApp de uma turma antiga de conhecidos, quando um colega a chamou de "feminazi": ânimos exaltados.

Não é que as redes sociais gerem determinados discursos, inclusive os de ódio. Elas, na verdade, refletem uma organização social.

— Jamais fomos esse povo cordial que muitos de nós imaginávamos — diz Laura Tresca.

Alheios a um posicionamento diferente

O risco de um confronto nas plataformas é tão grande quanto o de um completo isolamento dos indivíduos, segundo Pedro Burgos, autor do livro *Conecte-se ao que importa — Um manual para a vida digital saudável*. A explicação é que as pessoas só consomem aquilo que cabe em suas ideologias. Assim, acabam alheias aos anseios daqueles com posicionamento diverso.

— Vale cada um refletir sobre os próprios hábitos de consumo de informações — sugere. — Temos que pensar menos nas soluções tecnológicas e mais nas soluções pessoais.

[...]

PAULA FERREIRA. *O Globo*. Disponível em: <http://mod.lk/uo6tv>. Acesso em: 21 mar. 2018. (Fragmento).

Texto C

[Gabriela Meyer] Preste atenção nessa reportagem, que o assunto é importante. Com as redes sociais, o preconceito encontrou um terreno fértil para se espalhar e ficar cada vez mais forte por meio do anonimato, aliás, atrás do anonimato da internet e da desculpa de ser só uma opinião. Saber quando a liberdade de expressão vira discurso de ódio é fundamental. Ameaças, difamação, preconceito, mesmo que feitos em um comentário na internet, são crimes previstos no Código Penal Brasileiro.

[Laís Duarte – em *off*] Basta não gostar da cor da pele, do gênero, da idade para ofender uma pessoa? No ano passado, um monitoramento de três meses analisou quase quatrocentos mil *posts* e comentários feitos por internautas brasileiros em redes sociais e portais de notícias. Foram encontrados dez tipos de intolerâncias mais comuns. A política teve a maior incidência, com quase duzentas e vinte mil menções. Mais de quatro vezes superior à **misoginia**, que aparece em segundo lugar.

[Sérgio Amadeu Vieira] Toda vez que a gente é complacente com esse estado de agressão, nós estamos na verdade colaborando com ele. E a gente contribui quando a gente aceita isso. Afinal, foi o meu tio, foi o meu primo na minha família, foi no grupo do WhatsApp. Se nós formos nos tratar com essa maneira, onde o ideal é destruir o outro, o diferente, nós vamos ter um mundo opaco, cinza, totalitário... e violento.

[Laís Duarte – em *off*] Quem é exposto na internet deve preservar a prova, salvar a imagem com a ofensa e sempre que possível procurar um cartório para fazer uma ata notarial, que funciona como uma autenticação da imagem. Imprima e leve a qualquer delegacia para fazer uma denúncia formal.

Glossário

Misoginia: ódio às mulheres.

Jornal da Cultura, 1ª edição, 10 jan. 2017. Transcrição do minuto 6'24" ao minuto 8'15". Disponível em: <http://mod.lk/pgxsb>. Acesso em: 28 fev. 2018.

ILUSTRAÇÕES: MARCUS PENNA

ANTES DO ESTUDO DOS TEXTOS

1. Se não tem certeza de ter compreendido bem os textos, leia-os novamente.
2. Procure identificar as ideias apresentadas nos textos e reflita: você concorda com elas? Por quê?
3. Ao responder às questões a seguir, procure empregar o que já aprendeu ao ler outros textos e seja preciso em suas respostas.

ESTUDO DOS TEXTOS

COMPREENSÃO DOS TEXTOS

SOBRE O TEXTO A

1. Você já estudou que, nas notícias, o lide (o início do texto) costuma apresentar as seguintes informações: **o que** ocorreu, **onde**, **quando**, **por que**, **como** e envolvendo **quem** (pessoa ou organização). Quais dessas informações são fornecidas no lide da notícia em estudo? Identifique-as.

2. Copie o trecho da notícia que mostra o que a nova lei alemã considera discurso de ódio.

3. Quais parágrafos relatam o fato em si e quais apresentam informações complementares?

4. Pelo contexto em que aparecem, é possível deduzir que *Deutsche Welle* e *Engadget* são nomes de:
   a) veículos de imprensa.
   b) pesquisadores alemães.
   c) redes sociais alemãs.

5. Os termos *Deutsche Welle*, *Engadget* e *emenda na reforma eleitoral* estão em azul, porque são *hyperlinks* no texto original. Se o leitor do texto original clicar neles, para quais conteúdos provavelmente será redirecionado?
   - A presença desses *hyperlinks* aumenta ou diminui a credibilidade da notícia? Por quê?

6. O 4º parágrafo inicialmente afirma que "a lei é polêmica" e, em seguida, apresenta três razões para sustentar essa afirmação. Identifique as três razões.
   - Como os conectivos *e* e *além disso* foram usados para organizar as ideias nesse 4º parágrafo?

7. Levante hipóteses coerentes para responder às perguntas abaixo.
   a) Por que *posts* inofensivos poderiam ser excluídos pelas redes sociais?
   b) Por que existe o temor de que a nova lei seja utilizada como "instrumento de censura"? Como isso seria possível?

8. Identifique no último parágrafo o trecho que revela a diferença entre a lei alemã e a que foi proposta no Brasil.

DRAFTFOLIO/SHUTTERSTOCK

SOBRE O TEXTO B

1. Indique a opção que melhor descreve o título da reportagem "Um ano de fúria nas redes sociais".

a) Medidas contra o discurso de ódio tomadas por diferentes países.

b) Polarização e agressividade nas redes sociais brasileiras.

c) Discussões virtuais geradas pelas eleições brasileiras de 2018.

2. Segundo pesquisa do projeto "Comunica que muda", 84% das menções a racismo, homofobia e política expressavam intolerância. Na sua opinião, essa porcentagem significa que não é possível abordar tais temas sem ser intolerante com minorias ou com quem pensa de forma diferente? Justifique sua resposta.

3. De acordo com o texto, atualmente o mecanismo que seleciona as publicações para aparecer no *feed* do Facebook faz com que essa rede social funcione como uma enorme "câmara de eco". Com base nas informações da reportagem e do boxe a seguir, explique por que isso ocorre.

- Por que, na sua opinião, a "câmara de eco" tem o poder de potencializar conflitos?

4. Uma das entrevistadas conta que o convívio presencial com os sogros era bom, mas, durante a troca de mensagens virtuais, eles aproveitavam para "alfinetá-la". O que poderia explicar essa diferença de comportamento entre o ambiente físico e o virtual?

5. Releia a declaração de outro entrevistado: "Temos que pensar menos nas soluções tecnológicas e mais nas soluções pessoais". Com base nas informações do texto e em seus conhecimentos, explique o que seriam "soluções pessoais" para evitar conflitos virtuais.

MAR1KOFF/SHUTTERSTOCK

SOBRE O TEXTO C

- Alguns aspectos do discurso de ódio não foram mencionados nos textos A e B, mas são focalizados nessa reportagem. Quais são eles? Identifique todas as respostas possíveis.

a) Os limites entre liberdade de expressão e discurso de ódio estão em discussão atualmente.

b) Agressões *on-line* podem ser consideradas crimes na legislação brasileira.

c) O que a pessoa deve fazer se for agredida no ambiente virtual.

SOBRE TODOS OS TEXTOS

- Com base em tudo que você leu nos três textos, explique com suas palavras a diferença entre o discurso de ódio e a livre expressão de opiniões.

DE OLHO NA CONSTRUÇÃO DOS SENTIDOS

SOBRE O TEXTO A

- Releia: "Mas **é claro que** a lei é polêmica: a *Deutsche Welle* mostra que os *sites* podem excluir conteúdos sem informar as autoridades [...] e que há *posts* inofensivos sendo excluídos". Por meio da expressão destacada, o autor da notícia pretende:

a) criticar a nova lei, que, na opinião dele, representa uma forma evidente de censura.

b) reproduzir com fidelidade as críticas da *Deutsche Welle* à nova legislação.

c) sugerir que era de esperar que uma lei como essa provocasse polêmica.

O que são *feeds*?

A palavra *feed* vem do inglês e significa "alimentar". Com essa ferramenta, o internauta que não tem tempo de navegar por vários *sites* à procura de conteúdo é "alimentado" com todas as atualizações que ele normalmente buscaria. Ou seja, ele deixa de correr atrás do conteúdo; o conteúdo é que passa a segui-lo.

Tecmundo. Disponível em: <http://mod.lk/j0mx3>. Acesso: 19 mar. 2018. (Fragmento adaptado).

SOBRE O TEXTO B

1. **A palavra *feminazi* é resultado da junção de duas outras palavras.**
   a) Que palavras são essas?
   b) Pense no sentido dessas duas palavras e responda: qual o significado de *feminazi*?
   c) Cite dois motivos para o fato de essa palavra aparecer entre aspas no texto B.

2. **"Agora a assistente social jura que vem tentando ficar longe das discussões virtuais".**
   - Copie os trechos a seguir e siga o exemplo acima: circule a expressão que se refere à **ideia** de conflito e sublinhe a expressão referente ao **lugar** onde ocorre o conflito (o espaço virtual).

   a) "por causa de brigas em redes sociais"
   b) "o Brasil tem uma tendência a cultivar o ódio nas redes"
   c) "O risco de um confronto nas plataformas"

3. **Copie no caderno o parágrafo a seguir, completando-o com uma das palavras entre parênteses, de modo que o trecho faça sentido.**

   *A ideia expressa por "discussões virtuais" é (**retomada** / **substituída**) por outras palavras ao longo do texto. Essa medida é importante não só para (**quebrar** / **manter**) a unidade temática do texto como para, ao variar as palavras, evitar que a redação se torne (**longa** / **repetitiva**).*

SOBRE O TEXTO C

1. **Leia a frase a seguir em voz alta.**

   > "Com as redes sociais, o preconceito encontrou um terreno fértil para se espalhar e ficar cada vez mais forte por meio do anonimato, aliás, atrás do anonimato da internet [...]."

   a) Dos termos a seguir, qual você pronunciou com maior ênfase?

por meio do	anonimato	atrás	da internet

   b) Formule uma hipótese para explicar por que essa palavra é pronunciada com maior ênfase.

2. **Identifique duas frases do texto C em que se emprega o modo imperativo.**

- Em geral, o imperativo é usado quando há contato direto entre os interlocutores. Levando isso em conta, explique por que esse modo verbal só apareceu no texto C.

A REPORTAGEM

1. **Compare o título do texto A (notícia) com o do texto B (reportagem):**

> "Alemanha tem multa pesada para *sites* que não removerem discurso de ódio"

> "Um ano de fúria nas redes sociais"

a) Considerando o objetivo de uma notícia, explique por que esse gênero textual sempre tem um verbo no título, geralmente no presente do indicativo ("Alemanha **tem** multa pesada").

b) O título do texto B não contém verbo. Considerando o objetivo das reportagens, explique por que não é obrigatória a presença de verbo no título.

c) Releia a **linha fina** (o subtítulo que aparece logo após o título) do texto B: "Com eleições, 2018 poderá ser o ano mais bélico nas redes sociais". Sem ela, seria possível identificar de modo específico o tema da reportagem? Explique sua resposta.

2. **Quais as funções dos subtítulos "Brasileiro é agressivo nas redes" e "Alheios a um posicionamento diferente" no texto? Copie todas as opções pertinentes.**

a) Identificar subtemas da reportagem.

b) Expressar opiniões do jornalista sobre o tema abordado.

c) Proporcionar um "descanso" aos olhos do leitor.

3. **Copie o quadro no caderno, completando-o com os dados sobre as pessoas citadas ao longo do texto B.**

Pessoa citada	Informações sobre a pessoa fornecidas pela reportagem
L. S.	Assistente social, 29 anos

a) Para o leitor, é importante que o texto forneça essas informações sobre as pessoas citadas? Por quê?

b) Imagine que a jornalista tivesse citado apenas os depoimentos de especialistas (Laura Tresca, Mark Zuckerberg, Pedro Burgos). A reportagem despertaria o mesmo interesse no leitor? Por quê?

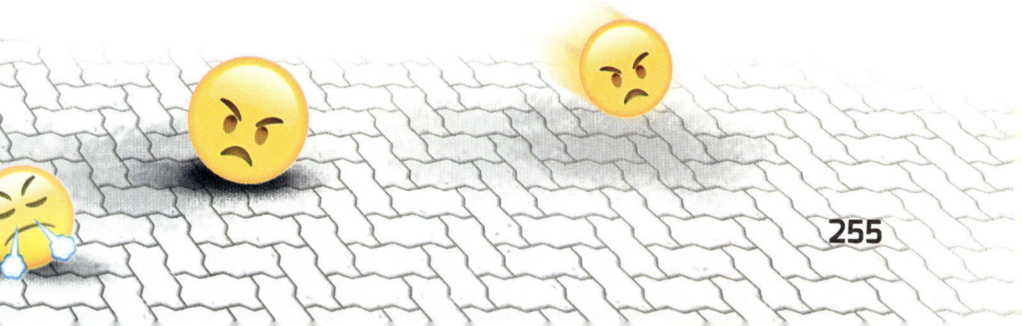

ELDER GALVÃO

4. Copie do texto B um exemplo em que a fala do entrevistado tenha sido apresentada na forma de *discurso direto* (em que a jornalista reproduz literalmente as palavras do entrevistado) e outro exemplo em que a fala tenha sido apresentada na forma de *discurso indireto* (em que a jornalista incorpora em seu texto a fala do entrevistado).

a) Dê três exemplos de verbos utilizados pela jornalista para introduzir as falas dos entrevistados.

b) Por que a citação de Mark Zuckerberg foi apresentada entre aspas, enquanto nos outros casos foram empregados travessões?

5. Qual fonte de informações citada pela autora do texto B foi consultada também pelos criadores do texto C?

6. A forma de apresentar essa fonte de informações e os entrevistados é diferente nos textos B e C. Identifique a diferença e explique como ela se relaciona à mídia em que cada texto foi veiculado – jornal (texto B) e telejornal (texto C).

O GÊNERO EM FOCO: REPORTAGEM

A **reportagem** é um dos gêneros textuais mais importantes do campo jornalístico. Tem por objetivo apresentar informações e análises acerca de um fato ou tema de interesse público.

Em geral, apresenta uma análise aprofundada sobre o fato ou tema abordado, apurando causas e consequências, trazendo dados, pesquisas e depoimentos, a fim de permitir um amplo entendimento do assunto.

A reportagem pode ser elaborada tanto para publicação em jornais, revistas, *sites* e *blogs* quanto para ser apresentada em um telejornal ou em um programa de rádio. Também existem *podcasts* e canais de vídeos da internet dedicados à veiculação de reportagens. Em todos os casos, porém, há sempre um texto escrito, seja para ser publicado, seja para orientar a apresentação da reportagem nas outras mídias.

TYNYUK/SHUTTERSTOCK

A reportagem escrita (impressa ou digital) apresenta as seguintes partes principais:

- **Título** – frase que antecipa o tema e deve ser expressiva para atrair o leitor. Não necessariamente contém verbo.
- **Linha fina** – uma ou duas frases em destaque, logo após o título, por meio das quais o repórter amplia as informações do título e especifica o tema da reportagem.

Lembre-se

No gênero notícia, o *lead* ou lide é o início do texto, em geral o primeiro parágrafo, cuja função é informar o que acontece, com quem, quando, onde, como e por quê.

- **Introdução** – primeiro parágrafo (ou os parágrafos iniciais) do texto. Deve ser bem elaborada e atraente para despertar o interesse do leitor, mas não precisa responder àquelas seis perguntas básicas, como ocorre no lide da notícia, pois sua função é introduzir (e não resumir) o fato abordado.
- **Corpo** – a reportagem propriamente dita, em geral apresentada em partes, com subtítulos.

Um elemento fundamental das reportagens são os **depoimentos** das pessoas entrevistadas. O repórter precisa ouvir pessoas pertencentes a grupos diversos, pois isso permitirá analisar o tema sob diferentes ângulos. Para a reportagem "Um ano de fúria nas redes sociais", a repórter Paula Ferreira entrevistou a diretora de uma ONG que atua na defesa da liberdade de expressão (Laura Tresca) e o autor de um "manual para a vida digital saudável" (Pedro Burgos); são, portanto, profissionais ligados de diferentes formas ao tema, capazes de contribuir com perspectivas distintas.

Além de especialistas, os repórteres costumam ouvir pessoas comuns, dispostas a compartilhar suas experiências com o público, mesmo que sob um nome fictício – como a "Fernanda" do exemplo lido. Esses depoimentos dão uma face mais humana à reportagem e despertam o interesse do leitor, ao aproximar o assunto de sua realidade.

Seja qual for a ligação do entrevistado com o tema, o repórter precisa indicar os dados básicos sobre ele (profissão, idade etc.) para que o leitor compreenda de que perspectiva a pessoa fala.

Outra importante fonte de informações para os repórteres são as **pesquisas** realizadas por institutos e organizações – como a pesquisa do projeto "Comunica que muda", citada tanto na reportagem do jornal *O Globo* como na da TV Cultura. A repórter de *O Globo* pesquisou, ainda, declarações *on-line* feitas por um grande empresário da área, Mark Zuckerberg.

AS "VOZES" DA REPORTAGEM

Ao compor o texto, o repórter precisa articular todas essas diferentes "vozes" (pessoas entrevistadas, pesquisas, livros e documentos consultados etc.) de forma coerente e organizada. Geralmente, as declarações são apresentadas em **discurso direto**; porém, para que o texto não se torne excessivamente fragmentado, alguns depoimentos podem vir na forma de discurso indireto. No exemplo visto, foi empregado o travessão para diferenciar as vozes dos entrevistados da voz do repórter, mas também podem ser usadas aspas. Um cuidado importante é variar os **verbos de enunciação** que introduzem as citações (*sugere*, *conta*, *afirma*, *jura* etc.), de forma que o texto não se torne repetitivo.

Em geral, na reportagem empregam-se a norma padrão e uma linguagem objetiva, com verbos e pronomes na 3ª pessoa. Caso a reportagem se destine ao público jovem e/ou trate de temas descontraídos, é possível empregar termos coloquiais.

TYNYUK/SHUTTERSTOCK

REPORTAGENS EM DIFERENTES MÍDIAS

Reportagens veiculadas em mídias que usam várias linguagens – como áudio (rádio, *podcasts*) e imagens em movimento (TV, vídeos) – são produzidas de forma semelhante às publicadas nos meios escritos. Ou seja, também é necessário pesquisar amplamente, entrevistar várias pessoas etc. Contudo, nessas reportagens, as informações são apresentadas de forma um pouco distinta. Em uma reportagem para a TV como a que você analisou (texto C), por exemplo, as diferentes "vozes" aparecem em sequência, e as informações sobre elas (a pesquisa do projeto "Comunica que muda", o nome e a profissão do entrevistado etc.) são mostradas em legendas na tela.

Como essas reportagens usam a língua falada e lembram uma interação face a face, também é comum que os apresentadores e repórteres se dirijam diretamente ao espectador ou ouvinte, com verbos no imperativo ("*Preste* atenção nessa reportagem [...]") ou pronomes referentes à 2ª pessoa (*você*, *vocês*).

DIFERENÇAS E SEMELHANÇAS ENTRE REPORTAGEM E NOTÍCIA

Embora a notícia e a reportagem pertençam ao campo jornalístico, circulem nos mesmos meios e tenham o mesmo objetivo básico – manter o interlocutor informado sobre temas e fatos da atualidade –, existem algumas diferenças entre esses gêneros. A primeira delas é que a reportagem não está necessariamente vinculada a um acontecimento recente, como a notícia. Enquanto, na notícia, o objetivo é relatar um fato e expor seus efeitos mais imediatos, na reportagem a intenção é analisar, investigar e interpretar uma série de fatos já noticiados, ou então um tema específico, como no caso dos textos B e C.

Outra diferença relevante entre os dois gêneros está no fato de que estas últimas em geral utilizam recursos visuais mais variados. Enquanto notícias normalmente trazem apenas fotografias, reportagens podem apresentar também gráficos, infográficos, ilustrações, mapas, boxes etc.

Para produzir tanto a notícia como a reportagem, é preciso levantar informações e, muitas vezes, visitar locais ou entrevistar pessoas; porém, a amplitude da pesquisa é maior no caso da reportagem. Nos exemplos vistos, você pôde notar que, para escrever a notícia "Alemanha tem multa pesada para *sites* que não removerem discurso de ódio", o jornalista Paulo Higa teve de apurar dados sobre o fato em si e consultar outros veículos de imprensa, como a *Deutsche Welle* e o *Engadget*. Por sua vez, a repórter Paula Ferreira, além de fazer essa pesquisa documental, entrevistou várias pessoas. Em alguns casos, pode ser necessário que o repórter viaje para outros países ou acompanhe a rotina de uma pessoa ou uma comunidade durante vários dias.

MYIMAGES - MICHA/SHUTTERSTOCK

ORGANIZAR O CONHECIMENTO

- Sob a orientação do professor, reúna-se com alguns colegas. Em um prazo determinado pelo professor, você e os colegas deverão pesquisar três reportagens que apresentem recursos visuais. Analisem os recursos e tomem notas sobre eles: o que são (mapas, ilustrações, infográficos etc.)? Eles trazem informações diferentes das apresentadas no corpo do texto ou apenas representam visualmente as que já estão lá? Além de informar, eles têm a função de despertar a atenção do leitor? Se sim, que estratégias usam para isso? Apresentem os exemplos e suas conclusões oralmente aos colegas.

Capa do tabloide inglês *The Sun*: cores fortes, letras maiúsculas bem maiores que as usuais e chamadas curtas compõem o visual característico dos jornais sensacionalistas.

JORNALISMO INVESTIGATIVO E JORNALISMO SENSACIONALISTA

Toda atividade jornalística pressupõe pesquisa. Mas há uma linha de abordagem em que o profissional assume praticamente o papel de um detetive: trata-se do **jornalismo investigativo**.

Em geral, o jornalismo investigativo pretende denunciar um crime ou uma irregularidade – um caso de corrupção ou a recusa de atendimento em um hospital público, por exemplo. Para conduzir a investigação, o repórter pode usar câmeras e microfones escondidos, de forma que os envolvidos não saibam que estão sendo gravados.

Essa abordagem pode provocar discussões éticas, por isso é necessário que o jornalista investigativo apure as informações levantadas com o máximo cuidado.

Assim como acontece com o jornalismo investigativo, a **abordagem sensacionalista** faz parte de uma estratégia editorial que define o modo como determinado veículo pretende passar a informação ao leitor. Leia algumas manchetes, extraídas de *sites* sensacionalistas, que já circularam pelas redes sociais brasileiras:

I.

Motivado com a chance de voltar a lutar no Brasil, Thiago Silva afirma: "O pau vai comer"

O Globo. Disponível em: <http://mod.lk/jmbqv>. Acesso em: 6 mar. 2018.

II.

Homem morde cabeça de cobra por vingança após ser picado por ela

Blasting News. Disponível em: <http://mod.lk/hhur8>. Acesso em: 6 mar. 2018.

III.

Alemão esquece onde estacionou seu carro e o "reencontra" apenas 20 anos depois

Último Segundo. Disponível em: <http://mod.lk/mreik>. Acesso em: 6 mar. 2018.

IV.

Mulher é presa após jogar TV no marido e acertar carrão da Brigada Militar

Surrealista. Disponível em: <http://mod.lk/dp0ia>. Acesso em: 6 mar. 2018.

REPRODUÇÃO

Os exemplos apresentados ilustram características importantes do discurso sensacionalista, tais como:

- manchetes chamativas e polêmicas, capazes de causar mais sensação que a própria matéria (manchete IV, por exemplo);
- narrativa dramática e detalhada, para que o leitor se sinta participando do fato;
- linguagem coloquial, muitas vezes com trocadilhos e termos chulos, com a finalidade de causar impacto e, ao mesmo tempo, criar uma certa intimidade com o interlocutor (manchete I, por exemplo);
- violência e morte, o ridículo e o grotesco como temas frequentes (manchete II, por exemplo);
- ausência de compromisso com a objetividade, assumindo claramente uma posição diante do fato.

Uma mesma notícia pode ser sensacionalista ou não, dependendo da abordagem e do veículo que a publica. Compare estas manchetes:

Leões matam suposto caçador ilegal na África do Sul

UOL. Disponível em: <http://mod.lk/vtrcj>. Acesso em: 10 mar. 2018.

Leões matam e comem caçador ilegal, deixando para trás apenas sua cabeça intacta

Blasting News. Disponível em: <http://mod.lk/zhyy1>. Acesso em: 10 mar. 2018.

REPRODUÇÃO

Capa de revista sensacionalista estadunidense.

Observe que a primeira manchete se resume ao essencial e, embora mais curta que a segunda, é mais informativa: ela relata onde o fato aconteceu. A segunda manchete, de um *site* sensacionalista, se apega ao exagero, é dramática e detalhada, com o intuito de dar ao leitor a sensação de que ele está presente à cena.

Outro ponto que merece ser destacado é a forma como os autores dos textos expressam sua opinião em relação ao que estão declarando. Compare novamente:

- "Leões matam **suposto caçador ilegal**"
- "Leões matam e comem **caçador ilegal**"

A primeira manchete, ao usar o adjetivo *suposto*, deixa claro que ainda não se tem certeza se o caçador era ilegal. Já a segunda, sem tomar o mesmo cuidado, assume que o caçador era ilegal.

Cada uma dessas manchetes expressa um grau diferente de compromisso com a declaração feita – desde a segurança completa (*caçador ilegal*) até uma relativização, pela qual o fato pode ou não ser assim (*suposto caçador ilegal*). Ao ler um texto jornalístico, é preciso estar atento às diferentes **estratégias** que o autor utiliza para expressar sua atitude quanto às afirmações feitas: se quer ou não se comprometer com elas, se acha que são corretas ou não etc.

Por isso é tão importante desenvolver o senso crítico para analisar textos jornalísticos; o leitor crítico consegue perceber a diferença entre veículos compromissados com a objetividade e veículos sensacionalistas, que comunicam os fatos de forma nitidamente tendenciosa a fim de causar comoção no público.

SAIBA +

Por não serem considerados "confiáveis" na apuração dos fatos e não prezarem a moderação e a imparcialidade na divulgação da notícia, os veículos sensacionalistas estão na contramão da mídia dita séria – o que não impede que publicações comuns façam uso de algum sensacionalismo em seu discurso.

Veja, por exemplo, a capa da edição de fevereiro de 2018 da revista *Marie Claire* brasileira com a chamada em destaque, "Anitta contra-ataca", anunciando a entrevista exclusiva da cantora. Anitta não aprovou a manchete e publicou sua insatisfação nas redes sociais, criticando o emprego do verbo *contra-atacar* pelo fato de ele pressupor uma agressividade que não representa seu pensamento.

A revista utilizou um recurso do jornalismo sensacionalista ao optar por uma manchete de capa que "causasse sensação" e induzisse o consumidor a querer ler a entrevista.

REPRODUÇÃO

Capa da revista *Marie Claire*. Editora Globo. Fevereiro 2018. (adaptada).

ORGANIZAR O CONHECIMENTO

O QUE VOCÊ JÁ SABE?

Agora, você já é capaz de...	Sim	Não	Mais ou menos	
... comparar diversos textos jornalísticos em variadas mídias, analisando as diferenças entre eles?	☐	☐	☐	Se você marcou **não** ou **mais ou menos**, retome o estudo das questões de **Estudo do texto** e **De olho na construção dos sentidos**.
... reconhecer as principais características de uma reportagem?	☐	☐	☐	Se você marcou **não** ou **mais ou menos**, retome a leitura de **O gênero em foco: reportagem**.
... diferenciar se a proposta editorial de um texto jornalístico é séria e investigativa ou sensacionalista, sem compromisso com a verdade dos fatos?	☐	☐	☐	Se você marcou **não** ou **mais ou menos**, releia o tópico **Jornalismo investigativo e jornalismo sensacionalista**.

Junte-se a um colega e, no caderno, copiem o esquema a seguir, respondendo às questões. Ao final, vocês terão um resumo com as principais características da reportagem. As questões apresentadas servem para orientar a elaboração do esquema, mas vocês podem incluir outras características.

Reportagem
- Qual o objetivo e as características da reportagem?
- Quais as principais partes desse gênero?
- Quais as principais fontes de informação para os repórteres?
- Que tipo de linguagem esse gênero apresenta?
- A reportagem circula em que tipos de mídia?

VISUAL GENERATION/SHUTTERSTOCK

ESTUDO DA LÍNGUA: ANÁLISE E REFLEXÃO

COMO VOCÊ PODE ESTUDAR

1. **Estudo da língua** não é uma seção para decorar, mas para questionar e levantar problemas.
2. O trabalho com os conhecimentos linguísticos requer persistência. Leia e releia os textos e exemplos, discuta, converse.

EMPREGO DA VÍRGULA E DAS CONJUNÇÕES NO PERÍODO COMPOSTO POR COORDENAÇÃO

Releia dois trechos extraídos das reportagens que você analisou nesta unidade: "Alemanha tem multa pesada para *sites* que não removerem discurso de ódio" e "Um ano de fúria nas redes sociais".

I. "No Brasil, uma emenda na reforma eleitoral previa que publicações contra políticos fossem removidas em 24 horas; ela chegou a passar pelo Senado, mas foi vetada [...]."

II. "'O mundo se sente ansioso e dividido, e o Facebook tem muito trabalho pela frente'. Dias depois, deu mais um passo: revelou uma mudança no algoritmo da rede [...]."

a) No trecho **I**, qual é a oração coordenada adversativa? Justifique sua resposta.

- Nesse caso, a conjunção coordenativa pode ser deslocada para outro lugar da oração sem que o sentido seja prejudicado?

b) Localize a oração coordenada sindética presente no trecho **II**. Como ela se classifica?

c) Geralmente, a conjunção coordenativa **e** não vem antecedida de vírgula nas orações. Deduza o porquê do emprego da vírgula nesse caso.

STUDIO_G/SHUTTERSTOCK

Lembre-se

No **período composto por coordenação**, as orações ou se justapõem ou se conectam por meio de conjunções coordenativas.

Essas orações são classificadas como **coordenadas sindéticas** (introduzidas por conjunções) ou **assindéticas** (não apresentam conjunção) e têm estrutura sintática independente, isto é, nenhuma delas exerce função sintática em relação à outra.

EMPREGO DA VÍRGULA E DAS CONJUNÇÕES NO PERÍODO COMPOSTO POR COORDENAÇÃO

Por manterem uma relação de independência sintática, as **orações coordenadas** podem ser comparadas aos itens de uma enumeração. E, assim como eles, são geralmente separadas entre si por vírgula, exceto quando antecedidas pelas conjunções **e**, **ou** ou **nem**. Observações:

1. **Em alguns casos, a oração coordenada sindética iniciada pelas conjunções e, ou ou nem costuma ser antecedida por vírgula.**
   a) Quando o sujeito das orações é diferente:

   > "O mundo se sente ansioso e dividido, **e** o Facebook tem muito trabalho pela frente".

   b) Quando se quer destacar a coordenada introduzida por essas conjunções:

   > *Disse que a ideia é fazer o percurso de bicicleta,* ***e*** *que isso será difícil em alguns trechos.*

   c) Quando a conjunção **e** tem valor adversativo:

   > *Morávamos muito longe,* ***e*** *não deixávamos de nos comunicar diariamente.*

   d) Quando essas conjunções são repetidas:

   > *Para A você faz um estilo de roupa,* ***e*** *para B outro estilo,* ***e*** *para C, outro,* ***e*** *assim vai.*

2. **Todas as conjunções coordenativas adversativas podem iniciar a oração, sendo normalmente antecedidas por vírgula. Todas elas, exceto mas, também podem ser deslocadas para o meio da oração, sendo isoladas por duas vírgulas.**

   > *Os livros costumavam ser usados assim,* **mas** *agora não são mais.*
   >
   > *Os livros costumavam ser usados assim,* **porém** *agora não são mais.*
   >
   > *Os livros costumavam ser usados assim, agora,* **porém**, *não são mais.*

   Nesse último arranjo, a pausa entre as orações coordenadas torna-se tão marcante que geralmente se usa ponto e vírgula, em vez da vírgula simples, para assinalá-la:

   > *Os livros costumavam ser usados assim; agora,* ***porém****, não são mais.*

3. **A mesma regra das coordenadas sindéticas adversativas vale para as conclusivas, isto é, a conjunção pode iniciar a oração, sendo antecedida por vírgula, ou aparecer no meio dela, sendo isolada por duas vírgulas.**

   > Meu pai disse que não podemos comprar um brinquedo novo, ***portanto*** achei que devia experimentar outra vez o velho.
   >
   > Meu pai disse que não podemos comprar um brinquedo novo; achei, ***portanto***, que devia experimentar outra vez o velho.

4. **A conjunção pois, quando conclusiva, deve sempre aparecer no meio da oração e ser isolada por vírgulas.**

   > Meu pai disse que não podemos comprar um brinquedo novo; achei, **pois**, que devia experimentar outra vez o velho.

Lembre-se

As **orações coordenadas sindéticas** classificam-se de acordo com a relação que estabelecem com a oração à qual se ligam e recebem o nome das conjunções ou locuções conjuntivas que as introduzem.

Classificam-se, portanto, em:

Aditivas: exprimem adição, soma (e, nem, mas também...).
Adversativas: exprimem oposição, contraste (mas, porém, todavia, contudo, entretanto, no entanto...).
Alternativas: exprimem alternância, escolha (ou, ou... ou, ora... ora, quer... quer...)
Conclusivas: exprimem conclusão (logo, pois, portanto, por isso...)
Explicativas: exprimem explicação, justificativa (que, porque, pois...)

ORGANIZAR O CONHECIMENTO

O QUE VOCÊ JÁ SABE?

Agora, você já é capaz de...	Sim	Não	Mais ou menos
... concluir que as orações coordenadas, por manterem uma relação de independência sintática, podem ser comparadas aos itens de uma enumeração?	☐	☐	☐
... perceber que as orações coordenadas geralmente são separadas por vírgula, exceto quando antecedidas pelas conjunções *e*, *ou* ou *nem*?	☐	☐	☐

Se você marcou **não** ou **mais ou menos**, retome a leitura de **Emprego da vírgula e das conjunções no período composto por coordenação**.

Emprego da vírgula e das conjunções no período composto por coordenação

- As orações coordenadas são geralmente separadas por vírgulas, exceto quando antecedidas pelas conjunções *e*, *ou*, *nem*.
- Há casos em que a oração coordenada sindética, iniciada pelas conjunções, é antecedida por vírgula.
- Todas as conjunções coordenativas adversativas podem iniciar a oração, sendo normalmente antecedidas por vírgula.
- Todas as conjunções coordenativas adversativas e conclusivas podem iniciar oração, sendo normalmente antecedidas por vírgula.
- A conjunção *pois*, quando conclusiva, aparece no meio da oração e é isolada por vírgulas.

ALBERTO MASNOVO/SHUTTERSTOCK

ATIVIDADES

1. Leia a tirinha do Hagar.

HAGAR

CHRIS BROWNE

ESTÁ ESCRITO: "NOS DESCULPE, MAS VOCÊ PERDEU! TENTE NOVAMENTE MAIS TARDE... ASS.: ÁTILA O HUNO"
CHRIS BROWNE
6-19
©2008 by King Features Syndicate, Inc. World rights reserved.

© KING FEATURES SYNDICATE/IPRESS

a) No período "Nos desculpe, mas você perdeu!", como se classifica a segunda oração?

b) Que sinal de pontuação separa essa oração da anterior? Explique sua resposta.

c) O humor da tira é construído a partir da relação entre o que está escrito no bilhete e a imagem. Explique como isso acontece.

2. Leia o início de um conto.

R-STUDIO/SHUTTERSTOCK

Maneira de amar

O jardineiro conversava com as flores, e elas se habituaram ao diálogo. Passava manhãs contando coisas a uma cravina ou escutando o que lhe confiava um gerânio. [...]

CARLOS DRUMMOND DE ANDRADE. *Contos plausíveis*. São Paulo: Companhia das Letras.

OLGA_IONINA/SHUTTERSTOCK

a) Identifique o primeiro período do trecho.

b) Classifique a segunda oração.

c) Por que, apesar de introduzida pela conjunção **e**, há também uma vírgula separando as orações desse período?

d) Quantas orações há no segundo período?

e) Identifique e classifique a segunda oração desse período.

f) Por que não há vírgula separando a primeira oração da segunda?

3. Observe as manchetes a seguir.

Copa no Brasil deixará ônus, e não legado, diz relatora da ONU

Para a urbanista Raquel Rolnik, o legado urbanístico que a Copa do Mundo vai deixar para o País não será significativo

Terra. Disponível em: <http://mod.lk/hfwrj>. Acesso em: 23 mar. 2018.

Barraqueiros de Piatã fazem boicote e não usam *kit* de praia

Os barraqueiros dizem que os equipamentos novos não serão montados até que todos os *kits* cheguem

Correio. Disponível em: <http://mod.lk/mewwz>. Acesso em: 23 mar. 2018.

a) Que relação de sentido (adição, oposição, conclusão) a conjunção **e** estabelece entre as orações em cada caso?

b) Explique o emprego ou não da vírgula antes dessa conjunção.

4. Leia a primeira estrofe de um poema de Olavo Bilac.

A um poeta

Longe do estéril turbilhão da rua,
Beneditino escreve! No aconchego
Do claustro, na paciência e no sossego,
Trabalha, e teima, e lima, e sofre, e sua!
[...]

CARLOS CAMINHA

Olavo Bilac. A tarde. Disponível em: <http://mod.lk/6nutd>. Acesso em: 3 mar. 2018.

a) Quantas orações há no verso "Trabalha, e teima, e lima, e sofre, e sua!"?

b) Como se classificam as orações introduzidas pela conjunção **e**?

c) Por que essa conjunção é repetida várias vezes?

d) Que sinal de pontuação foi empregado para separar as orações?

e) Explique o emprego desse sinal de pontuação antes da conjunção.

Mais questões no livro digital

QUESTÕES DA LÍNGUA

EMPREGO DOS *PORQUÊS*

O texto a seguir foi publicado numa revista para jovens, na seção em que especialistas respondem a perguntas dos leitores. Leia-o e preste atenção às palavras destacadas.

Por que algumas pessoas têm covinhas no rosto?

Na maioria das vezes, essa característica é herdada dos pais ou de antepassados. Do ponto de vista anatômico, as pessoas têm covinhas *porque* seu tecido fibroso adere entre a pele e o osso da mandíbula (no queixo) ou entre a pele e os músculos da face (no rosto). A pele é "repuxada", causando uma pequena retração. No queixo, ela fica o tempo todo exposta. Mas no rosto aparece ou é acentuada quando a pessoa sorri, *porque* o músculo da face se estende, puxando as camadas superiores da pele para dentro. [...]

Mundo Estranho. Disponível em: <http://mod.lk/amikr>. Acesso em: 22 mar. 2018. (Fragmento).

CINCINART/SHUTTERSTOCK

a) Qual das formas destacadas introduz uma pergunta?

b) Qual delas introduz uma explicação?

Na parte do texto que reproduz a pergunta do leitor, a expressão **por que** é formada por preposição + pronome interrogativo. Já na parte que apresenta as respostas dadas pelos especialistas, a forma **porque** é uma conjunção.

As classificações gramaticais diferentes determinam as grafias diferentes de **por que** e de **porque**.

NIKOLAEVA/SHUTTERSTOCK

Porque

- É conjunção explicativa ou causal.

  Não quero andar mais, ***porque*** *(pois) estou cansada.*

  "[...] as pessoas têm covinhas **porque** seu tecido fibroso adere entre a pele e o osso da mandíbula [...]."

Porquê

- É substantivo, sinônimo de *causa*, *motivo*, *razão*. Nesse caso, recebe flexão de número, e seus determinantes (adjetivo, artigo, pronome, numeral) também se flexionam em número e acompanham o gênero masculino.

  Não sabemos o ***porquê*** *(o motivo, a causa, a razão) de tanto sofrimento.*

  Os verdadeiros ***porquês*** *(causas, motivos, razões) ainda não são conhecidos.*

Por que

- Preposição *por* + pronome interrogativo *que*, equivalente a *por qual razão*, *por qual motivo*. Ocorre em orações interrogativas diretas ou indiretas.

  É difícil saber por que (por qual razão) a situação não melhora.

  Por que (por qual motivo) ele não veio hoje?

- Preposição *por* + pronome relativo *que*, equivalente a *pelo qual*, *pelos quais*, *pela qual*, *pelas quais*.

  Este é um lugar ***por que*** *(pelo qual) lutei a vida inteira.*

  A rua ***por que*** *(pela qual) devemos passar ainda está longe.*

Por quê

- O *que* é acentuado sempre que ocorrer no final de oração interrogativa (direta ou indireta) ou seguido de uma pausa forte.

  Entrou na confusão sem saber ***por quê****.*

  Você não sabe ***por quê****?*

  Eu quero entender ***por quê****, Maria.*

Observação: em final de frase interrogativa, o *que* é acentuado sempre, não apenas na expressão *por quê*.

Este doce é feito com ***quê****?*

Afinal, você [...] veio aqui para quê?

RIDO/SHUTTERSTOCK

ATIVIDADES

1. Leia a tira a seguir, de Lucas Lima.

QUERIDOS VIZINHOS — **Lucas Lima**

VOCÊ ESTÁ LINDA DE MORRER, FLORINHA!
NÃO FALA ASSIM, FALECIDO!
LUCAS
VOCÊ NÃO GOSTA DE MEUS ELOGIOS?
VOCÊ É FANTASMA!
www.lucaslima.com
2593
SOA PREMONITÓRIO, ENTENDE?

© LUCAS LIMA

a) Copie as falas dos balões do segundo quadrinho e complete-as com **por que** ou **porque**. Justifique cada uma das ocorrências.

b) A forma como Falecido é caracterizado na tira combina com o nome da personagem? Por quê?

c) Por que a outra personagem, Florinha, não gosta do elogio do amigo?

2. Reescreva as frases a seguir, substituindo o símbolo ✦ por *porque*, *porquê*, *por que* ou *por quê*.

a) De um dia para o outro, Susana passou a nos tratar de modo diferente. Nunca entendemos o ✦.

b) Estudamos tanto, passamos noites em claro debruçados sobre os livros, fizemos tantos testes simulados, e tudo isso ✦ sonhávamos em alcançar uma boa posição naquele concorrido vestibular.

c) ✦ você não atendeu minhas ligações ontem à noite? Fiquei bastante preocupada.

d) As atribulações ✦ nossa comunidade vem passando estão deixando os nervos de todos à flor da pele.

e) É fácil compreender ✦ os jovens não conseguem resistir aos apelos do consumo: a propaganda dirigida a essa faixa etária é muito persuasiva.

f) Aquele professor não registrou minha presença na sala de aula, embora eu tenha assinado a lista. Agora quero descobrir ✦.

g) O candidato não se preocupou em acertar as respostas, ✦ já sabia que seria reprovado.

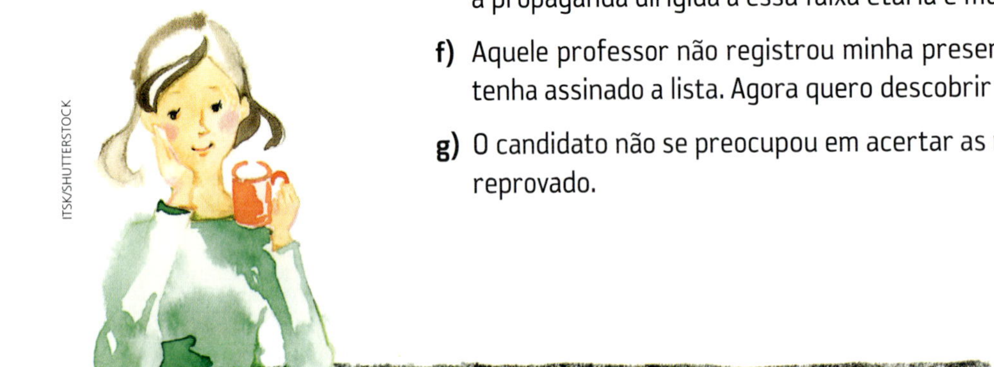

ITSK/SHUTTERSTOCK

3. Leia o fragmento inicial de uma crônica publicada na revista *Veja* e o boxe "Saiba mais", que aparece a seguir. Depois, responda às questões.

O Livro dos Porquês

Faz tempo, havia a coleção Thesouro da Juventude, com o seu *Livro dos Porquês*, respondendo a perguntas sobre o nosso mundo. Gostaria de ver uma nova versão, feita por autores **perspicazes**, desta vez com indagações que encontro na vida cotidiana. Olhando dentro de casa, por que todas as lajes vazam ou brevemente vazarão? Por que as paredes duram 200 anos e os encanamentos, lá enterrados, mal atingem dez? Por que os canos começam a vazar quando o azulejo do banheiro acaba de sair de linha? Se vivemos nos trópicos, por que as casas são construídas como estufas, mais próprias para a Sibéria? Por que gastar fortunas em novas **adutoras**, se é fácil economizar água? Por que paramos de economizar energia elétrica? Por que o plugue do telefone tem quatro pernas, se só utilizamos duas? Por que impor uma nova base de tomada que não permite usar plugues redondos nem chatos?

[...]

CLÁUDIO DE MOURA CASTRO. *Veja*, p. 24, 8 set. 2010.

JANE_LANE/SHUTTERSTOCK

Glossário

Perspicazes: sagazes, inteligentes.

Adutoras: tubulações que conduzem a água de uma fonte para um reservatório, de onde será distribuída à população.

- Agora leia o boxe "Saiba mais", abaixo.

SAIBA +

O Thesouro da Juventude era uma enciclopédia de origem estadunidense em vários volumes, publicada no Brasil primeiro na década de 1920 e depois na de 1950. Seu conteúdo era dividido em seções temáticas, denominadas *livros*. Havia, assim, o *Livro da Terra*, com informações relacionadas a geologia, astronomia, física; o *Livro de Animais e Plantas*, com conhecimentos de biologia; o *Livro dos Contos*, com textos literários; e o *Livro dos Porquês*, mencionado na crônica acima, entre outros.

a) Qual é a diferença entre as perguntas que apareciam no *Livro dos Porquês* e as perguntas que o cronista propõe?

b) Em qual dos dois conjuntos de perguntas há um tom crítico? Explique sua resposta.

c) Explique a grafia da palavra **porquês** e da expressão **por que** usadas no texto.

LEITURA E PRODUÇÃO DE TEXTO

A PRODUÇÃO EM FOCO

- No final da unidade, você vai entrevistar um profissional e transcrever a entrevista. Durante a leitura do texto, fique atento:
  a) à introdução do texto da entrevista;
  b) à reprodução das falas da pessoa entrevistada;
  c) à relação das perguntas com o assunto tratado.

CONTEXTO

Nos textos lidos no início desta unidade, você observou que o discurso de ódio tem sido discutido no Brasil e em outros países. Infelizmente, porém, a agressividade e a intolerância não são um problema apenas para governantes e legisladores; elas podem estar bem perto de nós, nos corredores das escolas, nas salas de aula, na rua onde moramos. Estamos falando do chamado *bullying* – que, com as novas tecnologias, ganhou uma versão ainda mais danosa, o *cyberbullying*.

Leia abaixo uma entrevista sobre esse assunto publicada na revista *todateen*.

Entrevista: Paula e Isa, do Garotas Geeks, falam sobre *cyberbullying*

Confira a entrevista exclusiva que a tt fez com o pessoal do Garotas Geeks

Melissa Marques 10/02/2014

Vocês conhecem o *blog* "*Garotas Geeks*"? Ele é um sucesso: comandado por garotas superantenadas com o mundo da web e que adoram tudo o que tem a ver com *tech*, *games*, *apps*, redes sociais e lançamentos!

Mas, na internet, nem tudo é perfeito: existem também os lados "chatos" da coisa, e o *cyberbullying*, por exemplo, é um deles. Por isso, chamamos duas dessas meninas *geeks* incríveis para falar um pouco sobre o assunto.

Confira:

tt: Garotas, como vocês definiriam o *cyberbullying*?

Paula: Eu definiria como um *bullying* numa versão 2.0, a prática do *bullying* é a mesma, só que pra quem pratica agora, as vantagens são maiores (tipo o anonimato ou a forma como as coisas se expandem mais rapidamente).

Isa: Acho que é uma forma covarde de praticar *bullying* (não que a prática seja um ato heroico), mas pela internet as pessoas falam o que pensam e bem entendem, então, acho que é uma forma fácil de violentar os outros verbalmente. Além do mais, acho que hoje em dia as pessoas querem ser donas da razão, então, qualquer um que pense diferente é alvo de agressão *on-line*.

tt: Alguma de vocês já sofreu com isso na adolescência? Se sim, como foi e que atitude tomaram?

Paula: Eu cheguei a sofrer com isso no último ano do ensino médio, como a minha turma era enorme, sendo que a maioria era muito unida, eles meio

LORELYN MEDINA/SHUTTERSTOCK

que se aproximaram mais ainda pra evitar a mim e aos meus amigos. Foi um ano difícil pra nós, fomos excluídos da maioria das atividades, e eles usavam do Facebook pra nos difamar. Como agimos: apenas ignoramos, com o tempo eles foram parando de provocar e no fim do ano ainda rolou pedidos de desculpas, mas... Meus pais ou os dos meus amigos nunca ficaram sabendo de nada.

Isa: Sim, eu tive problemas com uma garota da escola que não gostava de mim, então, ela inventava histórias e espalhava para os outros colegas. A melhor coisa que eu fiz foi bloqueá-la das redes sociais e comunicadores instantâneos que eu usava na época, assim, o problema acabou.

[...]

ZENZA FLARINI/SHUTTERSTOCK

tt: Pra vocês, o que rola na cabeça dessa galera que pratica o *cyberbullying*?

Paula: Na cabeça dessas pessoas faltam objetivos, sonhos. Quando você está concentrado em algo que quer muito, não para pra praticar esse tipo de estupidez. O *cyberbullying* é apenas um reflexo de uma sociedade com pessoas cada vez mais preocupadas com a vida dos outros, enquanto a sua corre pelos olhos sem uma única meta em mente.

Isa: Parece que as pessoas querem fazer a cabeça das outras. Para isso, forçam uma ideia e quem não aceitar é repreendido. Todos são formadores de opinião e estão em busca de "seguidores".

tt: Não sei se vocês chegaram a ter contato com o caso da Julia Gabriele, que foi atacada nas redes simplesmente por sua "sobrancelha não seguir um padrão imposto pela sociedade". Quais são as dicas para os adolescentes que sofrem com essa exposição gratuita? Além das ações legais, o que eles podem fazer pra se manterem fortes diante disso tudo?

TOND VAN GRAPHCRAFT/
SHUTTERSTOCK

Paula: Eu fiquei sabendo sim do caso da Julia Gabriele. É triste porque ela ainda era uma criança, e quando se é uma criança, qualquer comentário que os outros fazem sobre sua aparência ou a maneira como você é, fica na nossa cabeça, eu mesma sei muito bem. A dica é sempre conversar muito com os pais e expor o que tá acontecendo, sem medo do que eles vão pensar. Nossos pais movem céus e terras pra nos proteger, e eles sempre sabem como agir nessas situações. No mais, procurar uma delegacia especializada o mais rápido possível, pra evitar que os praticantes saiam ilesos. Ter uma mente forte também é importante, mas, como nem toda criança é assim, cabe aos pais impor limites pra essa exposição, evitando novos ocorridos.

Isa: Eu gosto do básico: bloquear. Quando eu passei por esse tipo de situação, a melhor coisa foi bloquear e seguir em frente, porque eu não vou mudar meu modo de pensar e nem minha vida porque uma pessoa fala pela internet que é contra. Se quem tá sofrendo o *cyberbullying* não quer bloquear, é mais fácil ignorar, tirar do *feed*, esse tipo de coisa, que não deixa ter contato.

tt: Além das redes sociais, o *cb* também é comum em jogos *on-line*? Vocês que acompanham esse universo de perto, conseguem dizer se a prática é mais comum entre meninos ou meninas?

Paula: Infelizmente é comum sim, mais ainda entre garotos, principalmente quando você é iniciante. Poucas são as pessoas que param pra te ajudar, e comecinho de jogo *on-line* é sempre a mesma coisa: você tem que apanhar sozinho (se não tiver algum amigo que jogue também) pra finalmente entender como se joga.

Isa: Eu sinceramente não sei, não jogo *on-line* há algum tempo e, quando joguei, nunca vi acontecer esse tipo de coisa.

tt: Existe algum limite nas brincadeiras na internet? O que é permitido ou não?

Paula: Eu acredito que não exista limites, mas quando alguém se incomoda com alguma brincadeira, ela pode recorrer a algumas medidas que a parem, tipo denunciar postagens maldosas [...], algumas vezes funcionam.

Isa: Na minha opinião, a brincadeira, e apenas ela, é saudável até o momento em que as ofensas começam. Eu tenho muitos amigos que conversam e apenas brincam um com o outro, então, acho saudável demais. Mas quando começa a baixaria e a ofensa, acho que pesa muito e aí já não é mais brincadeira.

tt: O *cyberbullying* em uma palavra:

Paula: Ignorância.

Isa: Covardia.

todateen. Disponível em: <http://mod.lk/b2uui>. (Fragmento). Acesso em: 10 mar. 2018.

ESTUDO DO TEXTO

DE OLHO NAS CARACTERÍSTICAS DO GÊNERO

1. **Na entrevista, podemos identificar as vozes da entrevistadora e das entrevistadas.**

a) Quem são as pessoas entrevistadas? E quem é a jornalista responsável pela entrevista?

b) Onde você encontrou essas informações?

c) O que nos permite saber quando é a entrevistadora e quando é uma das entrevistadas que está falando?

2. **Qual é o público-alvo imaginado para esse texto? Justifique sua resposta.**

3. **O tema escolhido é adequado para esse público? Por quê?**

4. **Se a revista tivesse convidado para a entrevista um psicólogo ou um sociólogo, o leitor se sentiria atraído para o texto da mesma forma? Por quê?**

5. **Transcreva, da introdução da entrevista, palavras e expressões usadas para qualificar as garotas *geeks* e seu *blog*.**

- Essas palavras também ajudam a despertar o interesse do público? Por quê?

6. **Transcreva da introdução ou das perguntas feitas pela entrevistadora dois exemplos de termos coloquiais ou gírias.**

- O emprego dessa linguagem informal parece adequado à situação comunicativa? Por quê?

7. **Observe estas informações sobre os entrevistados que a introdução das entrevistas costuma trazer.**

nome completo	formação ou escolaridade	idade

- A ausência dessas informações na entrevista da *todateen* também pode estar relacionada à situação comunicativa? Por quê?

8. **As perguntas feitas pela jornalista cobrem diferentes aspectos do tema abordado. Indique qual das perguntas se relaciona a cada aspecto numerado no mapa abaixo.**

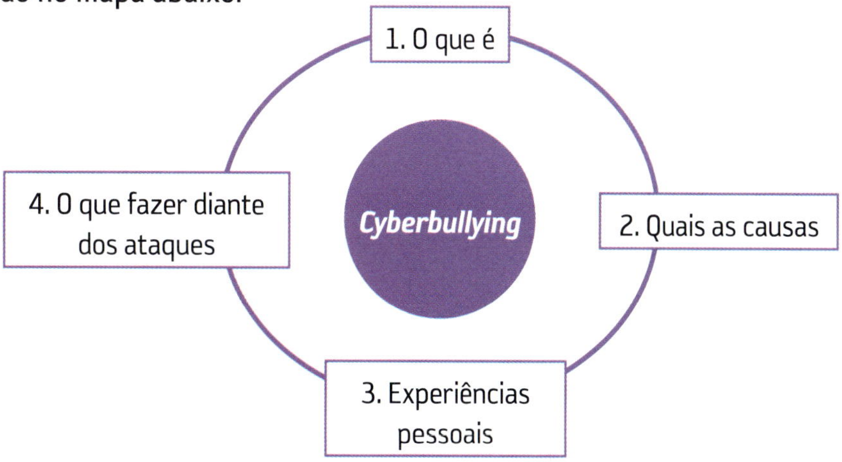
1. O que é
Cyberbullying
2. Quais as causas
3. Experiências pessoais
4. O que fazer diante dos ataques

9. Quase todas as perguntas feitas poderiam ser direcionadas também a outros entrevistados. Uma delas, porém, mostra que a jornalista estudou o perfil específico das garotas *geeks*. Identifique essa pergunta e transcreva-a.

10. O termo *Web 2.0* surgiu em meados da década de 2000 para designar a segunda geração de *sites* e tecnologias da internet, que permitem maior interatividade com o usuário. Sabendo disso, que opção completa com mais coerência a frase abaixo?

Ao definir o *cyberbullying* como "um *bullying* numa versão 2.0", Paula sugere que, comparativamente ao *bullying* tradicional, o *cyberbullying* seria algo mais:

a) tecnológico e potente.

b) tecnológico e inofensivo.

c) inteligente e refinado.

11. Releia este trecho.

> "Acho que é uma forma covarde de praticar *bullying* (não que a prática seja um ato heroico), mas pela internet as pessoas falam o que pensam e bem entendem [...]."

a) Leia a frase em voz alta e escolha a opção mais coerente para completá-la.

Na fala, o trecho entre parênteses provavelmente foi pronunciado:

- com a mesma entonação que o restante da frase.
- em uma entonação diferente, para indicar que era uma ressalva.
- em um sussurro, para indicar segredo.

b) Explique por que Isa achou necessário incluir essa informação em sua fala.

12. Na opinião das blogueiras, o que deve fazer a pessoa que for vítima de *cyberbullying*?

- Dessas orientações, qual ou quais lhes parecem as melhores? Por quê?

ANIMASHKA/SHUTTERSTOCK

13. No canal da revista *todateen*, em um *site* de compartilhamento de vídeos, foi divulgada uma entrevista com o *youtuber* Luís Mariz. Veja uma transcrição de como Mariz respondeu à seguinte pergunta: "Como você lida com os *haters*?"

Pessoas que fazem comentários agressivos nas publicações *on-line*.

> Eu deixo rolar, fazer o quê? Vou... Não, fico meio triste, né? Às vezes acaba... sabe?... É ruim, mas, meu, eu aceitei já, sempre vai ter galera te criticando sobre o que você faz. Nem um... Até o presidente dos Estados Unidos, até um *youtuber*, a pessoa sempre vai ser criticada... né? Já acostumei, tem que lidar, né? Fazer o quê?

todateen. Disponível em: <http://mod.lk/hhlce>. Acesso em: 22 mar. 2018.

a) Localize na transcrição o que se pede a seguir.

I. Uma frase fragmentada, ou seja, que começou, mas não prosseguiu.

II. Um marcador conversacional, isto é, uma expressão que um falante usa para manter o contato com o outro enquanto elabora suas frases (ex.: *né*).

b) Essas marcas não aparecem na entrevista com as garotas *geeks* que você leu. O que pode explicar isso? Copie a resposta mais coerente.

- Ao falar, Paula e Isa não usam frases fragmentadas nem marcadores conversacionais.
- Após transcrever a entrevista, a jornalista adaptou o texto à modalidade escrita.

c) Imagine que você trabalha na revista *todateen* e precisa editar a entrevista com Luís Mariz para ser publicada por escrito. Escreva a pergunta da revista e a resposta dele no caderno. Ajuste a resposta dele para que o texto fique claro e fluente, mas sem distanciar-se do que Mariz disse. Pode ser necessário incluir palavras e eliminar outras, além de resolver problemas de concordância e regência. Lembre-se, porém, que a revista utiliza linguagem informal, por isso você deve manter a naturalidade da fala do *youtuber*.

E POR FALAR NISSO...

Veja a seguir um anúncio elaborado para combater a prática do *bullying*.

BULLYING NÃO TEM GRAÇA
Não pratique,
Não tolere,
Denuncie.
DISQUE 100
Secretaria de Estado da Educação
RONDÔNIA

REPRODUÇÃO/SECRETARIA DE ESTADO DA EDUCAÇÃO DE RONDÔNIA

SAIBA +

O Disque Direitos Humanos ou **Disque 100** é um serviço de responsabilidade do governo federal que acolhe denúncias de violação dos direitos humanos de toda a população, especialmente dos grupos sociais considerados vulneráveis, como crianças e adolescentes, pessoas em situação de rua, idosos, pessoas com deficiência e a comunidade LGBT.

1. E você, o que pensa sobre o *bullying*? Converse com os colegas.
2. Você denunciaria um colega que praticasse *bullying* ou *cyberbullying* contra alguém? Por quê?
3. Você denunciaria o *bullying* ou *cyberbullying* se a vítima fosse você? Por quê?
4. Além do Disque 100, com quais outras pessoas da comunidade você poderia conversar a respeito do assunto?

A **entrevista** é um gênero textual do campo jornalístico em que ocorre a sucessão alternada de perguntas e respostas. Possui também uma introdução, que tem o objetivo de apresentar o tema e o entrevistado e de despertar a curiosidade do interlocutor. Em geral, a entrevista é feita com a intenção de obter determinadas informações de uma pessoa na qual o público possa ter algum tipo de interesse ou que seja especialista em alguma área.

As entrevistas circulam em revistas, jornais, *blogs*, *sites* e programas de rádio, TV ou internet. Mesmo quando se destina à publicação em meios escritos, a entrevista em geral é realizada oralmente, embora, em alguns casos, o entrevistador também possa enviar e receber as perguntas por *e-mail*.

Antes de ser publicada em meios escritos, a entrevista sofre ajustes no texto original para que a leitura se torne mais clara e fluente. Nesse processo, eliminam-se fragmentações, hesitações, repetições e o excesso de marcadores conversacionais ou expressões coloquiais, sem, contudo, alterar o que o entrevistado disse. Geralmente, o texto é padronizado de acordo com a norma culta. Veja como a concordância verbal foi obedecida neste trecho da entrevista com as garotas *geeks*:

"Na cabeça dessas pessoas **faltam** objetivos, sonhos."

sujeito no plural

Em alguns casos (como no da revista *todateen*), o veículo em que a entrevista será divulgada, o perfil do público-alvo e/ou o assunto tratado pedem maior informalidade. Nessas situações, o jornalista que edita o texto mantém formas abreviadas (*pra*, *tá*) e outros termos coloquiais das falas ("rola na cabeça dessa galera").

Um elemento importante na estrutura das entrevistas é a **introdução**. Nela, o jornalista apresenta o tema a ser discutido e as informações básicas do entrevistado, sempre buscando atrair a atenção do interlocutor e convidá-lo à leitura (ou à audição).

Para indicar os **turnos de fala**, ou seja, quem fala em cada momento, as perguntas são destacadas em negrito ou em itálico, mas o nome do entrevistador ou do órgão que ele representa nem sempre aparece. O nome do entrevistado é destacado no início de cada resposta.

As entrevistas costumam ter um foco ou uma intenção principal. Muitas vezes, o objetivo é saber a opinião do entrevistado sobre um tema em evidência. Nesse caso, convida-se alguém que seja especialista no tema, ou então pessoas cuja experiência pessoal possa ser interessante para o público-alvo – como foi o caso das garotas *geeks*, convidadas a falar sobre *cyberbullying* para a revista *todateen*. A entrevista também pode ser feita com pessoas famosas – artistas, atletas, empresários – para que falem sobre sua carreira ou algum aspecto de sua vida que desperte o interesse do público.

BAY_DESIGN/SHUTTERSTOCK

Trilha de estudo

Vai estudar? Stryx pode ajudar! <http://mod.lk/trilhas>

ORGANIZAR O CONHECIMENTO

O QUE VOCÊ JÁ SABE?

Agora, você já é capaz de...	Sim	Não	Mais ou menos
... identificar as principais características do gênero entrevista?	☐	☐	☐
... planejar e preparar um roteiro para realizar uma entrevista oral, levantando informações prévias sobre o entrevistado e o tema?	☐	☐	☐

Se você marcou **não** ou **mais ou menos**, retome a leitura de **O gênero em foco: entrevista.**

Junte-se a um colega e, numa folha avulsa ou no caderno, copiem o esquema a seguir, substituindo as perguntas pelas respectivas respostas. Ao final, vocês terão um resumo com as principais características da entrevista. As questões apresentadas servem para orientar a elaboração do esquema, mas, se preferirem, vocês poderão incluir mais características.

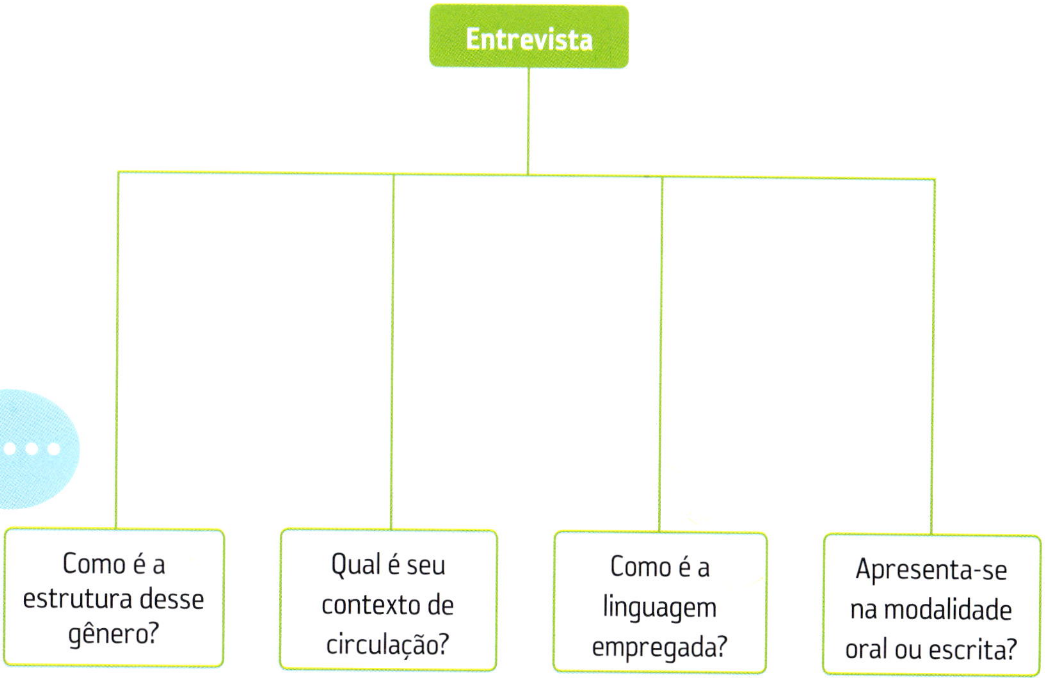

Entrevista
Como é a estrutura desse gênero?
Qual é seu contexto de circulação?
Como é a linguagem empregada?
Apresenta-se na modalidade oral ou escrita?

QUINKY/SHUTTERSTOCK

PRODUÇÃO DE TEXTO

ENTREVISTA

O que você vai produzir

Você e um colega vão fazer uma entrevista com um profissional de uma área escolhida pela dupla e pelo professor. Sua entrevista poderá ser colocada em uma pasta, com as outras feitas pela classe, e ser doada à biblioteca da escola, ou poderá ser divulgada, de acordo com a orientação do professor.

NA HORA DE PRODUZIR

1. Siga as orientações apresentadas nesta seção. Seu texto deve ser coerente com a proposta.
2. Lembre-se de que você já leu e analisou textos do gênero que vai produzir. Se for o caso, retome o **Estudo do texto**.
3. Diante da folha em branco, persista. Nenhum texto fica pronto na primeira versão.

PLANEJEM A ENTREVISTA

1. Você e seu colega vão sugerir duas ou mais profissões que considerem interessantes, para o professor elaborar uma lista na lousa.
2. Leiam a lista das profissões, colocada na lousa, com todas as sugestões da classe. Escolham, com o professor, uma das profissões levando em conta o que vocês acham interessante ou aquilo com que têm mais afinidade.
3. Com as outras duplas e o professor, elaborem a lista dos profissionais, ou seja, uma lista com pessoas que poderiam ser entrevistadas pela turma, com o número de telefone ou *e-mail* para que os entrevistadores possam entrar em contato.
4. É importante que vocês definam:
   a) o meio de registro que vão usar: gravação somente em áudio ou também em vídeo;
   b) o meio de divulgação da entrevista: se ela será doada à biblioteca da escola, publicada em um jornal escolar, apresentada na classe ou publicada em um *blog* pessoal ou da escola.
5. Com a profissão definida, entrem em contato com o profissional que desejam entrevistar. Para a pessoa que será entrevistada, será preciso:
   a) informar, previamente, o tema e os objetivos da entrevista;
   b) verificar a disponibilidade para uma entrevista;
   c) agendar dia, horário e local da entrevista, que deverá ser marcada em local público;
   d) explicar como a entrevista será divulgada e verificar se o entrevistado autoriza essa divulgação.

ARTMARKOVA/SHUTTERSTOCK

ELABOREM O ROTEIRO DE PERGUNTAS

1. Organizem o roteiro, considerando:
   a) o que vocês gostariam de saber a respeito da profissão do entrevistado;
   b) o tempo que o entrevistado terá disponível para atender vocês.
2. Inclua em seu roteiro a seguinte pergunta: "**Como sua profissão pode contribuir para o combate do ódio e da intolerância na sociedade?**". Todas as duplas deverão fazer essa pergunta aos seus entrevistados.
3. Troquem as perguntas com outra dupla e peçam aos colegas que verifiquem se elas estão claras.
4. Façam uma revisão e, se preciso, reescrevam as perguntas da entrevista.

REALIZEM A ENTREVISTA

1. Testem o equipamento que será utilizado.
2. Antes de começar, agradeçam ao entrevistado a disponibilidade em atendê-los.
3. Sigam seu roteiro. Dependendo das respostas, vocês não precisarão fazer todas as perguntas que planejaram ou poderão fazer outras que não constavam do roteiro original.
4. Se houver alguma resposta que não atenda ao que foi perguntado, peçam esclarecimentos ao entrevistado.
5. Ao final da entrevista, agradeçam novamente ao entrevistado.

TRANSCREVAM E EDITEM A ENTREVISTA

1. Agora vocês vão transcrever a entrevista para o papel e adaptar o texto oral para a modalidade escrita. Vejam, a seguir, os ajustes que vocês podem fazer:
   a) eliminar as hesitações, as fragmentações ou as marcas de oralidade, como *né*, *hein*, *hum*, *daí*, *ah* etc.;
   b) eliminar repetições ou frases que ajudam a manter a conversa, mas que são desnecessárias no texto escrito. Por exemplo: "como a gente 'tava falando", "como eu já disse", "vocês podem repetir a pergunta?" etc.;
   c) usar os sinais de pontuação para organizar as ideias e para reproduzir a entonação do entrevistado (se ele fez uma pergunta, uma exclamação, uma ressalva etc.);
   d) pode ser necessário inserir ou eliminar palavras, mas tomem cuidado para não alterar o conteúdo das falas do entrevistado. Se quiserem introduzir alguma observação ou explicação na fala dele, usem parênteses ou colchetes.

2. Identifiquem claramente os turnos de fala: usem destaques (negrito ou cor diferente) para as perguntas da turma e insiram o nome do entrevistado antes das respostas dele.

3. Elaborem o texto introdutório. Para isso, usem algumas perguntas e respostas (por exemplo, onde e quando o entrevistado nasceu, o que faz, onde trabalha). Essas informações não precisam aparecer no corpo da entrevista, embora estejam no roteiro; podem ser usadas apenas como fontes de informação para a redação desse texto inicial. É importante usar uma linguagem de acordo com os leitores da entrevista: alunos como vocês.

4. Criem um título para sua entrevista.

5. Cumpridas todas as etapas, revisem o texto e passem-no a limpo.

AVALIEM E DIVULGUEM A ENTREVISTA

1. Troquem sua entrevista com outra dupla. Leiam o texto observando os aspectos a seguir. Utilizem uma folha à parte para responder às questões.

Aspectos importantes em relação à proposta e ao sentido do texto
Entrevista
1. Apresenta uma introdução com o tema da entrevista e com uma breve apresentação do entrevistado (o nome, a profissão etc.)?
2. Permite distinguir claramente as falas de quem entrevistou e de quem foi entrevistado?
3. Apresenta perguntas: a) formuladas de modo claro e objetivo? b) que permitem ao leitor saber mais sobre a profissão do entrevistado?
4. Está transcrita em uma linguagem adequada ao perfil dos leitores?
5. Foram eliminadas as marcas de oralidade?
Aspectos importantes em relação à ortografia, à pontuação e às demais normas gramaticais
1. Está livre de problemas de ortografia?
2. Se houve observações ou explicações, foram feitas entre parênteses ou colchetes?

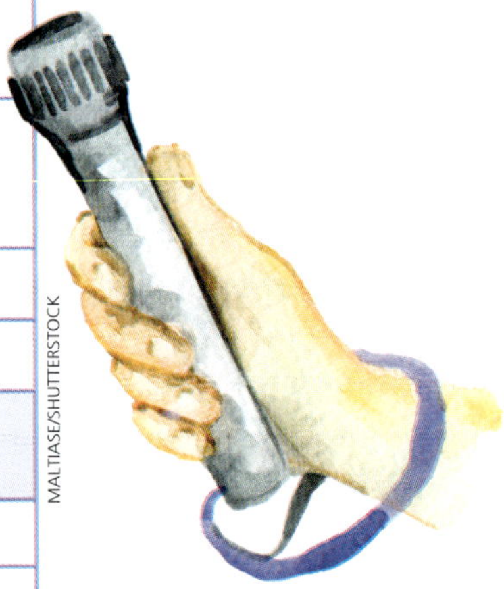

MALTIASE/SHUTTERSTOCK

2. Leiam as observações da outra dupla sobre sua entrevista. Corrijam o que for necessário e passem a produção a limpo. A outra dupla fará o mesmo.

3. As entrevistas podem ser reunidas em uma pasta e doadas à biblioteca da escola. Considerem também com o professor outras possibilidades de divulgação da entrevista: publicar em um jornal escolar, ou em um *blog* da escola.

ATITUDES PARA A VIDA

ESCUTAR OS OUTROS COM ATENÇÃO E EMPATIA

Escutar é uma habilidade muito importante quando interagimos com outras pessoas. Escutar o outro com atenção significa estar sinceramente interessado no que ele diz. Escutar com empatia é colocar-se no lugar do outro e buscar compreender o que ele pensa e o que sente.

Certamente, essa foi uma atitude fundamental para a realização da entrevista que você acabou de produzir, não é mesmo? Pensando nisso, leia a tira a seguir.

MENTIRINHAS FABIO COALA

1. O que está acontecendo em cada um dos quadrinhos? Compartilhe suas impressões com os colegas e o professor.
2. Atualmente, o comportamento retratado na tira está muito presente nas relações sociais. Que comportamento é esse?
3. Você já esteve em alguma situação em que não foi ouvido? Como se sentiu e como reagiu?

Quando escutamos o outro, nos conectamos com sua história e experiência de vida, com seus sentimentos e pensamentos, e aprendemos com isso.

4. Das entrevistas que seus colegas fizeram, houve alguma que lhe chamou mais a atenção? Qual?

GOODSTUDIO/SHUTTERSTOCK

Escutar verdadeiramente o outro é escutá-lo levando em conta suas vivências sem julgá-lo ou querer convencê-lo a mudar de opinião.

5. Você acha que poderia ter ouvido com mais atenção e empatia o seu entrevistado? Por quê?

Quando escutamos com atenção e empatia, podemos aprimorar nossas ideias. Aprende-se com a diferença, aceitando-a e respeitando-a. Aprende-se dialogando.

6. Em que outras situações, fora da escola, foi importante ouvir uma opinião diferente da sua com atenção e empatia? Justifique sua resposta.

AUTOAVALIAÇÃO

Atitudes para a vida	Sim	Não	O que melhorar
1. Você **organizou seu pensamento** e **expressou-se com clareza** por meio da entrevista que realizou?			
2. Você conseguiu **pensar com flexibilidade** ao realizar sua entrevista?			
3. Pensar de maneira interdependente foi importante na realização de sua entrevista?			
4. Ao realizar sua entrevista, você procurou ser **questionador** e **levantar problemas**?			
5. Ao editar a entrevista, você soube usar de **exatidão** e **precisão**?			
6. O roteiro elaborado para a entrevista foi **criativo**?			
7. Você soube **escutar** o seu entrevistado com **atenção** e **empatia**?			

PARA SE PREPARAR PARA A PRÓXIMA UNIDADE

Vivemos cercados por anúncios publicitários: eles estão na internet, na TV, nos *outdoors* etc. Na próxima unidade, você vai analisar esses textos e refletir sobre o modo como eles nos levam a consumir produtos e serviços. Prepare-se para mergulhar nesse assunto acessando os *links* que indicamos a seguir. Depois, leia as orientações do boxe "O que você já sabe?".

Traga para a sala de aula anúncios publicitários publicados em revistas e jornais. Ao compará-los aos anúncios dos colegas, considere os elementos verbais e não verbais do texto e a relação entre público-alvo, linguagem e abordagem dos anúncios.

1

akatu
Consumo consciente
para um futuro sustentável.

AKATU

O Instituto Akatu é uma instituição que trabalha pela conscientização e mobilização da sociedade para o consumo consciente. Saiba mais sobre as atividades, campanhas e pesquisas dessa ONG aqui: <http://mod.lk/fngtd>.

2

BRUNO FERNANDES/FOTOARENA

A canção "Cartão de Visita", interpretada por Criolo e Tulipa Ruiz, fala sobre consumismo e dinheiro, questões sobre as quais devemos refletir quando o assunto é publicidade. Ouça aqui: <http://mod.lk/ufc9p>.

3

PROPAGANDAS HISTÓRICAS

PROPAGANDAS HISTORICAS.COM.BR

O *site Propagandas históricas* reúne anúncios publicitários brasileiros e mundiais do passado e do presente, com o objetivo de preservar a memória da publicidade para as gerações futuras. Acesse: <http://mod.lk/iyj5h>.

4

Concordância verbal

Este objeto digital apresenta conteúdo sobre concordância verbal. Acesse: <http://mod.lk/bx0ar>.

O QUE VOCÊ JÁ SABE?

Até este momento, você seria capaz de...	**Sim**	**Não**	**Mais ou menos**
... identificar os recursos de linguagem utilizados pelo redator do anúncio para persuadir o leitor?	☐	☐	☐
... perceber a relação entre os elementos visuais, como as imagens e cores, e a linguagem verbal do anúncio?	☐	☐	☐
... produzir e revisar um anúncio publicitário, relacionando elementos verbais e visuais, de modo a atrair o leitor pelo produto ou serviço anunciado?	☐	☐	☐
De acordo com o conteúdo do objeto digital *Concordância verbal*, você seria capaz de...	**Sim**	**Não**	**Mais ou menos**
... perceber se a concordância verbal está aplicada corretamente em um enunciado?	☐	☐	☐
... reconhecer que há regras específicas para o emprego da concordância verbal?	☐	☐	☐

UNIDADE 8

SOCIEDADE E CONSUMO

ESTUDO DA IMAGEM

- Observe a imagem e leia o boxe “Saiba mais”. Considerando a tradução do texto da página seguinte (“Óculos de sol: 24 euros. Acesso à água: 8 euros.”), troque ideias com os colegas sobre as perguntas a seguir.

1. O que está sendo anunciado? Justifique.
2. O anúncio contrapõe os preços de um item de luxo e de um item básico. Qual seria a intenção por trás dessa estratégia?
3. Você acha que anúncios como este podem conscientizar as pessoas a respeito de um problema social?

EM FOCO NESTA UNIDADE

- **Anúncio publicitário**
- **Concordância verbal e concordância nominal**
- **Produção: anúncio publicitário**

SAIBA +

A imagem desta página faz parte da série *People in need* ("Pessoas necessitadas", em tradução livre), produzida em 2007 pela ONG Cordaid. A campanha alertava para o consumismo exacerbado, destacando a diferença social entre aqueles que podem adquirir itens de luxo e aqueles que não conseguem acesso a itens básicos para a sobrevivência. Em 2015, anos depois de ter sido criada, a campanha viralizou na internet, dando mais visibilidade aos projetos humanitários realizados pela ONG.

LEITURA

CONTEXTO

Você certamente já viu inúmeros anúncios publicitários na internet, na TV, em revistas, jornais ou *outdoors*. Provavelmente alguns deles já influenciaram sua decisão de comprar algum produto, mesmo sem você perceber. Nesta unidade, você vai conhecer e analisar alguns anúncios publicitários e vai descobrir de que forma eles são criados para alimentar em todos nós o desejo de consumir.

ANTES DE LER

1. Quais produtos são divulgados no anúncio A? E qual produto é divulgado no anúncio B?
2. Se você quisesse vender esses produtos a alguém, a quais ideias positivas associaria cada um deles (exemplos: diversão, moda, calor etc.)? Faça uma lista das ideias no caderno.

Texto A

Agora sorvete de fruta também nasce no pé.
Entre no site classicosdoverao.com.br, cadastre o código da sua embalagem de Fruttare e concorra na hora a uma Havaianas de Verão!
PROMOÇÃO CLÁSSICOS DO VERÃO
Fruttare Havaianas
FRUTTARE
Limão
FRUTTARE
Uva
havaianas
havaianas
havaianas

ALMAPBBDO/FRUTTARE/HAVAIANAS

Texto B

SAIBA +

Quando surgiram os anúncios no Brasil? Em 1808, com a chegada de Dom João VI ao Rio de Janeiro e o consequente início da imprensa brasileira. O primeiro anúncio foi publicado no jornal *Gazeta do Rio de Janeiro* e vendia uma "morada de casas de sobrado". Logo surgiram anúncios de datas de leilão, de artigos de moda, de bebida. Havia também anúncios comunicando a fuga ou a venda de escravos.

Em 1821, surgiu o primeiro jornal de anúncios, o *Diário do Rio de Janeiro*. Os textos eram longos e não havia muita ilustração. Em 1860, também no Rio de Janeiro, apareceu o primeiro cartaz de propaganda, divulgando o lançamento da revista *Semana Ilustrada*.

ESTUDO DOS TEXTOS

COMPREENSÃO DOS TEXTOS

A RESPEITO DO ANÚNCIO A

1. **Copie no caderno a alternativa que completa adequadamente a frase: O principal objetivo do anúncio A é estimular o leitor a:**

a) comprar picolés da marca mencionada.

b) comprar sandálias da marca mencionada.

c) participar de um sorteio promocional.

2. **Quem é o principal responsável pela produção desse anúncio?**

a) A fabricante das sandálias.

b) A fabricante dos picolés.

- Justifique sua resposta com um elemento do próprio anúncio.

3. **O nome do anunciante é apresentado graficamente de uma maneira que faz referência ao outro produto divulgado. Explique como isso ocorre.**

4. **Além dos dois produtos divulgados, quais outras imagens aparecem no anúncio?**

- A quais palavras do título e do texto podemos relacionar essas imagens?

5. **Explique como as cores foram combinadas e distribuídas no anúncio A.**

- Na sua opinião, qual foi a intenção do anunciante ao dispor as cores dessa maneira?

A RESPEITO DO ANÚNCIO B

1. **Observe a lápide do túmulo do escritor brasileiro Monteiro Lobato.**

a) Qual é a data de nascimento do escritor? E a data de sua morte?

b) O que significam, portanto, a estrela e a cruz gravadas na lápide?

c) Esses símbolos também aparecem no anúncio B. Explique o que eles significam nesse contexto.

DARIO OLIVEIRA/CÓDIGO19/AE/ESTADÃO CONTEÚDO

2. O que significam as marcas de dedos infantis na figura do unicórnio? Relacione a marca de dedos impressa na massa de modelar com a explicação que você deu no item anterior.

DE OLHO NA CONSTRUÇÃO DOS SENTIDOS

1. O título do anúncio A explora dois sentidos de certa palavra. Qual é essa palavra?
   a) Sorvete. b) Pé. c) Fruta.
   - A quais sentidos dessa palavra o título se refere?

2. Imagine que esse título fosse redigido da seguinte forma:

> "Agora sorvete de fruta também aparece no pé."

   a) O duplo sentido que você observou na questão anterior permaneceria claro?
   b) Explique o papel da forma verbal nasce na construção do título original.

O ANÚNCIO PUBLICITÁRIO

1. Nos anúncios em estudo, há texto verbal e imagens.
   a) Seria possível compreender esses anúncios se não houvesse texto?
   b) E se não houvesse imagens?
   c) Considerando as respostas às questões anteriores, conclua: como o texto verbal e as imagens se relacionam no anúncio publicitário?

2. O texto verbal e as imagens do anúncio A trazem algumas ideias à mente do leitor. Quais são essas ideias? Copie no caderno todas as opções pertinentes.
   a) Refrescância. d) Aconchego
   b) Verão. e) Timidez.
   c) Calor. f) Praia.

3. Pense agora no anúncio B. A qual ideia o produto divulgado é associado nesse anúncio?
   a) Criatividade.
   b) Durabilidade.
   c) Economia.

4. Antes de ler os textos, você fez uma lista das ideias às quais cada produto poderia ser associado, a fim de estimular o consumidor a comprá-lo. Algumas das palavras que você copiou no caderno nas questões 2 e 3 constavam da sua lista? Se sim, quais?

HAPPYPICTURES/ SHUTTERSTOCK

5. Em que modo estão flexionados os verbos entrar, cadastrar e concorrer no anúncio A? Copie no caderno a opção correta.
   a) No contexto do anúncio, esse modo verbal é utilizado para:
      - fazer pedidos ao interlocutor.
      - dar instruções ao interlocutor.
      - dar ordens ao interlocutor.
   b) Relacione o emprego desse modo verbal ao objetivo do anúncio A.

6. Qual é a faixa etária do público ao qual se destina o produto divulgado no anúncio B?
   - De 3 a 10 anos.
   - De 11 a 18 anos.
   - De 19 a 45 anos.

   a) Você observou que o anúncio B emprega a estrela e a cruz como símbolos para comunicar um sentido específico. Em sua opinião, o público ao qual o produto se destina seria capaz de compreender esse anúncio? Justifique sua resposta.
   b) Conclua: a quem o anúncio B se destina, afinal?
      - A pessoas que ainda não conhecem o produto.
      - Aos usuários do produto.
      - Aos pais dos usuários do produto.
   c) Por que os criadores do anúncio teriam decidido comunicar-se com esse público?

O **anúncio publicitário** é um gênero textual que tem como objetivo persuadir o interlocutor a tomar certa atitude. Essa atitude pode ser: comprar um produto ou serviço, participar de uma promoção, votar em certo candidato, economizar água, doar sangue etc. Para alcançar sua intenção, o anúncio geralmente utiliza uma combinação de imagens e texto verbal. O anúncio circula na *mídia* de forma geral – ou seja, em todos os meios que permitem a comunicação com o público, como internet, TV, rádio, jornais, revistas, *outdoors*.

Como você percebeu nos exemplos analisados, um anúncio publicitário normalmente apresenta uma imagem atraente e sugestiva, que coloca em destaque o produto divulgado. A imagem é combinada ao texto verbal para construir os sentidos do anúncio. O texto verbal pode conter frases de efeito e linguagem figurada, sempre com o objetivo de cativar e seduzir o interlocutor. No título do anúncio A, por exemplo, é feito um jogo com o duplo sentido do substantivo pé:

> "Agora sorvete de fruta também nasce no **pé**."

Sentido de "árvore": remete ao sorvete.

Sentido de "parte do corpo": remete à sandália.

STOCKSMARTSTART/SHUTTERSTOCK

Outra marca característica da linguagem nos anúncios é o emprego de verbos no **imperativo**: *entre*, *cadastre*, *concorra*. Esse modo verbal pode servir para dar instruções ao interlocutor (como ocorria no anúncio que divulgava o sorteio de sandálias), mas também para persuadir o interlocutor a tomar a atitude desejada: *coma*, *beba*, *vote* etc.

Um elemento importante nos anúncios publicitários é a **assinatura**, isto é, a identificação da marca anunciante. Essa identificação normalmente é feita por meio de uma **logomarca** – conjunto formado pela representação gráfica do nome da marca e seu símbolo visual. No anúncio A, você observou que a logomarca tradicional da fabricante de sandálias foi ligeiramente alterada para fazer referência ao outro produto divulgado, o picolé.

De acordo com a intenção comunicativa, os anúncios podem ser mais explícitos – como o anúncio A, que dá instruções claras para a participação no sorteio – ou mais sutis – como o anúncio B, que traz apenas uma imagem e duas palavras. Seja como for, os criadores de anúncios sempre buscam associar o produto a certas ideias e valores, a fim de distingui-lo das outras marcas oferecidas no mercado e de criar, no público-alvo, uma imagem positiva do produto. Nos exemplos analisados, você observou que a sandália e o picolé eram associados a ideias como verão, calor, refrescância, enquanto a massinha era associada à criatividade e à imaginação.

Para saber exatamente quais valores ou ideias têm mais chance de seduzir o público-alvo, os publicitários precisam conhecê-lo bem. Desse modo, buscam estudar todas as características das pessoas que pretendem atingir – sua faixa etária, seu nível socioeconômico, seu universo cultural, suas preferências etc. Em alguns casos, os publicitários não se comunicam diretamente com o usuário do produto, e sim com aqueles que tomarão a decisão de compra. O anúncio da massinha de modelar, por exemplo, foi pensado para os pais ou outros parentes das crianças, que poderiam presenteá-las com o brinquedo.

ORGANIZAR O CONHECIMENTO

Junte-se a alguns colegas para fazer uma pesquisa sobre anúncios publicitários.

1. Pensem em um produto que vocês tenham comprado ou pedido a seus pais que comprassem nos últimos três meses. Pode ser um alimento, uma bebida, um calçado, uma roupa, um aparelho eletrônico, um cosmético etc. Cada grupo deve escolher um único produto.
2. Em um prazo determinado pelo professor, procurem anúncios publicitários que divulguem esse produto (as marcas podem variar). Observem os anúncios e tomem nota dos seguintes aspectos:
   a) Quais elementos compõem os anúncios (imagens, texto verbal, logomarca, outros elementos)?
   b) A quais ideias o produto é associado nos anúncios? (Exemplos: modernidade, juventude, prazer, diversão.)
   c) Vocês consideram esses anúncios convincentes? Eles têm chance de persuadir o público-alvo? Por quê?

   Apresentem os resultados oralmente aos colegas.

O QUE VOCÊ JÁ SABE?

Agora você já sabe...	Sim	Não	Mais ou menos
... identificar os recursos de linguagem utilizados pelo redator do anúncio para persuadir o leitor?	☐	☐	☐
... perceber a relação entre os elementos visuais, como as imagens e cores, e a linguagem verbal do anúncio?	☐	☐	☐
... produzir e revisar um anúncio publicitário, relacionando elementos verbais e visuais, de modo a atrair o leitor pelo produto ou serviço anunciado?	☐	☐	☐

Se você marcou **não** ou **mais ou menos**, retome o estudo das questões de **O anúncio publicitário**.

Se você marcou **não** ou **mais ou menos**, retome o estudo do boxe **O gênero em foco: anúncio publicitário**.

Junte-se a um colega e copiem o esquema a seguir respondendo às questões. Ao final, vocês terão um resumo com as principais características do anúncio publicitário.

Anúncio publicitário

- Qual o objetivo do anúncio publicitário?
- Que modo verbal normalmente é empregado?
- Que elementos compõem os anúncios publicitários?
- A linguagem é formal ou informal, literal ou figurada?
- Qual é o público-alvo de um anúncio publicitário?

KRUGER, BARBARA/GALERIA MARY BOONE, NOVA YORK

Nessa obra da artista estadunidense Barbara Kruger (1945-), a frase "Compro, logo existo" retoma a afirmação "Penso, logo existo", do filósofo Descartes.

Você certamente já viu por aí muitas obras de arte sendo utilizadas em campanhas publicitárias como um modo de chamar a atenção do consumidor. As relações entre arte e publicidade, porém, não estão restritas a isso. Muitos artistas incorporaram em sua obra elementos comuns em anúncios publicitários.

1. Observe a imagem ao lado e troque ideias com alguns colegas sobre as questões a seguir. Lembre-se: é importante escutar com atenção e expressar-se com clareza.

a) Que elementos verbais e visuais da obra de Barbara Kruger fazem referência à linguagem da publicidade?

b) Se esse fosse o anúncio de um produto, o que a mão estaria apresentando em lugar do retângulo vermelho com a frase em inglês?

2. Leia o boxe a seguir.

Galeria de imagens
Barbara Kruger

O filósofo Descartes

René Descartes (1596-1650) é considerado por muitos o "pai da Filosofia moderna". Sua obra torna possível compreender o modo de pensar que levou às revoluções científicas ocorridas a partir do século XVIII.

É de Descartes a frase "Penso, logo existo". Segundo o filósofo, o fato de duvidarmos, de pensarmos sobre as coisas, é que permite estabelecermos a diferença entre ilusão e realidade. A capacidade de pensar, portanto, seria uma prova da nossa existência.

a) Qual a diferença entre a frase de Descartes e a frase da obra ("Compro, logo existo")?

b) Atualmente, os anúncios de produtos e serviços relacionam reconhecimento social, sucesso e felicidade à aquisição de produtos. O que a frase "Compro, logo existo" tem a ver com essa ideia?

c) Arte e propaganda podem usar recursos persuasivos para nos sensibilizar ou nos conscientizar de algo. Você diria que a obra de Barbara Kruger poderia ter um efeito semelhante? Por quê?

QUINKY/SHUTTERSTOCK

3. E você, o que pensa a respeito dessas ideias? Você acha que o que consumimos faz de nós aquilo que somos? Por quê?

ESTUDO DA LÍNGUA: ANÁLISE E REFLEXÃO

COMO VOCÊ PODE ESTUDAR

1. **Estudo da língua** não é uma seção para decorar, mas para questionar e levantar problemas.
2. O trabalho com os conhecimentos linguísticos requer persistência. Leia e releia os textos e os exemplos, discuta, converse.

CONCORDÂNCIA NOMINAL E CONCORDÂNCIA VERBAL

CONCORDÂNCIA NOMINAL

Leia a tirinha para responder às questões a seguir.

BICHINHOS DE JARDIM — CLARA GOMES

ANO NOVO, ESTOU ME RENOVANDO TAMBÉM!
www.bichinhosdejardim.com
AGORA PRATICO MEDITAÇÃO E DESAPEGO PROFUNDOS...
...APAGANDO E-MAILS ANTIGOS!

© CLARA GOMES

a) Pela situação mostrada na tirinha, por que a personagem está fazendo uma renovação?

b) O que faz com que, na tirinha, essa renovação seja engraçada?

c) Releia esta fala do segundo quadrinho:

> "Agora pratico meditação e desapego profundos..."

I. Qual o gênero e qual o número dos substantivos *meditação* e *desapego*?

II. Por que o adjetivo *profundos* está no masculino e no plural?

III. Das frases a seguir, qual seria a melhor para substituir a frase do segundo quadrinho, mantendo o sentido original dela? Explique a sua resposta.

- Agora pratico meditação e desapego profundo...
- Agora pratico meditação profunda e desapego...
- Agora pratico meditação profunda e desapego profundo...

d) No último quadrinho há uma palavra de origem estrangeira: *e-mails*. Ela foi empregada como um substantivo masculino plural. Como é possível constatar o gênero e o número dessa palavra?

VISUAL GENERATION/SHUTTERSTOCK

CONCORDÂNCIA NOMINAL

A **concordância** consiste na flexão da palavra **determinante** de modo que ela acompanhe a palavra **determinada** em alguns aspectos morfossintáticos.

A **concordância nominal** se refere à relação entre as palavras chamadas genericamente de **nome** (substantivo, adjetivo, pronome, artigo e numeral). Nessa relação, o **gênero** e o **número** da **palavra determinada** (substantivo ou pronome) definem o **gênero** e o **número** das **palavras determinantes** (adjetivo, locução adjetiva, pronome adjetivo, artigo, numeral adjetivo e particípio).

GOODSTUDIO/SHUTTERSTOCK

CONCORDÂNCIA DO ADJETIVO COM O SUBSTANTIVO

REGRA GERAL

Geralmente o **adjetivo** concorda em **gênero** e **número** com o **substantivo** a que se refere.

*Todos os **torcedores argentinos** vibravam sem parar.*

*As **temidas guerreiras** tornaram-se **famosas** na **mitologia grega**.*

CASOS PARTICULARES

Adjetivo anteposto aos substantivos

Quando, na frase, o **adjetivo** vem *antes* dos **substantivos**, o adjetivo geralmente concorda em **gênero** e **número** com o mais próximo.

*O anúncio prometia **rápido encaminhamento** e **solução** do problema.*

*Mas encontrei **péssima recepção** e **atendimento**.*

Se o adjetivo for **predicativo** de um sujeito ou objeto compostos, a concordância também poderá ser feita com os **núcleos**:

*Seria **rápido** o **encaminhamento** e a **solução** do problema?*

*Seriam **rápidos** o **encaminhamento** e a **solução** do problema?*

*Considerei **péssima** a **recepção** e o **atendimento**.*

*Considerei **péssimos** a **recepção** e o **atendimento**.*

Adjetivo posposto aos substantivos

Quando, na frase, o **adjetivo** aparece *após* os **substantivos**, a concordância dependerá do **número** e do **gênero** dos substantivos.

1. Substantivos do **mesmo gênero** e do **singular**: o adjetivo concorda com o **gênero dos substantivos**; quanto ao número, pode:
   - flexionar-se no **singular**:
     *O **computador** e o **automóvel chinês** ambicionam o mercado americano.*
   - ou flexionar-se no **plural** (concordância menos comum):
     *O **computador** e o **automóvel chineses** ambicionam o mercado americano.*

2. Substantivos de **gêneros diferentes** e do **singular**:

- o adjetivo concorda em gênero e número com o **substantivo mais próximo**:

  *No Carnaval hospedei um **senhor** e uma **senhora goiana**.*

- ou concorda com o **conjunto**, flexionando-se no **masculino** e no **plural** (concordância menos comum):

  *No Carnaval hospedei um **senhor** e uma **senhora goianos**.*

3. Substantivos de **mesmo gênero** mas de números diferentes:

- o adjetivo concorda com o **gênero dos substantivos** e flexiona-se no **plural**:

  *Meu primeiro dia com as **professoras** e a **turma novas** foi animador.*

- ou concorda com o **número do substantivo mais próximo** (concordância menos comum):

  *Meu primeiro dia com as **professoras** e a **turma nova** foi animador.*

4. Substantivos de **gêneros diferentes** e no **plural**:

- o adjetivo flexiona-se no **plural** e concorda com o **gênero do substantivo mais próximo**:

  *Na sessão, os **deputados** e as **deputadas exaltadas** promoveram muitas discussões.*

- ou flexiona-se no **plural** e fica no **masculino** (concordância menos comum):

  *Na sessão, os **deputados** e as **deputadas exaltados** promoveram muitas discussões.*

5. Substantivos de **gêneros** e números diferentes

- o adjetivo flexiona-se no **plural** e no **masculino**:

  *Para se destacar, o goleiro jogou com **meias**, **camisa** e **calção amarelos**.*

- ou concorda com o **gênero** e o **número** do **substantivo mais próximo** (concordância menos comum):

  *Para se destacar, o goleiro jogou com **meias**, **camisa** e **calção amarelo**.*

PALAVRAS QUE MERECEM ATENÇÃO

Anexo*, *incluso*, *quite*, *obrigado*, *mesmo* e *próprio

Concordam em **gênero** e **número** com o **substantivo** ou **pronome** a que se referem.

*Para a venda de certos medicamentos, a farmácia exige **receita anexa**.*

*Nesse equipamento está **incluso** o **cabo** de energia?*

*Com a devolução do livro, **eu** estou **quite** com a biblioteca.*

*– Muito **obrigada**! – agradeceu, comovida, a **atleta**.*

*A **aluna mesma** traduziu aquele conto francês.*

***Eles próprios** consertaram o encanamento do apartamento.*

GOODSTUDIO/SHUTTERSTOCK

Bastante e ***meio***

Quando têm a função de **advérbio**, são **invariáveis**.

*Todos estamos **bastante** apreensivos com as novas medidas econômicas.*

*Aquela peça tinha muitos atos, **meio** cansativa... não gostei.*

Como **adjetivos**, concordam em **gênero** e **número** com o **substantivo a que se referem**.

*A população espera **empregos bastantes** para melhorar de vida.*

*Nos primeiros minutos do filme devorei **meia panela** de pipoca.*

CONCORDÂNCIA IDEOLÓGICA

A concordância nominal pode se referir à **ideia**, isto é, à significação de palavras e expressões, mesmo que pareça não concordar com a **forma** da palavra à qual se refere. Esse tipo de concordância é chamado de **silepse**.

Silepse de gênero

Em relação à concordância nominal, o principal caso de silepse diz respeito ao **gênero** (troca do masculino pelo feminino e vice-versa).

*Peço que **Vossa Excelência** seja **merecedor** do nosso voto.*

(a concordância é feita em função do sexo masculino do interlocutor, e não com o gênero feminino do pronome de tratamento *Vossa Excelência*)

*Toda a **Fernão Dias** já foi **duplicada**?*

(a concordância se dá com o substantivo feminino *rodovia*, subentendido, e não com o substantivo masculino *Fernão Dias*)

ACONTECE NA LÍNGUA

Como você estudou aqui, algumas classes de palavras são invariáveis, por isso não sofrem flexão de gênero nem de número. Entre essas palavras encontram-se os **advérbios**.

Note, porém, na fala do comentarista, que o advérbio "meio" – sinônimo, nesse contexto, de "um pouco", "um tanto", "quase" – foi flexionado para concordar com o adjetivo "*desesperadora*".

A flexão de gênero desse e de outros advérbios é uma marca de uso informal da língua. Mas ela não caberia em uma situação como a mostrada na ilustração, já que o contexto requer o emprego da norma culta, adequada a situações formais.

... com o risco iminente de alta do dólar, a situação está meia desesperadora...
DAVE SANTANA

ORGANIZAR O CONHECIMENTO

O QUE VOCÊ JÁ SABE?

Agora, você já é capaz de...	Sim	Não	Mais ou menos
... perceber quando a concordância nominal está aplicada corretamente em um enunciado?	☐	☐	☐
... reconhecer que há regras específicas para o emprego da concordância nominal?	☐	☐	☐
... entender como se faz a concordância com o adjetivo posposto a dois ou mais substantivos?	☐	☐	☐
... compreender como se faz a concordância do adjetivo anteposto a dois ou mais substantivos?	☐	☐	☐
... concluir como se faz a concordância de adjetivos com mais de um substantivo quando estes forem de gêneros diferentes?	☐	☐	☐

Se você marcou não ou mais ou menos, retome o estudo de Concordância nominal.

ATIVIDADES

1. O trecho a seguir foi extraído de uma publicação governamental. Servirá de base para responder às próximas questões.

> Com o avanço da tecnologia e a facilidade de acesso a produtos e serviços, a cultura alimentar da comunidade indígena vem se perdendo ano a ano. Os alimentos e preparações típicas do povo indígena Kaigang estão sendo substituídos por alimentos industrializados, que se tornaram de fácil acesso para essa população, comprometendo sua saúde, gerando sobrepeso e obesidade desde a infância.
>
> Brasil, MEC. *Boas práticas de agricultura familiar para a alimentação escolar.* Brasília: FNDE, 2017, p. 71. (Fragmento).

a) O texto afirma que indígenas vêm trocando sua forma de alimentar característica pelo consumo de alimentos mais práticos. Segundo o texto, isso é bom para os indígenas? Por quê?

b) Identifique quais são os substantivos e seus determinantes do trecho:

> "Os alimentos e preparações típicas do povo indígena Kaigang estão sendo substituídos por alimentos industrializados [...]"

c) No trecho destacado na questão **b** seria correto usar típicos em vez de típicas? Justifique sua resposta.

d) Ainda sobre esse trecho destacado, explique o motivo de substituídos estar no masculino e no plural.

2. **Leia a notícia a seguir. Identifique nela os problemas de concordância nominal e a reescreva, ajustando a concordância de número e gênero, para que fique correta, como havia sido publicada originalmente.**

KEPORT/SHUTTERSTOCK

Os autor estimaram que uma mensagem falsa tem 70% mais chances de ser retransmitida (retuitada, no jargão da rede social) do que um verdadeiro. As principal mensagem falsa analisada chegaram a ser disseminada com profundidade oito vez maior do que as verdadeira. O conceito de profundidade foi usado pelos autor para medir a difusão por meio dos retuítes (quando um usuário compartilha aquela publicação em sua rede).

JONAS VALENTE. Disponível em: <http://mod.lk/0d46l>. Acesso em: 16 jul. 2018. (Fragmento adaptado).

3. **Copie as frases, incluindo em cada caso a palavra que a completa corretamente.**

a) Ele não tinha recursos [**bastante** | **bastantes**] para sustentar a família.

b) Os moradores pagaram o imposto. Agora estão [**quite** | **quites**] com a prefeitura.

c) As fotografias [**anexa** | **anexas** | **anexo**] comprovarão a inocência do réu.

d) Ter [**ótima** | **ótimos** | **ótimas**] dicção e posicionamento em palco é fundamental para um ator.

e) Calça e camisa [**azul** | **azuis**] formam o novo uniforme da empresa.

f) Sou filho de pai e mãe [**mineiro** | **mineira** | **mineiros**].

g) No Ensino Médio estudaremos a língua e a literatura [**espanhola** | **espanholas**].

h) As manhãs em Belém são [**menos** | **menas**] chuvosas que as tardes.

4. **Para responder às próximas questões, leia a tira a seguir.**

SOFIA E OTTO **PEDRO LEITE**

NORMALMENTE QUANTO MAIS ANTIGA A TECNOLOGIA MENOS GENTE NOVA SABE MEXER
NORMALMENTE QUANTO MAIS NOVA A TECNOLOGIA MENOS GENTE ANTIGA SABE MEXER
12-2017
PEDRO LEITE

© PEDRO LEITE

www.sofiaeotto.com.br

a) A tirinha se baseia na relação entre dois substantivos e dois adjetivos que funcionam como seus determinantes. Descreva quais são os substantivos e quais adjetivos são seus determinantes.

b) Segundo a mensagem da tirinha, em que situação é mais vantajoso ser mais velho e em qual os mais jovens levam vantagem?

- Você concorda com essa mensagem?

c) Leia esta frase:

Normalmente quanto mais antiga a tecnologia ***menas*** *gente nova sabe mexer.*

Se o autor da tirinha tivesse usado essa frase, a concordância nominal continuaria correta? Por quê?

d) Reescreva as falas dos dois quadrinhos, trocando "gente" por "pessoas". Faça os ajustes necessários quanto à concordância nominal e verbal.

CONCORDÂNCIA VERBAL

Leia o cartaz. Em seguida, responda às questões a seguir.

Pessoas com 60 anos ou mais, gestantes, mulheres com até 45 dias pós-parto, crianças de 6 meses a menores de 5 anos, doentes crônicos, trabalhadores da saúde e população indígena: de 4 a 22 de maio, procurem um posto de vacinação e protejam-se contra a gripe.

BRASIL. MINISTÉRIO DA SAÚDE. Disponível em: <http://mod.lk/fkgym> . Acesso em: 16 jul. 2018.

a) Qual o objetivo desse cartaz?

b) Analise o texto e as imagens do cartaz e explique a quem ele se destina.

c) Duas palavras deixam claro o que essas pessoas devem fazer. Copie essas palavras.

d) Releia a frase principal do cartaz.

> "Contra a gripe, seu escudo é a vacinação."

I. Identifique o sujeito e o predicado dessa oração.

II. Qual a pessoa e o número do verbo dessa oração?

III. Por que o verbo da oração está no singular?

IV. Reescreva essa oração, reorganizando as palavras que a formam. Não inclua nem exclua nenhuma palavra, apenas mude a ordem delas, mas de forma que a oração tenha sentido.

V. Compare a oração reescrita por você com a oração original do cartaz. Houve mudança de sentido? Explique.

CONCORDÂNCIA VERBAL

REGRA GERAL

Em uma oração, o **verbo** ajusta sua **flexão** de número (singular ou plural) e de **pessoa** (1ª, 2ª ou 3ª) ao **sujeito**. Esse ajuste é chamado de **concordância verbal**.

*[**Nós**] **Queremos** um país mais justo!*

***Marte**, **Vênus** e **Saturno** já **foram** habitáveis?*

***O pior filme do ano venceu** o Oscar.*

CASOS PARTICULARES COM SUJEITO SIMPLES

EXPRESSÃO PARTITIVA

Quando o **sujeito simples** é formado por uma **expressão partitiva** (que se refere a uma parte do todo, como *a maioria de*, *a maior parte de*, *grande parte de* etc.) seguida de um **determinante** no **plural**, o **verbo** pode:

- ficar no **singular**, caso se queira enfatizar o **conjunto**:

  ***Grande parte dos habitantes da Terra** não se **preocupa** com o futuro do planeta.*

- ou no **plural**, caso se queira enfatizar os **indivíduos** que formam o conjunto.

  ***Grande parte dos habitantes da Terra** não se **preocupam** com o futuro do planeta.*

ACONTECE NA LÍNGUA

Em algumas regiões do Brasil, o pronome *tu* é largamente utilizado na fala, acompanhado pelo verbo flexionado na 3ª pessoa do singular em vez de flexionado na 2ª pessoa. Exemplo: *Tu te acostuma*, no lugar de *Tu te acostumas*.

Esse modo de estabelecer a concordância entre o pronome e o verbo é considerado legítimo e socialmente aceitável por seus falantes e carrega traço de identidade cultural dos habitantes ou nativos da região que o utiliza.

EXPRESSÃO *MAIS DE UM*

Com **sujeito simples** formado pela expressão *mais de um*, o **verbo** geralmente fica no **singular**:

*Após a chuvarada, **mais de um semáforo** não **funciona**.*

SUJEITO COMPOSTO

REGRA GERAL

Quando o **sujeito** é composto, o **verbo** concorda com ele em número e pessoa.

***Uruguai, Brasil, Argentina e Paraguai criaram** o Mercosul.*

***São** considerados felinos **o tigre, o leão, o leopardo**...*

Alguns casos particulares de concordância com sujeito composto, apresentados a seguir, merecem atenção.

SUJEITO COMPOSTO ANTEPOSTO

Se todos os **núcleos do sujeito** composto estiverem na 3ª pessoa, o **verbo** se flexiona na **3ª pessoa do plural**.

***A sala de informática, a quadra de esportes e a cantina serão** reformados.*

Se o **sujeito composto** for constituído de **pessoas gramaticais diversas**, o **verbo** se flexiona no **plural** e na **pessoa que predomina**:

***Eu e ela somos** paranaenses.*

***João e Maria encontraram** uma casa na floresta.*

SUJEITO COMPOSTO POSPOSTO

Quando, na oração, o **sujeito composto** estiver *após* o **verbo**, há duas concordâncias possíveis:

- o verbo é flexionado no plural:

  *Em julho, **conheceremos** o Museu do Louvre **eu e Débora**.*

- ou concorda com o **núcleo mais próximo**:

  *Em julho, **conhecerei** o Museu do Louvre **eu e Débora**.*

SUJEITO COMPOSTO FORMANDO IDEIA DE UNIDADE

Se os elementos formam uma unidade de ideia ou se forem sinônimos, o verbo fica no singular.

*Após a derrota, **o desânimo e o abatimento tomou** conta da torcida.*

SUJEITO COMPOSTO FORMANDO GRADAÇÃO

Quando os elementos que formam o **sujeito composto** constituem ideia de **gradação** (crescente ou decrescente), o **verbo** concorda com o **termo mais próximo**:

***Seu olhar, seu perfume, seu abraço cativou** o rapaz.*

SUJEITO COMPOSTO RESUMIDO POR PALAVRAS COMO *NADA*, *TUDO*, *NINGUÉM*, *CADA UM*

Quando uma enumeração de elementos que formam o **sujeito composto** for concluída com palavras como *nada*, *tudo*, *ninguém*, *cada um*, o **verbo** fica no **singular**:

***Flores, chocolate, desculpas nada trouxe** conforto a ela.*

SUJEITO COMPOSTO COM NÚCLEOS LIGADOS POR *OU*

Quando o sujeito composto for unido pela conjunção *ou*, há duas possibilidades de concordância:

- com o sujeito mais próximo, se a ideia for de **exclusão**:

  ***O candidato da situação ou o da oposição ganhará** as eleições municipais.*

- com o verbo flexionado no **plural**, se não houver ideia de exclusão:

  *O fotógrafo esperou que **um beija-flor ou um bem-te-vi pousassem** na árvore.*

SUJEITO COMPOSTO COM NÚCLEOS LIGADOS POR *NEM*

Se os núcleos do sujeito composto estiverem ligados pela conjunção *nem*, a concordância dependerá da **ideia** que se quer transmitir:

- se o fato expresso pelo verbo se refere a apenas **um** dos sujeitos, a concordância é com **esse sujeito**:

  ***Nem a seleção brasileira nem a argentina foi** campeã da Copa de 2018.*

- se o fato expresso se refere a **todos** os sujeitos, a flexão é no **plural**:

Nem Ademir nem Átila leram o aviso afixado na porta.

SUJEITO COMPOSTO COM NÚCLEOS FORMADOS POR VERBOS NO INFINITIVO

Se os núcleos do sujeito composto são **verbos no infinitivo**, o verbo geralmente fica no **singular**:

Escalar montanhas, explorar cavernas e observar animais está no roteiro desse passeio?

CONCORDÂNCIA IDEOLÓGICA

A concordância verbal pode se referir à **ideia** expressa por palavras e expressões, mesmo que aparentemente, do ponto de vista lógico e formal, pareça não haver concordância correta. Como visto no caso da concordância nominal, a **concordância ideológica** é chamada de **silepse**.

No que diz respeito à **concordância verbal**, há dois casos principais de silepse.

SILEPSE DE NÚMERO

Ocorre quando o sujeito é um **coletivo**. A concordância esperada é no singular, mas, com o emprego da silepse, o **verbo** é flexionado no **plural**.

*Mal **o time** entrou em campo, **tomaram** dois cartões amarelos.*

SILEPSE DE PESSOA

Ocorre quando o interlocutor posiciona-se como parte de um sujeito de terceira pessoa.

A interlocutora mostra-se incluída no sujeito "Às alunas desta sala", forma que levaria o verbo para a 3ª pessoa do plural.

Às alunas desta sala pedimos maior flexibilidade quanto ao uso do uniforme.

Todos desconfiávamos das intenções dele.

O interlocutor inclui-se no sujeito "Todos", forma que levaria o verbo para a 3ª pessoa do plural.

ACONTECE NA LÍNGUA

Em situações coloquiais, um caso usual de silepse de pessoa é o emprego da forma *a gente* (3ª pessoa do singular) acompanhada de verbo flexionado na 1ª pessoa do plural (nós):

*A situação é difícil, mas **a gente resistiremos**!*

Ainda que possa ser usual, essa forma não é aceita no âmbito da gramática normativa.

ORGANIZAR O CONHECIMENTO

O QUE VOCÊ JÁ SABE?

Agora, você já é capaz de...	Sim	Não	Mais ou menos
... compreender quando a concordância verbal está aplicada corretamente em um enunciado?	☐	☐	☐
... reconhecer que há regras específicas para o emprego da concordância verbal? Quais?	☐	☐	☐
... perceber quando acontece a concordância ideológica?	☐	☐	☐

Se você marcou **não** ou **mais ou menos**, retome o estudo de **Concordância verbal**.

ATIVIDADES

1. **Leia o trecho a seguir, extraído de uma revista de divulgação científica.**

Bluey

[...] Bluey, da raça boiadeiro australiano, nasceu em 1910 e morreu em 1939 – viveu exatamente 29 anos e 5 meses. É o cão mais velho já verificado pelo *Guinness Book*, o livro dos recordes. Trabalhou no campo durante dois terços de sua vida.

Depois dele veio Chilla, um cruzamento entre boiadeiro australiano e labrador que teria vivido 32 anos. Jornais deram a notícia de sua morte em 1984, mas ele não bateu Bluey no *Guinness Book* — sua data de nascimento nunca foi comprovada com exatidão. Seja como for, os boiadeiros australianos são uma das raças mais longevas que existem: vivem em média 13 anos. Um fato científico útil se você quiser um mascote para passar um longo, longo tempo ao seu lado.

BRUNO VAIANO. *Superinteressante*. Disponível em: <http://mod.lk/mfyo8>. Acesso em: 16 jul. 2018. (Fragmento).

DORA ZETT/SHUTTERSTOCK

a) Esse trecho faz parte de um artigo que tem como título "Cinco cachorros que mudaram a história da ciência". Por que Bluey foi considerado como um desses cinco cachorros, mas Chilla não foi?

b) O trecho termina com a afirmação "Um fato científico útil se você quiser um mascote para passar um *longo*, *longo* tempo ao seu lado". Explique que sentido o autor procura dar no texto com a repetição da palavra destacada.

c) Transcreva do texto um exemplo de oração em que ocorre ordem indireta dos termos. Em seguida, reescreva-o na ordem direta.

d) Ao passar da ordem indireta para a direta, houve alguma modificação na flexão do verbo na oração? Por quê?

2. **O texto seguinte foi modificado e apresenta problemas de concordância verbal. Reescreva o texto fazendo as necessárias correções quanto ao número e à pessoa dos verbos para que fique como havia sido publicado no *site*.**

Além de passaporte, passagens, roupas e sapatos adequados, o viajante devem colocar outro item na mala tão importante quanto: o respeito pelo outro e sua cultura e o entendimento de que cada lugar tem suas particularidades que deve ser respeitadas. Pensando nisso, o Ministério das Relações Exteriores do Reino Unido acabam de divulgar uma lista de comportamentos a serem seguidos pelos visitantes de diversos países. Algumas dessas condutas, inclusive, pode ser consideradas contravenção e levar seu autor a pagarem multas ou serem preso e deportado.

ALESSANDRA VIEIRA. *Gazeta de Alagoas*, Maceió, 31 mar. 2018.
Disponível em: <http://mod.lk/lgfbp>.
Acesso em: 16 jul. 2018. (Fragmento adaptado).

3. **Leia este texto de uma revista sobre curiosidades.**

R-STUDIO/SHUTTERSTOCK

Tração animal (2000 a.C.)

Cavalos, burros, camelos, bois... A lista de animais que já trabalharam puxando carroças é enorme. Não muito tempo depois da invenção da roda, surgiram os primeiros veículos de tração animal, as carroças. Algumas eram tão grandes que, transportadas por elefantes, mais pareciam tanques de guerra. No século 17, surgiu, em Paris, o primeiro sistema de ônibus da história: carroças gigantescas, com espaço para dezenas de passageiros, itinerário e horário fixo.

Mundo Estranho. Disponível em: <http://mod.lk/ej5ub>.
Acesso em: 16 jul. (Fragmento).

a) O assunto principal desse texto é uma invenção. Que invenção foi essa?

b) O texto estima que essa invenção ocorreu por volta do ano 2000 a.C. (antes de Cristo) e que acabou dando origem a outra invenção, que hoje é muito importante para as cidades brasileiras. Qual foi essa outra invenção?

c) Releia este período: "A lista de animais que já *trabalharam* puxando carroças *é* enorme". O primeiro verbo está na 3ª pessoa do plural e o segundo, na 3ª pessoa do singular. Essas flexões estão corretas? Por quê?

d) Copie duas orações que estão em ordem indireta. Identifique o sujeito e o predicado dessas orações.

e) Sem acrescentar nem excluir nenhuma palavra, reescreva essas orações na ordem direta.

R-STUDIO/SHUTTERSTOC

4. **Copie as frases a seguir, completando-as com os verbos corretamente no tempo e modo pedidos. Aplique os conhecimentos que você adquiriu para estabelecer a concordância verbal.**

a) Vocês ✦ o que ✦ *fake news*? (*saber*, presente do indicativo; *ser*, presente do indicativo)

b) Ontem ✦ uma redação sobre preconceito e discriminação. (*redigir*, 1ª pessoa do plural do pretérito perfeito do indicativo)

c) Nesta turma a maioria dos alunos ✦ bom desempenho em Matemática? (*ter*, presente do indicativo)

d) Mais de um professor não ✦ no próximo feriado prolongado. (*viajar*, futuro do presente do indicativo)

e) Que Israel e Palestina ✦ a paz! (*encontrar*, presente do subjuntivo)

f) Tu e teu amigo ✦ no horário hoje? (*chegar*, pretérito perfeito do indicativo)

g) Já ✦ em campo o juiz e os jogadores? (*entrar*, presente do indicativo)

h) Inevitavelmente a tensão, as provocações e o conflito ✦ conta do estádio. (*tomar*, futuro do pretérito do indicativo)

i) Eletricistas, mecânicos, engenheiros, ninguém ✦ o mistério do motor do automóvel. (*desvendar*, pretérito imperfeito do indicativo)

j) Os resultados ✦ que o time do 7º A ou o do 7º B ✦ o campeonato de *handebol* deste ano. (*indicar*, presente do indicativo; *vencer*, futuro do presente do indicativo)

k) Cantar, dançar e tocar violão ✦ a vida da cigarra; trabalhar, trabalhar e trabalhar, a da formiga. (*resumir*, futuro do pretérito do indicativo)

Mais questões no livro digital

QUESTÕES DA LÍNGUA

EMPREGO DE *HÁ* OU *A*

1. Leia esta tira.

HAGAR — **CHRIS BROWNE**

© 2018 KING FEATURES SYNDICATE / IPRESS

> ***Ter e haver***
>
> Na linguagem informal, geralmente se usa o verbo *ter* para indicar existência:
>
> *Em uma das mãos de Lucas **tem** uma marca de infância.*
>
> Mas, se você for produzir um texto em um contexto que exija formalidade, troque essa forma por *há*.

a) Que característica dos vikings Hagar expressa com a sua resposta?

b) O humor da tira está na contradição entre a fala de Hagar e seu estado de saúde. Por quê?

c) O que a expressão "há anos" comunica na fala da personagem no primeiro quadrinho?

2. **Agora, leia a frase abaixo.**

Daqui a anos estarei cursando uma faculdade.

- O que a expressão "daqui a anos" comunica?

Como você percebeu, as expressões "há anos" e "a anos" possuem o mesmo som, mas graficamente são diferentes e comunicam informações distintas.

Observe estes outros exemplos.

*Os bombeiros chegaram **a tempo** de socorrer os moradores.*

***Há tempo** que não vou ao cinema.*

A tempo significa "na hora certa", "no momento adequado". **Há tempo** é o mesmo que "faz tempo".

Conheça outras ocorrências que trazem dúvida sobre o emprego do verbo **haver** e da preposição **a**.

- Forma verbal há empregada com o sentido de "existe(m)":

> ***Há** poucas pessoas interessadas no curso.*

- Preposição a empregada antes de verbos no infinitivo:

> *A chuva começou **a** cair novamente.*

CARLOS CAMINHA

- Preposição a indicando distância.

> *O sítio fica **a** dois quilômetros do asfalto.*

O ARTIGO *A* E *O* PRONOME OBLÍQUO *A*

Leia os primeiros parágrafos de uma crônica de Rubem Braga, prestando atenção às palavras destacadas.

Valente menina!

Debruçado cá em cima, no 13º andar, fiquei olhando **a** porta do edifício à espera de que surgisse o seu vulto lá embaixo.

Eu **a** levara até o elevador, ao mesmo tempo aflito para que ela partisse e triste com a sua partida. Nossa conversa fora amarga.

Quando lhe abri a porta do elevador esbocei um gesto de carinho na despedida, mas, como eu previra, ela resistiu. Pela abertura da porta vi sua cabeça de perfil, séria, descer, sumir.

[...]

RUBEM BRAGA. *A traição das elegantes*. Rio de Janeiro: Sabiá, 1967. p. 209. (Fragmento).

NOINAH.UTH/SHUTTERSTOCK

Nessa crônica, o narrador-protagonista, um homem maduro, conta o fim de seu relacionamento amoroso com uma moça bem mais jovem — a "valente menina" de que fala o título. Assim, em "Eu **a** levara até o elevador [...]", a palavra destacada é o pronome oblíquo **a**, que substitui **ela**, a personagem feminina a que o narrador se refere. Já em "[...] fiquei olhando **a** porta do edifício", a palavra destacada é, como você sabe, o artigo definido **a**.

Não devemos confundir a forma verbal **há** (do verbo **haver**) com a preposição **a** nem com o artigo definido **a** ou com o pronome oblíquo **a**. Embora essas palavras tenham o mesmo som, elas apresentam sentidos distintos.

Lembre-se

Além de pronomes oblíquos, as palavras **o**(**s**) e **a**(**s**) também podem ser pronomes demonstrativos, substituindo um termo ou mesmo uma oração que ficam subentendidos.

"*A nossa proposta é a de reintegração familiar. Acolhimento não é lugar de criança.*" Nesse caso, o **a** destacado é um pronome demonstrativo que substitui **proposta**: *A nossa proposta é a [proposta] de reintegração familiar.*

ATIVIDADES

1. **Reesccreva as frases substituindo o símbolo ✦ por há ou a.**

a) Ele estuda nesta escola ✦ doze anos.

b) Eu volto daqui ✦ cinco minutos.

c) Os médicos chegaram ✦ tempo de socorrer o garoto.

d) Moro ✦ dois quilômetros da escola onde estudo.

e) Ainda estamos ✦ muitas semanas do meu aniversário.

f) Carlos trabalha aqui ✦ cerca de um ano.

g) Terminou o café e logo começou ✦ estudar.

h) Já paguei essa conta ✦ uma semana!

i) Naquele bairro ✦ muitas casas com placas de energia solar.

j) ✦ muitos motivos para que ela comece ✦ se rebelar contra ✦ situação.

2. **Releia o seguinte trecho de uma resenha.**

> Da mesma maneira, o projeto gráfico dialoga com esta dualidade: impresso em uma cor, sobre papel verde, o livro traz **as** narrativas da infância na parte superior da página enquanto **as** da vida adulta se encontram na inferior, acentuando os dois momentos distintos do personagem.

João Anzanello Carrascoza. *Dos 7 aos 40.* São Paulo: Cosac Naify, 2013. (Fragmento).

CARLOS CAMINHA

a) A que classes gramaticais pertencem as palavras destacadas no trecho?

b) Que substantivo a segunda palavra destacada substitui?

3. **No caderno, reescreva as frases substituindo, quando possível, os termos destacados pelos verbos existir ou fazer.**

a) **Há** praias maravilhosas no Ceará.

b) Aquela sorveteria fica **a** três quadras daqui.

c) Quando **houver** problemas, converse comigo.

d) **Há** dias que não vejo meu cachorro.

e) Ficamos tão aliviados com a notícia que começamos **a** chorar.

f) Sempre **haverá** aqueles que discordam de tudo.

g) Não quero ouvir uma palavra **a** esse respeito.

h) Estamos **a** anos-luz de encontrar a solução para este problema.

4. Leia esta tira.

WILLTIRANDO WILL LEITE

É DURA A DOR DO PARTO, MAS TENHO QUE PARTIR.
HAHAHA HAHAHA!
FAZ UMA TIRA COM ESSA!
FAREI SIM, AMIGO!
QUARENTA ANOS DEPOIS...
AFONSO! HÁ QUANTO TEMPO, AMIGO!
AMIGO? SEM ESSA DE AMIGO!
WILLTIRANDO.COM.BR
AMIGO DE VERDADE PROMETE FAZER UMA TIRA E FAZ!

© WILL LEITE

a) Como é construído o humor da tira?

b) Justifique o uso de **há** na expressão **há quanto tempo**.

c) Que outros elementos da tira indicam a passagem do tempo?

5. Leia esta outra tira.

LUKE & TANTRA ANGELI

ONDE FICA O BANHEIRO?

NÃO TEM PAPEL!

© ANGELI

a) Que fato inesperado acontece na tira?

b) Utilizando o verbo **haver**, reescreva no caderno a pergunta do primeiro quadrinho e a frase do último.

c) O que aconteceria com a linguagem da tira se o verbo **haver** tivesse sido empregado?

LEITURA E PRODUÇÃO DE TEXTO

CONTEXTO

Muitos anúncios publicitários atuais fazem uso de estratégias que permitem atingir seu público-alvo, mas que também abrem brechas para se comunicar com outros públicos. Para entender melhor essa questão, vamos analisar dois anúncios de uma campanha publicitária.

A PRODUÇÃO EM FOCO

- No final da unidade você e seus colegas vão elaborar uma campanha publicitária dirigida a um público-alvo com características semelhantes às de vocês. Ao analisar os próximos textos, observe alguns aspectos importantes:
  a) a estratégia empregada para chamar a atenção do público-alvo e envolvê-lo na campanha;
  b) os elementos (palavras e expressões, ideias, cores) que se repetem nos textos, criando uma identidade entre eles.

Texto A

HORTIFRUTI

www.hortifruti.com.br
Uma história que vai cortar corações e preços.
edward
MÃOS DE CENOURA
EM CARTAZ NA HORTIFRUTI MAIS PERTO DE VOCÊ.
RJ: | BARRA DA TIJUCA - BOTAFOGO - CABO FRIO - CAMPOS - DIAS DA ROCHA - FLAMENGO - GRAJAÚ - ICARAÍ - LEBLON - MACAÉ - MARQUÊS DE PARANÁ
PRADO JÚNIOR - REGIÃO OCEÂNICA - SIQUEIRA CAMPOS - TIJUCA - VILA ISABEL • ES: | CACHOEIRO - COLATINA - PRAIA DA COSTA - PRAIA DO SUÁ
Aqui a natureza é a estrela
HORTIFRUTI

Disponível em: <http://hortiflix.com.br//wp-content/uploads/2017/12/edward_maos_de_cenoura.pdf>. Acesso em 16 jul. 2018.

Texto B

HORTIFRUTI

ELE ENTROU
NO SELETO
MUNDO DA
HORTIFRUTI.
A HORTIFRUTI APRESENTA:
O QUIABO VESTE PRADA
EM CARTAZ NA HORTIFRUTI MAIS PERTO DE VOCÊ.
RJ: | BARRA DA TIJUCA - BOTAFOGO - CABO FRIO - CAMPOS - DIAS DA ROCHA - FLAMENGO - GRAJAÚ - ICARAÍ - LEBLON - MACAÉ - MARQUÊS DE PARANÁ
PRADO JÚNIOR - REGIÃO OCEÂNICA - SIQUEIRA CAMPOS - TIJUCA - VILA ISABEL • ES: | CACHOEIRO - COLATINA - PRAIA DA COSTA - PRAIA DO SUÁ
Aqui a natureza é a estrela
HORTIFRUTI

Disponível em: <http://hortiflix.com.br//wp-content/uploads/2017/12/o_quiabo_veste_prada.pdf>. Acesso em 26 16 jul. 2018.

DE OLHO NAS CARACTERÍSTICAS DO GÊNERO

1. **O que está sendo anunciado nos textos A e B?**
2. **Identifique o nome do anunciante.**
3. **Os dois anúncios fazem paródia de um gênero.**
   a) Que gênero é esse?
   b) Que características típicas desse gênero você reconhece nos dois anúncios?

Imitação de uma produção cultural qualquer (um conto, um poema, uma música, um filme, um quadro) com intenção de produzir humor.

4. **Você reconhece os títulos dos filmes que foram base para os anúncios? Se necessário, faça uma pesquisa ou troque ideias com os colegas.**
   - Que recurso foi utilizado para garantir a referência aos filmes e ao mesmo tempo produzir humor?
5. **Os dois anúncios não apresentam um aspecto muito comum na linguagem publicitária, que é o uso de verbos no imperativo. Você acha essa estratégia efetiva nesses textos? Justifique sua resposta.**
6. **O *hotsite* de onde foram retirados os anúncios que você leu procura imitar o nome e o *layout* de um *site* de *streaming* de vídeos. Observe a imagem a seguir e responda às perguntas:**

Um *hotsite* é uma página da internet utilizada para campanhas de *marketing*. Difere dos *sites* por ter uma estrutura mais simples e por estar disponível somente durante uma campanha promocional.

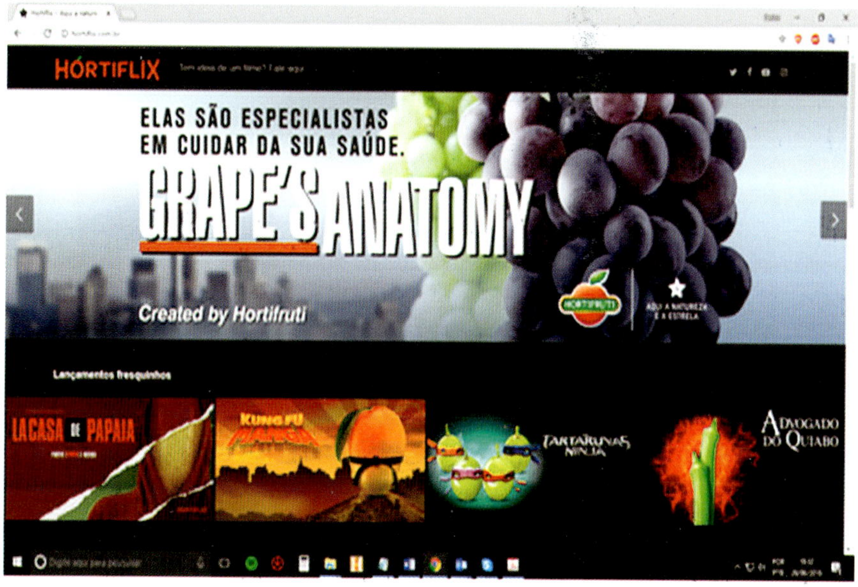

HORTIFRUTI

   a) De que modo o aspecto visual da página se relaciona com as características do gênero imitado pelos anúncios?
   b) Onde você acha que esses anúncios poderiam ser veiculados? Justifique sua resposta.
   c) A imagem da página inicial do *site* revela outros títulos paródicos. Explique por que a existência desses títulos torna a campanha publicitária mais eficiente.
7. **Qual você acha que teria sido a intenção do anunciante em estabelecer uma relação entre os filmes e seu produto?**
   - Você diria que o público atingido pelo anúncio é o mesmo público que utiliza o serviço anunciado?

A CAMPANHA PUBLICITÁRIA

1. **Os dois anúncios fazem parte de uma mesma campanha publicitária.**

a) Identifique o *slogan* da campanha.

b) Explique a relação do *slogan* com o gênero em que os anúncios foram baseados.

2. **O *hotsite* da campanha apresenta um formulário para envio de sugestões de novos títulos de filmes. Veja:**

HORTIFRUTI

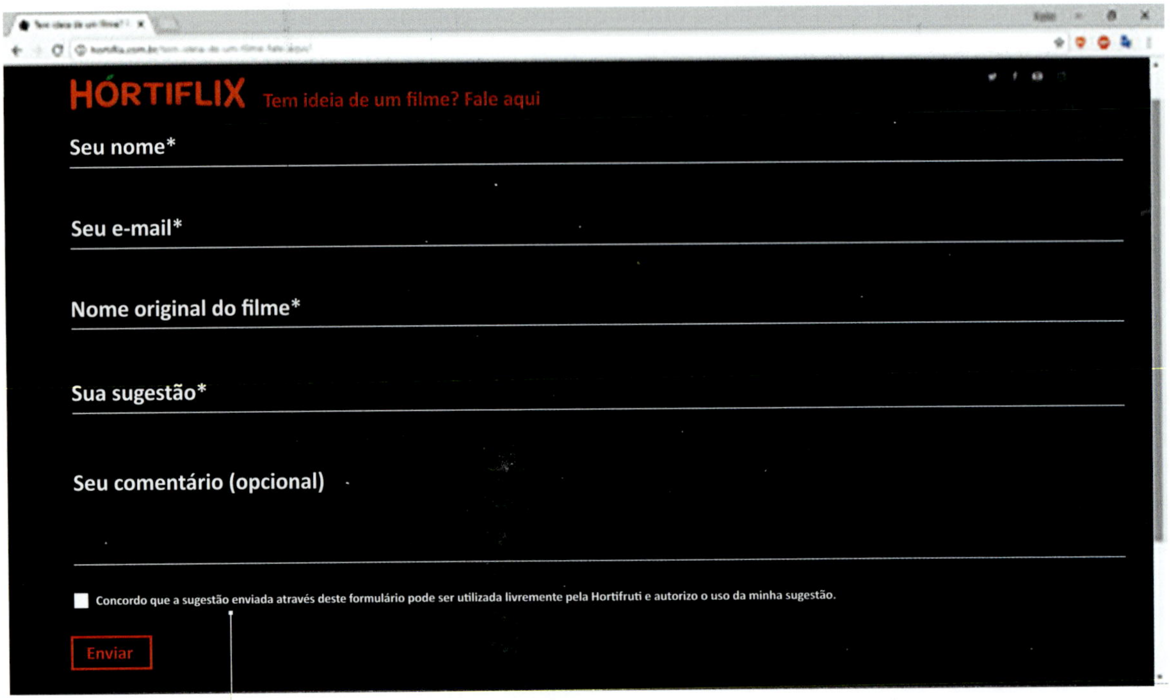

HÓRTIFLIX
Tem ideia de um filme? Fale aqui
Seu nome*
Seu e-mail*
Nome original do filme*
Sua sugestão*
Seu comentário (opcional)
Concordo que a sugestão enviada através deste formulário pode ser utilizada livremente pela Hortifruti e autorizo o uso da minha sugestão.
Enviar

Concordo que a sugestão enviada através deste formulário pode ser utilizada livremente pela Hortifruti e autorizo o uso da minha sugestão.

- Qual poderia ser a importância da interatividade para essa campanha publicitária?

3. **Tanto os anúncios como o *hotsite* fazem parte de uma mesma ação publicitária. No caderno, escreva uma pequena análise sobre a capacidade (ou incapacidade) deles para persuadir o público-alvo a consumir o produto anunciado. Em sua análise, considere:**

a) as ideias às quais o produto é associado;

b) a interatividade proposta na campanha;

c) a mídia em que ela circulou (redes sociais);

d) a linguagem usada.

Trilha de estudo

Vai estudar? Stryx pode ajudar!
<http://mod.lk/trilhas>

4. **Os textos publicitários que você leu utilizam estratégias para convencer os leitores a comprarem os produtos. O que você pensa a respeito disso? Como se sente quando é alvo de estratégias publicitárias?**

O GÊNERO EM FOCO: CAMPANHA PUBLICITÁRIA

Quando uma empresa deseja divulgar certo produto ou serviço, geralmente contrata uma agência para desenvolver uma **campanha publicitária** – isto é, um conjunto de textos e ações que buscam promover determinado produto ou serviço durante certo período de tempo. Os textos que você analisou nesta seção fazem parte de uma mesma campanha publicitária. Você notou que eles têm elementos comuns. Um deles é o *slogan*, uma expressão ou frase curta, de fácil memorização, que os publicitários associam a certo produto ou certa marca, a fim de representá-los de forma positiva diante do público-alvo e gravá-los na memória desse público. O outro é o uso das mesmas estratégias para criar uma identidade visual coerente e recorrente.

INTERATIVIDADE E MESCLA DE GÊNEROS NA PUBLICIDADE

Na atualidade, além de comerciais para TV e para rádio, anúncios e cartazes, as campanhas publicitárias podem incorporar memes e GIFs, sobretudo quando pretendem atingir um público mais jovem. Também é cada vez mais frequente que os anunciantes convidem o consumidor a interagir com a campanha, compartilhando *slogans*, imagens ou vídeos. O *hotsite* da campanha da rede Hortifruti oferece a possibilidade da colaboração do leitor: quem quiser, pode submeter ideias de paródias semelhantes às já criadas e disponibilizadas no *site*.

A análise dos dois anúncios lidos aponta para outro aspecto importante: a mescla de gêneros. Observe a seguir os pôsteres originais de divulgação dos filmes *Edward mãos de Tesoura* e *O Diabo veste Prada* que deram origem aos anúncios que você leu:

REPRODUÇÃO

REPRODUÇÃO

PRODUÇÃO DE TEXTO

ANÚNCIO PUBLICITÁRIO

O que você vai produzir

Junto com alguns colegas, você vai elaborar um anúncio publicitário. O produto vocês vão escolher, mas o público-alvo são pessoas que têm um perfil igual ao seu, ou seja, que têm mais ou menos a mesma idade que vocês, que pertencem à mesma classe social, que têm os mesmos valores.

Os anúncios serão apresentados em um mural e serão avaliados por toda a comunidade escolar.

GOODSTUDIO/SHUTTERSTOCK

NA HORA DE PRODUZIR

1. Siga as orientações apresentadas nesta seção.
2. Lembre-se de que você já leu e analisou textos do gênero que vai produzir. Se for o caso, retome o **Estudo do texto**.
3. Diante da folha em branco, persista. Nenhum texto fica pronto na primeira versão.

PLANEJEM A CAMPANHA

1. **Identifiquem as características do público-alvo e definam o produto.**
   a) Pensem no perfil de vocês como consumidores e façam uma lista das características do grupo a que pertencem: idade, poder aquisitivo, interesses etc. Assim, vocês estabelecerão as características do público-alvo.
   b) Imaginem que produtos ou serviços poderiam interessar a esse público e façam uma lista. Examinem a lista e escolham um único produto ou serviço para anunciar.
   c) Criem um nome de marca atraente e original para o produto ou serviço escolhido.
2. **Elaborem uma estratégia.**
   a) Façam uma relação das ideias e valores positivos aos quais vocês poderiam associar o produto ou serviço escolhido, a fim de estimular no público o desejo de consumi-lo.
   b) Lembrem que essas ideias e valores podem estar ligados a uma característica do produto (como o estímulo à criatividade, visto no exemplo da massa de modelar), às condições em que ele é usado (como a praia e o verão, no caso das sandálias) ou simplesmente a uma imagem positiva que se queira associar à marca (como a ousadia e o humor). O importante é que as ideias e os valores em questão sejam capazes de despertar o interesse do público-alvo.
   c) Nessa etapa, vocês também devem criar um *slogan* que seja de fácil memorização e traduza, em uma expressão ou frase curta, o "espírito" da campanha.
3. **Comecem a elaboração dos textos pelo anúncio. Em uma folha em branco, façam um esboço. Essa folha pode ser tamanho A3, por exemplo. Nela, definam os elementos que aparecerão no anúncio.**
   a) Que imagens e cores serão usados no anúncio? Rabisquem na folha a posição em que elas aparecerão. O objetivo deve ser criar um visual atraente e impactante.
   b) Que texto verbal será empregado? Vocês podem usar um título e um texto, como no anúncio das sandálias, ou apenas algumas palavras, como no anúncio da massa de modelar. Se precisar, façam um rascunho à parte até definir o texto verbal.

c) Vocês podem usar uma palavra com duplo sentido ou propor outros jogos de linguagem. Também pode ser interessante empregar verbos no imperativo, incitando o interlocutor ao consumo.

d) A linguagem empregada deve ser adequada ao público-alvo. Como vocês estão se dirigindo a outros jovens, é possível usar gírias e termos coloquiais.

e) Escrevam as frases nos locais em que devem aparecer e com o destaque pretendido para elas. Pensem também em que parte do anúncio vão entrar o *slogan* e a assinatura, com a logomarca do produto ou serviço.

MONTEM O ANÚNCIO

- Colem uma folha A3 em papel-cartão. Com base no esboço que prepararam, montem o anúncio. Caprichem, porque agora é para valer!

AVALIEM O ANÚNCIO

1. **A avaliação desta vez vai começar pela leitura de outro grupo.**

a) Troquem o anúncio com outro grupo.

b) Analisem o anúncio dos colegas e verifiquem se ele é ou não atraente e convincente: ele desperta em vocês o desejo de comprar o produto?

c) Em uma folha separada, copiem a tabela abaixo e respondam a cada um dos critérios, analisando as produções dos colegas.

Aspectos importantes em relação à proposta e ao sentido do texto
Anúncio publicitário
1. As ideias e os valores aos quais a campanha associa o produto são capazes de cativar o público-alvo?
2. O *slogan* é criativo e chama a atenção?
3. A linguagem é adequada ao público-alvo?
4. As imagens e o texto verbal formam um conjunto atraente?
Aspectos importantes em relação à ortografia, à pontuação e demais normas gramaticais
1. Os textos estão livres de problemas de ortografia relacionados a regras já estudadas?
2. A concordância verbal e a nominal estão empregadas adequadamente?

2. **Recebam do outro grupo a ficha respondida e analisem sua campanha.**

a) Considerem as observações feitas pelos colegas e pensem em como podem melhorar o anúncio.

b) Refaçam-no de acordo com as observações que considerarem pertinentes.

DIVULGANDO O ANÚNCIO

Os anúncios devem ser expostos em um mural para serem apreciados por toda a comunidade escolar.

ATITUDES PARA A VIDA

ASSUMIR RISCOS COM RESPONSABILIDADE

Você com certeza não arriscaria pular de paraquedas se soubesse que ele não abriria, não é mesmo? Mas como se lançar a "novos voos" sem correr riscos? Como arriscar-se, mas com responsabilidade? Fazendo escolhas conscientes!

Fazer escolhas conscientes é observar uma situação e analisar seus prós e contras antes de tomar uma decisão.

Provavelmente, no processo de elaboração da campanha publicitária do seu grupo, foi importante ser flexível e arriscar-se de forma responsável. Pensando nisso, leia a tira a seguir.

HEYOKYAY.COM

1. Como você interpreta a tira? Compartilhe suas impressões com os colegas e o professor.

2. Que comportamento cada personagem da tira representa? Você acha que as pessoas costumam agir mais como "círculo" ou como "triângulo"?

3. Você se identifica mais com a fala “Estou querendo mudar minha vida” ou com “Não é tão simples assim!”? Compartilhe situações pessoais em que agiu mais de uma forma que de outra e conte como se sentiu.

Pessoas que assumem riscos com responsabilidade são flexíveis, pois, antes de agir, costumam pesquisar, se informar e não têm medo de errar nem de mudar de opinião.

4. Você observou se algum grupo se destacou por apresentar anúncios mais ousados, interessantes? Se sim, como você acha que o grupo chegou a esse resultado?

Tentar um caminho diferente pode ser enriquecedor, mas antes de fazê-lo é importante avaliar de forma consciente os impactos que uma escolha ou decisão pode gerar na nossa vida e na de outras pessoas.

5. Você acha que sua turma poderia ter se empenhado mais para produzir o anúncio publicitário? Se sim, de que forma?

6. Arriscar-se com responsabilidade é uma atitude que devemos ter apenas na escola? Justifique sua resposta.

AUTOAVALIAÇÃO

Atitudes para a vida	Sim	Não	O que melhorar
1. Você procurou **organizar seu pensamento** e **expressar-se com clareza** durante a produção da campanha publicitária com seu grupo?			
2. Durante a produção da campanha publicitária, você conseguiu **pensar com flexibilidade**?			
3. Pensar de maneira interdependente foi importante para a qualidade da campanha publicitária criada pelo grupo?			
4. Durante a criação da campanha publicitária você foi **questionador**?			
5. Você acha que a campanha publicitária foi escrita com **exatidão** e **precisão**?			
6. A campanha publicitária ficou **criativa**?			
7. Durante a produção da campanha publicitária, você soube **ouvir** seus colegas **com atenção e empatia**?			
8. Você acha que se **arriscou** a dar ideias e emitir opiniões durante a elaboração da campanha publicitária?			

ARTBESOURO/SHUTTERSTOCK

ATITUDES PARA A VIDA

ATITUDES PARA A VIDA

As *Atitudes para a vida* são comportamentos que nos ajudam a resolver as tarefas que surgem todos os dias, desde as mais simples até as mais desafiadoras. São comportamentos de pessoas capazes de resolver problemas, de tomar decisões conscientes, de fazer as perguntas certas, de se relacionar bem com os outros e de pensar de forma criativa e inovadora.

As atividades que apresentamos a seguir vão ajudá-lo a estudar os conteúdos e a resolver as atividades deste livro, incluindo as que parecem difíceis demais em um primeiro momento.

Toda tarefa pode ser uma grande aventura!

PERSISTIR

Muitas pessoas confundem persistência com insistência, que significa ficar tentando e tentando e tentando, sem desistir. Mas persistência não é isso! Persistir significa buscar estratégias diferentes para conquistar um objetivo.

Antes de desistir por achar que não consegue completar uma tarefa, que tal tentar outra alternativa?

Algumas pessoas acham que atletas, estudantes e profissionais bem-sucedidos nasceram com um talento natural ou com a habilidade necessária para vencer. Ora, ninguém nasce um craque no futebol ou fazendo cálculos ou sabendo tomar todas as decisões certas. O sucesso muitas vezes só vem depois de muitos erros e muitas derrotas. A maioria dos casos de sucesso é resultado de foco e esforço.

Se uma forma não funcionar, busque outro caminho. Você vai perceber que desenvolver estratégias diferentes para resolver um desafio vai ajudá-lo a atingir os seus objetivos.

CONTROLAR A IMPULSIVIDADE

Quando nos fazem uma pergunta ou colocam um problema para resolver, é comum darmos a primeira resposta que vem à cabeça. Comum, mas imprudente.

Para diminuir a chance de erros e de frustrações, antes de agir devemos considerar as alternativas e as consequências das diferentes formas de chegar à resposta. Devemos coletar informações, refletir sobre a resposta que queremos dar, entender bem as indicações de uma atividade e ouvir pontos de vista diferentes dos nossos.

Essas atitudes também nos ajudarão a controlar aquele impulso de desistir ou de fazer qualquer outra coisa para não termos que resolver o problema naquele momento. Controlar a impulsividade nos permite formar uma ideia do todo antes de começar, diminuindo os resultados inesperados ao longo do caminho.

ESCUTAR OS OUTROS COM ATENÇÃO E EMPATIA

Você já percebeu o quanto pode aprender quando presta atenção ao que uma pessoa diz? Às vezes recebemos importantes dicas para resolver alguma questão. Outras vezes, temos grandes ideias quando ouvimos alguém ou notamos uma atitude ou um aspecto do seu comportamento que não teríamos percebido se não estivéssemos atentos.

Escutar os outros com atenção significa manter-nos atentos ao que a pessoa está falando, sem estar apenas esperando que pare de falar para que possamos dar a nossa opinião. E empatia significa perceber o outro, colocar-nos no seu lugar, procurando entender de verdade o que está sentindo ou por que pensa de determinada maneira.

Podemos aprender muito quando realmente escutamos uma pessoa. Além do mais, para nos relacionar bem com os outros – e sabemos o quanto isso é importante –, precisamos prestar atenção aos seus sentimentos e às suas opiniões, como gostamos que façam conosco.

PENSAR COM FLEXIBILIDADE

Você conhece alguém que tem dificuldade de considerar diferentes pontos de vista? Ou alguém que acha que a própria forma de pensar é a melhor ou a única que existe? Essas pessoas têm dificuldade de pensar de maneira flexível, de se adaptar a novas situações e de aprender com os outros.

Quanto maior for a sua capacidade de ajustar o seu pensamento e mudar de opinião à medida que recebe uma nova informação, mais facilidade você terá para lidar com situações inesperadas ou problemas que poderiam ser, de outra forma, difíceis de resolver.

Pensadores flexíveis têm a capacidade de enxergar o todo, ou seja, têm uma visão ampla da situação e, por isso, não precisam ter todas as informações para entender ou solucionar uma questão. Pessoas que pensam com flexibilidade conhecem muitas formas diferentes de resolver problemas.

ESFORÇAR-SE POR EXATIDÃO E PRECISÃO

Para que o nosso trabalho seja respeitado, é importante demonstrar compromisso com a qualidade do que fazemos. Isso significa conhecer os pontos que devemos seguir, coletar os dados necessários para oferecer a informação correta, revisar o que fazemos e cuidar da aparência do que apresentamos.

Não basta responder corretamente; é preciso comunicar essa resposta de forma que quem vai receber e até avaliar o nosso trabalho não apenas seja capaz de entendê-lo, mas também que se sinta interessado em saber o que temos a dizer.

Quanto mais estudamos um tema e nos dedicamos a superar as nossas capacidades, mais dominamos o assunto e, consequentemente, mais seguros nos sentimos em relação ao que produzimos.

QUESTIONAR E LEVANTAR PROBLEMAS

Não são as respostas que movem o mundo, são as perguntas.

Só podemos inovar ou mudar o rumo da nossa vida quando percebemos os padrões, as incongruências, os fenômenos ao nosso redor e buscamos os seus porquês.

E não precisa ser um gênio para isso, não! As pequenas conquistas que levaram a grandes avanços foram — e continuam sendo — feitas por pessoas de todas as épocas, todos os lugares, todas as crenças, os gêneros, as cores e as culturas. Pessoas como você, que olharam para o lado ou para o céu, ouviram uma história ou prestaram atenção em alguém, perceberam algo diferente, ou sempre igual, na sua vida e fizeram perguntas do tipo “Por que será?” ou “E se fosse diferente?”.

Como a vida começou? E se a Terra não fosse o centro do universo? E se houvesse outras terras do outro lado do oceano? Por que as mulheres não podiam votar? E se o petróleo acabasse? E se as pessoas pudessem voar? Como será a Lua?

E se...? (Olhe ao seu redor e termine a pergunta!)

APLICAR CONHECIMENTOS PRÉVIOS A NOVAS SITUAÇÕES

Esta é a grande função do estudo e da aprendizagem: sermos capazes de aplicar o que sabemos fora da sala de aula. E isso não depende apenas do seu livro, da sua escola ou do seu professor; depende da sua atitude também!

Você deve buscar relacionar o que vê, lê e ouve aos conhecimentos que já tem. Todos nós aprendemos com a experiência, mas nem todos percebem isso com tanta facilidade.

Devemos usar os conhecimentos e as experiências que vamos adquirindo dentro e fora da escola como fontes de dados para apoiar as nossas ideias, para prever, entender e explicar teorias ou etapas para resolver cada novo desafio.

PENSAR E COMUNICAR-SE COM CLAREZA

Pensamento e comunicação são inseparáveis. Quando as ideias estão claras em nossa mente, podemos nos comunicar com clareza, ou seja, as pessoas nos entendem melhor.

Por isso, é importante empregar os termos corretos e mais adequados sobre um assunto, evitando generalizações, omissões ou distorções de informação. Também devemos reforçar o que afirmamos com explicações, comparações, analogias e dados.

A preocupação com a comunicação clara, que começa na organização do nosso pensamento, aumenta a nossa habilidade de fazer críticas tanto sobre o que lemos, vemos ou ouvimos quanto em relação às falhas na nossa própria compreensão, e poder, assim, corrigi-las. Esse conhecimento é a base para uma ação segura e consciente.

IMAGINAR, CRIAR E INOVAR

Tente de outra maneira! Construa ideias com fluência e originalidade!

Todos nós temos a capacidade de criar novas e engenhosas soluções, técnicas e produtos. Basta desenvolver nossa capacidade criativa.

Pessoas criativas procuram soluções de maneiras distintas. Examinam possibilidades alternativas por todos os diferentes ângulos. Usam analogias e metáforas, se colocam em papéis diferentes.

Ser criativo é não ser avesso a assumir riscos. É estar atento a desvios de rota, aberto a ouvir críticas. Mais do que isso, é buscar ativamente a opinião e o ponto de vista do outro. Pessoas criativas não aceitam o *status quo*, estão sempre buscando mais fluência, simplicidade, habilidade, perfeição, harmonia e equilíbrio.

ASSUMIR RISCOS COM RESPONSABILIDADE

Todos nós conhecemos pessoas que têm medo de tentar algo diferente. Às vezes, nós mesmos acabamos escolhendo a opção mais fácil por medo de errar ou de parecer tolos, não é mesmo? Sabe o que nos falta nesses momentos? Informação!

Tentar um caminho diferente pode ser muito enriquecedor. Para isso, é importante pesquisar sobre os resultados possíveis ou os mais prováveis de uma decisão e avaliar as suas consequências, ou seja, os seus impactos na nossa vida e na de outras pessoas.

Informar-nos sobre as possibilidades e as consequências de uma escolha reduz a chance do "inesperado" e nos deixa mais seguros e confiantes para fazer algo novo e, assim, explorar as nossas capacidades.

PENSAR DE MANEIRA INTERDEPENDENTE

Nós somos seres sociais. Formamos grupos e comunidades, gostamos de ouvir e ser ouvidos, buscamos reciprocidade em nossas relações. Pessoas mais abertas a se relacionar com os outros sabem que juntos somos mais fortes e capazes.

Estabelecer conexões com os colegas para debater ideias e resolver problemas em conjunto é muito importante, pois desenvolvemos a capacidade de escutar, empatizar, analisar ideias e chegar a um consenso. Ter compaixão, altruísmo e demonstrar apoio aos esforços do grupo são características de pessoas mais cooperativas e eficazes.

Estes são 11 dos 16 Hábitos da mente descritos pelos autores Arthur L. Costa e Bena Kallick em seu livro *Learning and leading with habits of mind*: 16 characteristics for success.

Acesse http://www.moderna.com.br/araribaplus para conhecer mais sobre as *Atitudes para a vida*.

CHECKLIST PARA MONITORAR O SEU DESEMPENHO

Reproduza para cada mês de estudo o quadro abaixo. Preencha-o ao final de cada mês para avaliar o seu desempenho na aplicação das *Atitudes para a vida*, para cumprir as suas tarefas nesta disciplina. Em *Observações pessoais*, faça anotações e sugestões de atitudes a serem tomadas para melhorar o seu desempenho no mês seguinte.

Classifique o seu desempenho de 1 a 10, sendo 1 o nível mais fraco de desempenho, e 10, o domínio das *Atitudes para a vida*.

Atitudes para a vida	Neste mês eu...	Desempenho	Observações pessoais
Persistir	Não desisti. Busquei alternativas para resolver as questões quando as tentativas anteriores não deram certo.		
Controlar a impulsividade	Pensei antes de dar uma resposta qualquer. Refleti sobre os caminhos a escolher para cumprir minhas tarefas.		
Escutar os outros com atenção e empatia	Levei em conta as opiniões e os sentimentos dos demais para resolver as tarefas.		
Pensar com flexibilidade	Considerei diferentes possibilidades para chegar às respostas.		
Esforçar-se por exatidão e precisão	Conferi os dados, revisei as informações e cuidei da apresentação estética dos meus trabalhos.		
Questionar e levantar problemas	Fiquei atento ao meu redor, de olhos e ouvidos abertos. Questionei o que não entendi e busquei problemas para resolver.		
Aplicar conhecimentos prévios a novas situações	Usei o que já sabia para me ajudar a resolver problemas novos. Associei as novas informações a conhecimentos que eu havia adquirido de situações anteriores.		
Pensar e comunicar-se com clareza	Organizei meus pensamentos e me comuniquei com clareza, usando os termos e os dados adequados. Procurei dar exemplos para facilitar as minhas explicações.		
Imaginar, criar e inovar	Pensei fora da caixa, assumi riscos, ouvi críticas e aprendi com elas. Tentei de outra maneira.		
Assumir riscos com responsabilidade	Quando tive de fazer algo novo, busquei informação sobre possíveis consequências para tomar decisões com mais segurança.		
Pensar de maneira interdependente	Trabalhei junto. Aprendi com ideias diferentes e participei de discussões.		